本书由河北省财政学重点学科资助

本书的研究得到河北省软科学计划项目 "河北省公路财政财务管理体制研究与探讨"（10407214D）和河北省哲学社会科学规划基金课题 "农村公路投融资问题研究"（HB08BYJ014）资助

农村公路
财政投融资问题研究

刘连环 著

Nongcun Gonglu Caizheng Tourongzi Wenti Yanjiu

中国社会科学出版社

图书在版编目（CIP）数据

农村公路财政投融资问题研究/刘连环著．—北京：中国
社会科学出版社，2015.4
ISBN 978 – 7 – 5161 – 5961 – 3

Ⅰ.①农…　Ⅱ.①刘…　Ⅲ.①乡村—公路—投资—研究—
中国 ②乡村—公路—融资—研究—中国　Ⅳ.①F299.24

中国版本图书馆 CIP 数据核字（2015）第 075090 号

出 版 人	赵剑英	
责任编辑	卢小生	
特约编辑	林　木	
责任校对	周晓东	
责任印制	王　超	
出　　版	中国社会科学出版社	
社　　址	北京鼓楼西大街甲 158 号	
邮　　编	100720	
网　　址	http：//www. csspw. cn	
发 行 部	010 – 84083685	
门 市 部	010 – 84029450	
经　　销	新华书店及其他书店	
印　　刷	北京市大兴区新魏印刷厂	
装　　订	廊坊市广阳区广增装订厂	
版　　次	2015 年 4 月第 1 版	
印　　次	2015 年 4 月第 1 次印刷	
开　　本	710 × 1000　1/16	
印　　张	13.5	
插　　页	2	
字　　数	228 千字	
定　　价	49.00 元	

前　　言

　　早在 18 世纪，亚当·斯密就在《国富论》中指出："一切改良中，以交通改良为最有效。"世界各国的经济发展经验也都证明，完善的交通网络对促进经济发展是至关重要的。

　　落后的交通条件一直是制约我国农村经济发展的"瓶颈"。目前，公路运输条件落后，许多农村公路技术标准低，抗灾能力弱，通行能力差，有路难行和无路可行的问题十分突出，严重制约农村脱贫致富的步伐。在广大农村地区，作为干线路网支撑的县际公路和农村公路发展滞后，总量不足，"通达问题"还远未得到根本解决，"通畅问题"也未得到根本改善。农村公路的公共产品性质决定农村公路投资应由政府从强制性的税收中通过预算进行安排，政府公共财政支出成了农村公路建设资金的重要甚至是唯一的来源。长期以来，我国农村公路建设一直没有固定资金来源，县、乡两级政府承担了农村公路建设的主要投资任务。我国县乡两级财政普遍比较紧张，投入农村公路建设的资金有限，导致农村公路发展滞后，资金问题已经成为农村经济发展的"瓶颈"。这种情况在中西部地区显得尤为突出。进一步拓宽农村公路建设投融资渠道成为各地的迫切需求。基于上述认识，本书把农村公路投融资作为研究对象，意欲使本研究有所突破，以期对我国农村公路发展有所帮助。

　　本书以公共产品理论、公共投资理论、发展经济学理论、治理理论、新公共服务理论等经济理论为依据，在对农村公路投融资的历史与现状进行系统分析的基础上，阐述农村公路对我国新农村建设所具有的重要意义。通过对我国近期、中期农村公路建设与养护资金的需求总量以及当前县乡财政状况、农村公路资金供给总量、结构情况的深入研究，从体制上、制度上深入分析我国在农村公路投融资方面存在的深层问题。针对当前我国农村公路财政存在的突出矛盾与问题，在交通财政政策的研究中，从多个角度、全方位提出了一整套对策建议，主要有突破传统思维模式，重构农村公路投融资体制；提高财政投入；高速公路反哺农村公路；加强资金监督管理，健全政府采购、绩效评价制度，提高资金使用效率；架构新的农村公路投融资理念，按照市场化、规范化取向，创新农村公路筹资模式等。本书针对我国农村公路财政现状与问题提出的具有可操作性的对策建议，旨在为政府决策提供依据。

农村公路属于上游产业，是一种"社会先行资本"，感应度强，感应系数高，这决定了农村公路需要适度超前发展。如果按照当前财力来确定建设规模，必然意味着供给短缺，会成为制约经济社会发展的"瓶颈"。从目前我国公路交通发展实际看，无论是路网规模、路网结构，还是服务功能，都不能满足经济社会发展的需要，公路交通仍需继续加快发展。而农村公路作为农村经济社会发展的主要基础设施，历史欠账太多，基础薄弱、发展严重不足，是导致全国路网营运能力不足的主要原因，因此未来公路交通建设的重点应该是农村公路。

而农村公路的准公共产品性质，决定了各级次和类型的农村公路投入供给主体是不同的，即乡村级公路由政府供给，其投资应由政府从强制性的税收中通过预算进行安排，政府公共财政支出成为乡村公路建设资金的重要甚至是唯一的来源。而县级公路、专用公路等由政府和市场共同提供。但是，到底是由中央政府还是由地方政府承担则需要考虑政府财政收支的现实状况。在我国，由于历史原因，政府对农村公路等基础设施投资力度、广度和统筹发展观念贯彻的深度都不尽如人意，与其他国家横向比较差异很大。近年来我国经济发展取得了举世瞩目的成就，但是经济结构的失衡，特别是城乡经济社会发展的差距仍在扩大。因此，在经济转型时期，在"稳增长、调结构"的基调下，在和谐社会建设进程中，本书的研究内容具有重要的理论和现实意义。

农村公路投融资基本理论研究表明，工具公共产品理论，外部性特征的存在，使得政府成为公共产品的唯一供给主体，而介于公共产品与私人产品之间的混合成品则可以由政府和市场共同提供。按照世界银行的观点，农村公路是属于非排他性、非竞争性以及外部性都很高的纯公共产品，市场化指数为1，属于不适宜在市场上出售的产品，从公平角度考虑的公共服务责任比较高。对大多数农村公路来说，由于交通流量较小，农村公路的非排他性和非竞争性程度很高，接近于纯公共产品。而在经济发达地区，由于部分农村公路尤其是县道的交通流量比较大，当交通流量超过拥挤临界点时，农村公路的公共性会逐步减弱，私人性逐步增强，使用排他性技术是经济可行的，从而使拥挤性的公共物品转变为拥挤状态的收费准公共物品。根据公共产品理论，纯公共产品由于具有非排他性、非竞争性，会产生"搭便车"现象，消费者不愿意为这类产品付费，从而导致休谟所指出的"公地悲剧"，难以实现全体社会成员的公共利益最大化。市场机制对这些产品的供给调节作用失去了前提和基础，这类物品应该由政府提供，否则，可能会造成社会福利损失。大部分农村公路具有纯公共产品性质，决定了政府应该成为这些公路的供给主体。

近几年来农村公路建设总的投融资额逐年递增，但其来源渠道和各来源渠道筹集资金所占比重，除车购税投入资金所占比重有明显增长外，基本没有变化。这说明在国家现行政策体制下，农村公路建设资金来源构成没有大的突破，仍是"中央资金引导，地方投入为主"的农村公路地方性公共品的投融资格局。当前，我国农村公路建设和管理养护均存在诸多问题，总体上建设规模偏大，建设成本上升较快，资金到位率低，其中，最突出的问题是资金严重短缺。"重建轻养"现象十分普遍，多数农村公路（特别是村级公路）处于失养状态，而养护费用的筹集是最大的难题。随着 2009 年交通税费改革政策的实施，养路费被燃油消费税取代，而作为公路建设和管理养护资金来源的养路费取消后，导致农村公路建设资金缺口进一步扩大；随着我国税制改革的深入，特别是营业税改增值税政策的不断推进，地方财政唯一的主体税种即将消失，势必直接减少地方财政收入，虽然拟开征的房地产税能够在一定程度上弥补地方财政收入的不足，但据相关学者测算，短期内以房地产税为主的直接税还难堪大任，不能取代营业税成为地方政府的主体税种。[①] 可以预见，未来相当长时期内，地方财政将更加捉襟见肘，农村公路资金筹措将更加困难。

基于农村公路财政投融资的国际比较，我们发现，无论是发达国家还是亚洲新型工业化国家，政府在农村公路等公益设施建设中不但发挥着日益重要的作用，而且在农村基础设施的投入中也有诸多共同点。国际经验表明，经济发展水平不同的国家，或者同一国家的不同发展阶段，政府对农村公路等基础设施投资行为也有所不同。考察国外农村公共品供给体系

---

① 参见安体富、葛静《关于房地产税的几个相关问题研究》，《财贸经济》2014 年第 8 期；张新、安体富《营改增减税效应分析》，《税务研究》2013 年第 10 期；朱青《完善我国地方税体系的构想》，《财贸经济》2014 年第 5 期。

时可以发现,任何一国农村公共品供给体系的建立和渐趋成熟,都伴随着该国农村公共品投入法律和政策的调整变化。美国和日本农业和农村的投入之所以能够稳定而可靠,一个主要原因就是美国和日本的农业投入是以法制化作为保证的,它不受时间和外界其他因素的干扰和影响;大部分国家都从城乡协调发展的战略高度来支持农村公路建设,中央政府和州政府承担了农村公路建设的重要责任,政府应担负起建立稳定农村资本的农村金融支持体系的责任;重视城乡互动,政府适时推行优惠政策,将工业引入农村,运用市场机制引导社会力量共同参与农村建设,促进城乡互动和交流,为农民提供就业机会;确立农民在农村公路基础设施建设中的决策主体地位,农村公路等公共产品供给的决策一般是自下而上的,民意上传渠道通畅,可以通过投票表决形式,或者通过工会、行业协会等多种组织形式表达自己的需求。这种决策机制使政府所提供的农村基础设施能够真正满足农民的实际需要。这些经验对于正确认识和解决我国农村公路投融资问题具有重要的借鉴意义。

农村公路是农村基础设施建设的重要内容,是支撑农业和农村经济发展的必要力量,是农村地区最主要甚至某些地区唯一的运输通道,其建设情况关系农村居民的生产、生活,关系农村经济社会稳定与发展。但与其他公路尤其是高速公路相比,农村公路具有一次性投资规模大、资金回收期长、风险高、利润低等特点。目前我国农村公路融资渠道单一,主要以财政拨款,乡镇政府以各种形式筹集的自筹资金,以及农村各级集体经济组织筹资为主,难以满足农村公路发展的需要。就我国目前的情况来看,扩宽农村公路融资渠道,可以有多种选择,其融资模式主要有债务融资、股权融资、项目融资、资源融资等。

20 世纪 80 年代以来,我国公路基础设施建设资金来源发生了很大变化,突出一点就是国家预算内投资比重逐年下降,银行贷款比例逐年上升,并成为主要资金来源。信贷融资就是"贷款修路、收费还贷",具有资金量大、一次到位率高的特点,是多年来我国公路建设的主要融资方式。然而,我们也应看到,农村公路不同于高速公路,农村公路建设也不同于城市公路、高等级公路建设:城市公路和高速公路项目盈利率远高于农村公路项目,投资回收期虽长,却有保障,而农村公路车辆通行率低,就某一农村公路项目而言,仅仅依靠公路收费或提取燃油税收回项目投资是不可能的。况且,我国自 2009 年实施的交通税费改革已经明确规定二级（含）以下公路不得收费，而农村公路大多属于二级以下公路。因此，农村公路（特别是车流量很小的乡村公路）项目很难从金融机构获得贷款，大规模依靠信贷资金建设农村公路只能是权宜之计，当全国公路网形成以后，信贷这种高负债高发展的融资模式将逐渐淡出。

项目融资是国际上为某些大型工程项目筹措资金的一种方式，是国际中长期贷款的一种形式。这类项目往往需要巨额投资，因此举办这类项目的公司和政府越来越感到难以完全承担巨额的资本要求和投资风险。项目融资是相对传统融资的新型融资模式，它以被融资项目本身的经济强度作为决定是否提供贷款的首要因素，投资方始终着眼于控制和积极影响项目运行的全过程，是以项目自身的未来现金流量为担保条件而进行的融资，其中以 BOT 和 ABS 项目融资模式最为典型。尽管我国基础设施建设的投融资体制改革已经取得很大成效，目前在能源、交通、水利等基础设施领域方面的投资已经部分或完全地对私营资本（包括内资和外资）放开，而且我国已经取得了一些基础设施建设的 BOT 融资经验，在 ABS 项目融资方面也有所发展，但我国目前实施项目融资仍面临诸多问题，如项目融资运行所需的经济和法律环境的建设，非公资本参与项目融资的激励措施，如何实现市场化运营，熟悉项目融资的人才匮乏等。

至于民间资本融资，从我国目前经济形势及长远观点来看，高等级公路建设引资应以直接融资方式为主。与债务融资方式相比，资本性融资方式所筹集的资金不需偿还本金，可减轻公路行业还本压力，降低公路行业的债务风险，有利于扩大自有资本金比例。但在具体实施中仍面临一些困难。分析各种投融资模式在我国农村公路投融资实践中的适用性，旨在拓宽农村公路融资渠道，解决困扰我国农村公路发展的资金难题。

通过对我国农村公路投融资基本特征与政府行为"缺位"的分析。我们发现，农村公路投入绝对不足与相对不足并存、地区结构失衡是现阶段我国农村公路投资领域的主要问题，究其根源在于政府"缺位"，即农村公路的先行资本属性未得到充分认识，财税政策对社会资本进入的引导效应不足，财政性经费来源得不到保障，是导致农村公路资金匮乏的直接原因，而现行体制是造成农村公路投资不足的深层次原因。此外，二元社会特征以及由此导致的交通建设的非农化倾向也是农村公路资源匮乏的重要原因。从各种非财政资源的运用来看，手续简便是国内信贷融资比重过大的直接原因，审批制度是外资投入的主要障碍，现行政策是制约债券融资的主要因素，农村公路的非营利性限制了项目融资的运用，经验不足是影响资源融资的主要因素。如何解决这些问题，是现阶段优化资源配置、提高交通投资绩效和社会福利水平、实行城乡协调发展的关键。

基于统筹城乡经济社会协调发展、全面提高农村公路投资绩效的原则，针对我国政府农村公路投入"缺位"等问题，我们以为，解决我国农村公路建设养护资金问题的路径是：

重塑中央与地方财政对农村公路的分权模式。按照现行体制，农村公路建设属地方事权，中央仅安排补助性资金，大量建设资金需要地方各级政府配套安排。贫困地区地方政府基本靠转移支付维持运转，县乡财政普遍无法从一般预算专门安排农村公路建设资金。在实施成品油税费改革、取消养路费等交通六费和政府还贷二级公路收费、规范地方政府融资平台等政策后，交通部门利用交通费质押贷款，以及利用政府还贷收费公路统贷统还等筹集资金的融资方式出现新情况，地方政府资金配套能力下降。为此，必须改变以往认为农村公路建设仅仅和所在县、乡、村有关的认识，明确农村公路建设的投资主体，可行的办法是将农村公路建设的责任主体上移。在法律上明确中央政府和省级政府为主要投资主体，在制度上为农村公路建设资金来源提供保证。

公共财政向农村公路倾斜。为提高积极财政政策效率，增强财政的宏观调控能力，目前要针对财政支出中的越位和缺位现象，划清市场与政府的职责，科学界定财政的职能范围，切实解决财政"越位"和"缺位"问题，通过建立健全公共财政制度体系，调整存量资源，将节约下来的资金用于增加农村公路投入；公共财政覆盖农村。长期以来，中国社会经济发展就是处在城乡对立与对抗的二元经济、社会的状态，以至于财政理论界与实际工作部门始终沿用"财政支农支出"这一概念。要想切实解决农村公路发展的资金约束问题，从根本上说，有赖于公共财政制度的建设，以实现城乡公共服务均等化为目标，各级财政均应采取一系列措施加大对农村公路的投入力度，逐步消除二元经济社会所遗留下来的城乡巨大差异；建立新增财政资源优先保证农村公路的机制。

农村公路建设应因地制宜，在我国城市化加速发展，农村"空心化"趋势日益加重的背景下，从战略高度进行科学规划，将农业发展和粮食安全、农村经济发展、农村居民生活的改善、农民收入和福利增加、生态环境保护、农村公路投资绩效等多角度、多因素综合考虑，慎重决策。

　　《农村公路财政投融资问题研究》是由河北经贸大学财税学院河北省财政学重点学科建设项目、河北省软科学计划项目"河北省公路财政财务管理体制研究与探讨"（10407214D）、河北省哲学社会科学规划基金课题"农村公路投融资问题研究"（HB08BYJ014）、河北省交通厅委托项目"公路养护事业单位全面预算管理研究"、河北省交通厅委托项目"农村公路财务管理研究"资助。河北经贸大学财税学院公共经济研究所连续追踪研究中国公路投资领域重大问题的一项专题成果。这份研究成果以学者的视角而非投资者或者官方的视角，面对中国农村公路投融资领域的现实提出问题、调查研究、总结经验、提炼观点，形成政策性建议，供政府有关部门、投资公司、研究机构决策参考。围绕中国公路投融资领域，河北经贸大学财税学院与相关政府部门合作，已经连续十年追踪研究，相继撰写了《河北省公路财政财务管理体制研究》、《农村公路投融资问题研究》、《公路养护事业单位全面预算管理研究》和《农村公路财务管理研究》四个研究报告。

　　本书定位于在新农村建设视角下，从理论与政策上对我国农村公路建设、管理养护等事关农村经济社会发展问题进行系统探讨。研究思路上，针对当前我国农村公路发展中的资金严重匮乏问题，依据基本理论研究、基础研究、现状研究、改革设想的思路，在对国内外研究进展梳理基础上，分析农村公路建设与社会主义新农村建设的耦合机制，以公共经济学为分析手段，提出农村公路的效率供给方式，分别从时间轴、空间轴及资源轴三个维度分析农村公路与社会经济协调作用机制，探讨农村公路与社会经济发展适应性的评价方法，从农村公路财政投融资体制的历史与现状进行系统分析的基础上，科学阐述建立、健全投融资体制对优化我国农业产业结构和增加农民收入所具有的重要意义。通过对我国近中期农村公路建设与养护资金的需求总量、结构以及当前县乡财政状况、农村资金外流及乡村负债情况的深入研究，从体制上、制度上深入分析我国农业投融资方面存在的深层问题，在理论研究和前期调研基础上，制定了科学可行的调查方案，并选取河北省进行实地调查研究，在河北省承德、张家口、石家庄、秦皇岛等地区市选取部分县市作为重点实地调研，采用比较分析的方法，在广泛借鉴国内外成功经验的基础上，针对河北省农村公路发展中最为突出的资金问题，分析我国中东部地区农村公路财政现存问题及其成因，探讨农村公路新的融资方式，寻求农村公路发展稳定的资金来源。就突破传统思维模式，架构新的农村公路投融资理念，按照市场化、规范化取向筹集、使用财政资金和信贷资金，提高资金利用效率，从投融资主体的确定、资金筹集、运营、管理到追踪问效等方面，提出相应的具有可操作性的对策建议，从根本上寻求破解资金"瓶颈"约束的良策，为政府决策提供依据。

研究方法上，运用常规统计与个案调查、制度分析、系统分析、比较分析等方法，对我国农村公路投融资体制进行了全面、系统研究。本书研究重点是我国农村公路投资主体定位问题、财政投资的监管及效率问题，研究难点是如何在现有条件下实现农村公路多元化融资问题。

农村公路属于上游产业，是一种"社会先行资本"，感应度强，感应系数高，这决定了农村公路需要适度超前发展。如果按照当前财力来确定建设规模，必然意味着供给短缺，进而由于其发展滞后而成为制约经济社会发展的"瓶颈"。本书拟解决的最关键问题是寻求充分发挥公共财政投资的主渠道作用，通过增量调整和存量调整两个方面倾斜农村公路；同时通过融资机制创新，实现农村公路适度超前发展，在不影响其他事业发展、不增加国家财政风险前提下，实现农村公路又好又快发展。

河北经贸大学财税学院　刘连环

2014 年 12 月

目　　录

第一章 引 言

第一节 研究背景、意义

近年来，国家加大了公路建设尤其是农村公路建设的投资规模。2009年，全国共完成农村公路建设投资 2044 亿元，农村公路新改建里程 38.1 万公里，超额完成年初确定的 30 万公里的目标。"十一五"期间成为我国农村公路发展史上，完成投资最多、建成里程最长、建设速度最快、发展质量最好的时期。多年来的持续建设使得我国农村公路得到了迅猛发展，很好补充完善了农村公路网。全国农村公路通车里程从 2003 年的 137 万公里增加到 2009 年的 333.56 万公里，乡镇通达率达 99.4%，通畅率达 92.7%。东部、中部地区建制村通畅率分别达 95.6% 和 88.5%，西部地区建制村通畅率分别达 90.1%。

我国作为一个农业大国，"三农"（农业、农村、农民）问题关系社会稳定、国富民强，更关系 21 世纪前 20 年全面建设小康社会任务目标的完成。中国的"三农"问题已不单纯是一个涉及农业和农村经济、农民收入的局部问题，而是关系我国经济和社会发展的全局性问题。2003 年中央农村工作会议指出，全面建设小康社会，必须统筹城乡经济发展，更多地关注农村，关心农民，支持农业，把解决好农业、农村和农民问题作为全党工作的重中之重，放在更加突出的位置，努力开创农业和农村工作的新局面。2004 年中央经济工作会议再次把"三农"问题作为重要的议题列入议事日程中。2010 年中央一号文件提出，全党务必居安思危，切实防止忽视和放松"三农"工作的倾向。"要想富，先修路"，县乡公路、乡村公路是广大农民出行的主要通道，是广大农民踏上小康生活的"致富路"。因此，要解决好"三农"问题，要实现城镇化，必须首先解决好县、乡、村公路的建设与养护问题。县、乡、村公路里程长、等级低、外部效益大，建立科学有效的、长期的养护管理体制，保障农村公路的最优供给，以最低的养护管理成本保障公路的完好畅通，使公路网保持在最优的服务水平和最持久的使用效果，将具有长期的经济效益和社会效益。

农村公路包括县道、乡道和村道，是全国公路网的有机组成部分，是农村重要的公益性基础设施。在全国农村公路建设电视电话会上，李盛霖部长在阐述农村公路建设意义时指出，农村公路建设是推进社会主义新农村建设的重要内容，是增加农民收入的有效途径，是扩大国内需求、拉动经济增长的重要措施，也是构建便捷、通畅、高效、安全的交通运输体系的重要组成部分。

我国农村公路网和运输服务体系起点较低，目前仍有近4万个建制村不通公路，近1万个乡镇、30多万个建制村不通沥青水泥路；农村公路中四级和等外路占将近九成，砂石路占七成以上，许多地区缺桥少涵、晴通雨阻，农村公路的覆盖能力、技术状况和管理水平等都不能适应建设社会主义新农村的需要。[①] 胡锦涛在党的十七大报告中阐述和部署社会主义新农村建设任务时明确指出，要建立以工促农、以城带乡长效机制，形成城乡经济社会发展一体化新格局。2008年3月，温家宝在中国第十一届人大一次会议上所作的政府工作报告中指出，中国将增加在农业、农村发展和社会福利方面的财政支出，中国将致力于农业基础设施建设和农民收入渠道的拓宽。为此，应进一步增加农村道路的建设投入，提高其质量和服务功能，实现城乡共建、联网、共享，以服务新农村建设，实现以科学发展观为指导构建和谐社会的目标。

落后的交通条件一直是制约农村经济发展的"瓶颈"。目前，公路运输条件落后，许多农村公路技术标准低，抗灾能力弱，通行能力差，有路难行和无路可行问题十分突出，严重制约农村脱贫致富的步伐。在广大农村地区，作为干线路网支撑的县际公路和农村公路发展相对滞后，总量不足，"通达问题"还远未得到根本解决，"通畅问题"也未得到根本改善。农村公路的公共产品性质决定了农村公路投资应由政府从强制性的税收中通过预算进行安排，政府公共财政支出成了农村公路建设资金的重要甚至

---

① 交通部综合规划：《2005年全国农村公路通达情况专项调查主要数据公报》，中华人民共和国交通部网站，2007年4月18日。

是唯一的来源。长期以来,我国农村公路建设一直没有固定的资金来源,县、乡两级政府承担了农村公路建设的主要投资任务。我国县乡两级财政普遍比较紧张,投入农村公路建设的资金有限,导致农村公路发展滞后,资金问题已经成为农村经济发展的"瓶颈"。这种情况在中西部地区尤为突出。进一步拓宽农村公路建设投融资渠道已成为各地的迫切需求。

随着国家公路建设政策的调整,农村公路已经成为社会各界关注的重点。进入"十一五"以来,交通部已经确立农村公路为未来公路发展的重中之重,农村公路无论从投资总额,还是涉及范围都是空前的,我省也早已启动快速发展农村公路的政策,全省已经掀起农村公路的建设浪潮。而农村公路的快速发展也面临着诸多实际难题,其中资金筹措、资金使用、成本管理、养护管理以及会计核算等财政、财务问题已经成为全国性关注的难点和重点,并受到有关领导、专家和实务界的高度重视。当前我国农村公路投资不仅存在投资主体错位、投融资渠道单一、存量资源匮乏,而且增量资源同样短缺。因此,研究解决农村公路投融资问题,消除"瓶颈"约束已成当务之急。有鉴于此,将农村公路财政、财务管理专门立项研究将具有重要的现实意义。本书正基于此需求,力图集河北省内专家、学者的经验与智慧,就农村公路资金筹集、成本费用管理与核算、养护体制建立与养护财务管理等展开研究,构建可推广应用的农村公路财政管理新思路,为当前农村公路建设管理服务。

第二节　国内外研究现状及评述

一　国外关于公路财政投融资的研究现状

(一)公共物品供给理论

以马歇尔、庇古、萨缪尔森等为代表的福利经济学派认为,由于公共物品的非排他性和非竞争性,通过市场方式实现排他是不可能的或者成本是高昂的,并且在规模经济上缺乏效率,私人部门没有提供公共物品的动力。因此,大部分公共物品必须由政府提供。[①] 奥尔森在《集体行动的逻辑》中指出,一个国家首先是一个为其成员公民提供公共物品的组织,

---

① [英]尼古拉斯·巴尔:《福利国家经济学》,中国劳动社会保障出版社2003年版。

在公共物品提供过程中，存在着较强的规模经济和外部性，因而私人部门不愿意或没有能力提供公共物品。奥茨①由此提出既然公共物品成本是相同的，那么"让地方政府将一个帕累托有效的产出量提供给它们各自的选民，则总是要比中央政府向全体选民提供任何特定的并且一致的产出量有效得多"。这就是分权定理。一般来说，分权管理比集权管理更为有效，因为分权管理在增加投资来源的同时，会减少集权产生的政策失灵和政府低效。布坎南在 1965 年发表的《俱乐部的经济理论》② 中，提出了在所有权和经营权合一前提下，可以通过所有权变更的方式把公共物品的政府所有或公共所有转变为私人所有。布坎南从俱乐部理论出发，认为现实世界的产品是纯私人物品和纯公共物品的混合，在不同程度上具有俱乐部的性质，因此，在市场中加入俱乐部这样的组织形式，可以在一定程度上克服"搭便车"问题。俱乐部产品，因为有它特有的消费边界和均衡点，俱乐部可以成为公共物品供给的有效组织。公共选择理论也认为，如果对提供排他性公共物品的技术和偏好聚类，使得在一个给定规模的社会中形成最优构成的俱乐部数目很大，那么，通过个人的自愿结社而形成俱乐部是这些排他性公共物品的一种最优配置。灯塔常被引为纯公共物品的典型例证，认为必须由政府提供。穆勒在其著作《政治经济学原理》（1848）中以及 1932 年庇古在《福利经济学》中均指出，私人建造灯塔的收益远远低于社会的收益，所以政府建造灯塔是必要的。1964 年萨缪尔森在《经济学》教科书中也表达了类似观点，他从边际成本角度论证灯塔应该归类为公共物品，认为对社会而言，向多一条船只服务的额外成本等于零。因此，这类对社会有益的服务应该由政府供应，并且应该免费供应。

（二）关于农村基础设施投融资的研究

由于资料的不可得性，加之国外鲜有我国这样城乡分割的二元经济社会特征，目前国外专门研究农村公路投融资问题的资料相对匮乏，更多地集中在有关农村基础设施投融资问题方面。

亚当·斯密在《国民财富的性质和原因的研究》一书中，特别强调农村公路等农业基础设施对国民财富增加和经济增长的重要作用，提出政

---

① 黄恒学：《公共经济学》，北京大学出版社 2002 年版。

② 丹尼斯·缪勒：《公共选择理论》，中国社会科学出版社 1999 年版。

府应高度重视农业基础建设，主张把资本首先投向农业，让农业获取的资本量达到充足有余状况。而舒尔茨（1964）在《改造传统农业》中论述了政府对农业投入，改造传统农业对经济增长，尤其是对发展中国家经济发展的重要作用。① 萨伊在其消费理论中把非生产性消费分为个人消费和政府为公共目的而进行的消费，主张公共费用应该用于建筑铁路、桥梁、运河等交通设施，反对修建如凯旋门、宫殿之类的被他认为无效用的公共建筑，他认为公共教育费用有助于财富的增长。②

（三）关于公路投融资问题研究作用的研究

1. 关于农村公路对农村经济社会发展的推动作用

西方经济理论虽然没有对农村公路投融资理论的专题研究，但其涉及农业、农村、农民的理论相当丰富。在古典经济学框架内，亚当·斯密在其代表性著作《国民财富的性质与原因的研究》中，肯定了农村交通设施建设对农村经济社会发展的巨大推动作用。

在亚当·斯密眼里，农民和其他社会职业的不同仅在于社会分工的不同。他认为，农民常常是兼业的，既从事农业耕种，也从事工副业生产。"农业、农业的性质，不能有向制造业那样细密的分工，各种工作不能向制造业那样分立。木匠的职业与铁匠的职业，通常是截然分开的，但畜牧业的业务与种稻者的业务，不能像前者那样完全分开。纺工和织工，几乎都是个别的两个人，但锄耕、播种和收割，却常由一人兼任。农业上的种种劳作，随季节推移而巡回，要指定一个人只从事一种劳动，事实上绝不可能。"③ 在解释这一现象时，斯密认为："分工起因于交换能力，分工的程度，因此总要受交换能力大小的制约，换言之，要受市场广狭的限制。市场要是过小，那就不能鼓励人们终生专务一业。因为在这种状态下，他们不能用自己消费不了的自己劳动生产物的剩余部分，随意换得自己需要的别人劳动生产物的剩余部分。"④ 也就是说，农民兼业的存在正是市场限制的必然结果。同时，亚当·斯密还通过对比埃及、中国东部、印度恒河流域以及欧洲的水陆交通对市场发育的影响后认为，市场的限制又受制

① 舒尔茨：《改造传统农业》，商务印书馆1987年版。
② 朱彤弓：《近代西方经济理论发展史》，上海华东师范大学出版社1989年版。
③ 亚当·斯密：《国民财富的性质和原因的研究》，郭大力、王亚楠译，商务印书馆2004年版，第一篇第一章。
④ 同上。

于交通条件的改善。

现在看来，亚当·斯密对农民是一种职业分工的认识是正确的，农民兼业现象是由于市场的限制，市场的限制又取决于交通条件状况，这种推理也是符合实际的。正是得益于交通条件的改善，从而形成了发达统一的国内市场乃至国际市场，才会出现当今发达国家的专业化农业和职业化农民。考量现在中国农民兼业现象，不妨从斯密的推理中找到答案。要想在中国培育职业化农民，改善农村交通、通信状况，从而形成全国性大市场，并把这一市场融入世界市场体系之中，是必备的先决条件。[①]

2. 关于公路发展与资金投入关系研究

公路投资需求与资金短缺之间的矛盾是各国政府面临的共同问题，在寻求新的投融资方式过程中，公路债券越来越受各国政府的青睐。柳长立、郝思和[②]等（1997）介绍了美国公路债券概况及其运作与发展情况，潘志良、吕悦[③]等（2005）介绍了美国公路财政的历史和现状；岑晏青、周伟[④]（2003）考察了美国公路发展的历程，发现美国公路发展历程具有两个特征：一是公路建设建立了一个明显的高速、持续发展阶段；二是集中快速发展阶段，公路建设资金的投入水平明显提高。而美国与中国国土面积、所处的地理位置（纬度）十分相近，因而美国公路发展的经验对我国具有较强的借鉴意义，并认为直到 2020 年，我国公路建设将处于集中快速发展阶段，每年资金投入水平需要维持在当年 GDP 的 2%—3%。

公路设施的快速发展离不开巨额资金的支持，公路成本补充成为当前我国公路发展亟待解决的重要问题。作为世界上公路网络最发达、公路税收体系最完善的美国，也面临同样的筹资难题。为应对这一难题，美国近年来在公路税收领域进行了一系列改革，系统研究美国公路成本补偿资金来源、结构及发展趋势，对于我国公路税收的设计和农村公路发展具有重大意义。申燕[⑤]（2010）对于美国公路成本补偿的现状、美国公路成本补偿资金来源结构的变化、美国未来公路税收的发展趋势及其对我国公路建

---

① 徐全红：《转型期"三农"财政政策》，社会科学文献出版社 2010 年版，第 37 页。
② 柳长立、郝思和：《美国公路债券的发展及其启示》，《国外公路》1997 年第 1 期。
③ 潘志良、吕悦：《美国公路财政的过去、现在和将来》，《国外公路》2005 年第 12 期。
④ 岑晏青、周伟：《我国公路建设任重道远——美国公路发展历程给我们的启示》，《交通世界》2003 年 4 月。
⑤ 申燕：《美国公路税收的发展趋势和对我国的启示》，《改革与战略》2010 年第 3 期。

设的启示进行了深入细致的分析；董礼胜、林秀明①（2007）考察了英国和美国公路等基础设施类公共品供给现状与问题；［韩］朴宰成、郑新立等②（2006）介绍了韩国公路投资经验。英国的高雷夫·辛格和克雷格·贾米森（Gaurav Singh and Craig Jamieson, 2005）③ 对全球公路民营化的立法状况进行了调查。他山之石可以攻玉，这些研究有的虽然并非专门针对农村公路投融资问题，但对我国农村公路投融资问题的研究均具有一定的借鉴意义。

二 国内关于公路财政投融资的研究现状与评述

国内学者关于农村公路投融资的研究较多，取得了一些建设性成果。近些年这一领域研究主要围绕着以下几个方面展开：

（一）关于农村公路投资主体问题的研究

刘勇、张庆（2007）④ 对我国农村公路建设投资主体定位问题进行研究，认为大部分农村公路接近纯公共产品。农村公路的公共产品性质决定了农村公路资金来源的单调性，政府公共财政支出成为农村公路建设资金重要甚至是唯一的来源。认为县乡政府作为农村公路建设投资责任主体依据不足，中央政府或者省级政府应成为农村公路建设的投资主体。

马忠英⑤（2010）阐述了农村公路与新农村建设的双向互动耦合机制，通过公共经济学的范式分析，提出农村公路供给主体上选择政府，在供给方式上在现阶段由政府提供，而随着社会经济的发展，市场提供方式在未来具有广阔的发展空间。在区域农村公路与社会经济协调发展的理论分析中，时间轴上论文分战略目标、同构性和投资适应性三方面展开，空间轴上分国家、区域和城市三方面论述，资源轴从固定性资源、移动性资源之间的两两匹配展开。构建了包括公路网综合密度、连通度等在内的五项指标，采用模糊评价法进行评价，并对青海省进行了实例应用。应用结果表明，青海农村公路协调性属于较差范围，最大隶属度为 0.5498。在资金政策研究中提出提高财政投入、高速公路反哺农村公路等建议。

---

① 董礼胜、林秀明：《中国公共物品供给》，中国社会出版社 2007 年版。
② 郑新立：《韩国"新村运动"启示录》，《人民论坛》2006 年第 2 期。
③ Gaurav Singh, Craig Jamieson. A Global Survey of PPPs: New Legislation Sets Context For Growth. In: Public Private Partnerships Credit Survey 2005, London: Standard& Poor's, 2005.
④ 刘勇、张庆：《我国农村公路建设投资主体辨析》，《综合运输》2007 年 5 月。
⑤ 马忠英：《基于新农村视角的西部农村公路发展研究》，硕士学位论文，长安大学，2010年。

（二）对农村公路建设资金来源的研究

王秋玲、徐海成[①]（2007）对我国贫困地区农村公路建设资金来源现状和问题进行分析，提出应加大中央政府对农村公路建设的资助力度，取消贫困地区的配套费等建议。赖福怀、付光琼[②]（2004）在对2001—2003年中国农村公路建设资金结构现状分析的基础上，提出了破解农村公路资金"瓶颈"约束的对策。姚志刚、王元庆、周伟[③]（2005）等对我国西部地区农村公路的特点及约束条件进行分析，提出农村公路在西部地区占据重要地位，提高和改善西部地区农村公路发展状况，对于加快西部经济发展、缩小地区差距具有重要意义。由于西部地区农村公路建设滞后、政府财政困难，仅仅依靠地方政府很难使农村公路得到很大发展，同时西部以农村为主的贫困地区分布面积广，需要通过扶贫开发方式进行西部公路建设。西部农村公路扶贫建设重点应首先考虑深山区、石山区、荒漠区、边疆地区、高寒山区、黄土高原区、地方病高发区、黄河滩区等贫困地区的农村公路通达问题。

（三）关于农村公路资金筹集多元化的对策研究

交通部科学研究院交通金融研究所常务副所长胡方俊[④]（2007）在接受《中国交通报》记者专访时认为，农村公路建养资金筹集大有潜力可挖，并提出了六条建议：利用金融工具，可盘活现有的交通专项资金，放大现有资金的投资效应；以车购税增量为还款保证，发行农村公路建设特种国债和企业债券，可降低农村公路建设融资成本；利用现代技术，建立全国高速公路不停车收费系统，可将结算沉淀资金通过金融工具低成本借用于农村公路建设；制定农村公路建设社会捐助配套措施，可引导全社会特别是大型国企、港台公益资金捐助农村公路建设；以农村公路沿线广告市场特许经营为基础，建立农村公路建设商业运作机制；建立农村公路建养原材料有计划的政府集团采购机制。于祥明（2007）也在《上海证券报》撰文提出农村公路建设可多元化筹资的策略。

---

① 王秋玲、徐海成：《贫困地区农村公路建设资金来源》，《审计与理财》2007年第4期。

② 赖福怀、付光琼：《中国农村公路建设资金结构现状》，《交通世界》2004年第8期。

③ 姚志刚、王元庆、周伟：《我国西部农村公路发展的战略思考》，《综合运输》2005年第3期。

④ 胡士祥、周晓欧：《农村公路建养资金筹集大有潜力——访胡方俊》，交通部网站，2007年8月6日。

林春燕、童冠萍[①]（2005）以湖南省湘西地区（包括湘西自治州、张家界、怀化和邵阳四县）为例，对农村公路建设投融资案例分析，提出我国农村公路建设必须形成并逐步完善以政府为主体，多渠道、多层次、多元化的投融资体系。传统的融资方式如国家拨款、政府财政融资和民众聚资等融资方式已不能满足资金需求。巨大的资金缺口促使地方政府必须靠寻求创新的、稳定的融资方式来弥补，要"借"别人钱来建设自己的公路、发展自己的经济。债券融资、招商引资在农村公路融资中是很好很有效的融资手段，应发扬；而项目融资和 BOT 融资方式作为农村公路建设中完全陌生的融资手段，应积极探讨和发展。提出 5 种融资模式：信贷融资、民间筹资、债券融资、灵活的招商引资、农村特色的项目融资。并认为农村公路建设向金融机构贷款需要给贷款提供更多的保障，如政府出面借款或作担保，每年从该项目所在地经济收入中提取一定比例作为偿款资金等，民间筹资应改变从村民手中拿钱的方式——改捐款为借款。

（四）农村公路资源融资研究

姚志刚、王元庆、周伟[②]（2005）提出西部农村公路资源融资的路径选择：

一是农村资源开发公路建设。西部地区具有丰富的自然、矿产资源，同资源开发结合将有利于推动西部农村公路建设的快速发展。因此，西部农村公路建设应同矿产、旅游及特色农业等开发协调发展，充分发挥公路同经济发展的协同效应。

二是旅游资源开发公路建设。西部贫困地区一般处于革命老区、边远地区、少数民族聚居的边境山区，这些地区往往因为自然资源未受到破坏，蕴藏着极其丰富的生态旅游资源。云南、贵州独具特色的喀斯特地貌和少数民族风情，内蒙古、川西草原等自然风光都是建设贫困地区旅游公路的强大经济动力，同时公路建设又可加快旅游业及相关产业的发展。

三是矿产资源开发公路建设。西部地区具有丰富多样的矿产资源，陕甘宁及新疆三大盆地的煤炭、石油及天然气的开发中的公路建设已经

---

① 林春艳、童冠萍：《农村公路建设融资创新案例分析》，《中国投资》2005 年第 6 期。

② 姚志刚、王元庆、周伟：《我国西部农村公路发展的战略思考》，《综合运输》2005 年第 3 期。

使沿线农民出行条件得到很大改善，随着开发力度的加大，这些地区农村公路状况还将得到很大提高；而铜、铝、铅、锌等有色金属及磷等非金属矿产资源主要分布在云南、贵州、广西、四川等地，随着矿产资源的开发，西部农村公路通达的深度将有很大的提高，资源开发公路建设将成为西部农村通达公路建设的重要部分。

四是特色农业开发公路建设。西部地区是我国重要的农牧产品基地，许多地方的农牧产品都发展成为具有优势的产业，建设农村公路可以进一步促进这些特色产业的发展。新疆的棉花产量占全国总产量的 20% 以上，西北地区是我国重要的草原牧区和羊毛、羊绒的主产区，西南则是烟叶、油菜籽、糖、蚕丝、茶叶、药材等的生产基地。特色农业开发公路建设战略会促进西部地区农业产业化步伐并推动相关产业的发展，改善农村地区交通状况。

应政① （2007）以高速公路为例提出以下公路沿线地产开发业务发展策略，其总体思路是对房地产业务与公路业务进行整合，开发公路沿线地产经营业务，以及依托公路和沿线地产开发相关联的物流、物流园区等业务。

（五）农村公路资金运营、管理问题研究

湖北省交通会计学会课题组② （2007）根据我国"十五"和"十一五"公路建设发展要求和目标，分析研究收费公路建设过程中资金结构的安全性、合理的负债水平、负债的风险等问题。据不完全统计，截至2000 年年底，全国公路建设项目累计贷款达约 5000 亿元人民币。偿还贷款高峰到来后，每年需要大量的还本付息资金。以山东省为例，每年还本付息资金在 17 亿—20 亿元，给财政造成很大压力。另据陕西省收费站点还贷调研资料，有 1/3 收费公路能如期还贷，有 1/3 站点无法及时足额还贷，另外，还有 1/3 介于二者之间。就全国而言，公路建设债务负担过重所产生了一系列问题。

赵云旗等③ （2005）在《地方国债投资项目管理中的问题与对策》一

---

① 应政：《高速公路沿线地产整合开发策略研究》，《交通企业管理》2007 年第 2 期。

② 黄长江、熊国贤、徐佑林、魏公民、崔文娣：《我国公路建设债务问题研究》，交通部网站，2007 年 9 月 10 日。

③ 赵云旗：《地方国债投资项目管理中的问题与对策》，http://www.crifs.org.cn，2005 年7 月 25 日。

文中对中央转贷给地方的国债资金投资的现状进行分析、评估，认为地方国债投资项目管理中的问题，存在于项目审批、项目管理、资金使用和检察监督几个方面，对这些问题进行了较为系统的分析，并提出了解决的思路。由于公路建设也是中央转贷给地方的国债资金的重要投资方向，因而文中所提出的投资管理问题在公路建设中也有所体现，其提出的加强国债投资项目管理的建议对农村公路投融资问题也是有益的。

王文杰[①]（2007）则分析了我国当前财政资金绩效考评工作存在的问题及成因，认为制度创新是深化我国财政资金绩效考评改革的关键，并提出了初步的思路与设想。

（六）农村公路社会经济效益评价研究

杨光[②]（2009）针对农村公路对沿线区域发展的影响问题开展研究，旨在建立一套全面适用的农村公路建设对沿线区域发展影响的评价指标体系，并提出切合实际的综合评价方法，从而为评价农村公路建设对沿线区域发展的影响提供依据，也为今后农村公路网规划及农村公路建设提供借鉴和参考。

毛龙[③]（2011）依托交通部软课题"十一五"农村公路建设成效评估及"十二五"建设管理研究，以"十一五"期间我国农村公路建设情况的相关调查数据为基础，通过对调研数据的详细分析，对我国农村公路建设东部、中部、西部三大区域差异情况及农村公路与县域经济的关系等进行了深刻探讨论述；参照国内外已有研究所形成的相关方法，把农村公路社会经济效益分为投资直接产生的投资拉动效益、建成后公路运输直接产生的直接效益、依托农村公路和当地特色资源联合开发效益、潜在效益以及对交通的影响五大方面，分别对相关效益的测算方法进行了理论分析及测算示例，并建立了农村公路社会经济效益综合评价指标体系，选取合理评价方法对农村公路社会经济效益进行综合评价。最后，分析了"十二五"农村公路发展需求，根据"十二五"农村公路发展需求，提出了

---

① 王文杰：《制度创新是深化我国财政资金绩效考评改革的关键》，《财政研究》2007年1月。

② 杨光：《农村公路建设对沿线区域发展影响分析及评价方法研究》，硕士学位论文，哈尔滨工业大学，2009年。

③ 毛龙：《"十一五"农村公路社会经济效益评价及"十二五"建设发展研究》，博士学位论文，长安大学，2011年。

"十二五"农村公路建设发展指标及相关对策。

（七）农村公路养护管理体制研究

刘军[1]（2010）针对我国农村公路迅猛发展现状，特别是从甘肃省农村公路大建设、大投入的实际出发，简要总结了甘肃省农村公路建设发展取得的成就，并对农村公路的地位作用进行了扼要阐述。然后指出了普遍存在的重建设、轻管养现象，即管养问题日益凸显的现实，结合对甘肃省农村公路管养现状的调查分析，初步探讨了目前农村公路管养面临的选择和任务。其中，最重要和紧迫的就是尽快建立一个科学高效的农村公路管养体制。为此，论文通过横向和纵向对比，即横向与国内其他具有代表性的省份农村公路管养体制和模式比较，纵向与自身以及省内典型市州农村公路管养体制比较，突出了甘肃省农村公路管养体制深化改革的必要性和紧迫性，明确了改革的难点和重点，并就此提出了改革的基本思路和途径，即通过建立健全组织体制、投资体制、运行体制、技术体制和考核体制等方面，不断完善甘肃省农村公路管养体制，旨在实现农村公路建设、管理和养护三者同等重要、协调并进的良好发展局面，为建设社会主义新农村和实现全面小康社会目标做出有益探索和努力。

王文华[2]（2011）对农村公路养护中的县级政府职能展开研究，通过对杞县农村公路养护中的历史追溯，分析农村公路养护中县级政府主要有哪些职能和作用，存在哪些不足，探求新时期县级政府促进农村公路养护的有效路径，以加快社会主义新农村建设步伐，促进农业及农村现代化。从县级政府的职能角度看，对管辖地区提供公共产品是政府公共事务管理职能的主要表现，为居民提供公共产品和公共服务是政府最核心的职能，但现实情况却是偏离了其正常轨道。重新对县级政府进行角色和职能定位，解决其职能错位、缺位问题，才能更好地推进社会主义新农村建设。认为在农村公路养护中政府职能应有：

第一，养护责任主体职能。农村公路管理养护体制改革后，县级人民政府是辖区内农村公路管理养护责任主体，负责筹措和管理农村公路养护资金，制定辖区内农村公路养护的实施细则。

---

① 刘军：《甘肃省农村公路管养体制改革研究》，硕士学位论文，兰州大学，2010 年。
② 王文华：《农村公路养护中的县级政府职能研究》，硕士学位论文，河南大学，2011 年。

第二，投资主体职能。农村公路属于地方性准公共产品，服务的对象是人民大众，县级政府应加大对农村公路养护的财政支持力度，这是养护好农村公路的根本保证。

第三，规划决策职能。县级政府应结合新农村建设目标和农村的实际需求制定规划，对农村公路养护和养护资金做出科学、合理的决策。

第四，政策引导和产权保护职能。县级政府通过恰当政策引导和合理的激励机制，还要发挥好政府的产权保护职能，使非政府部门为农村公路养护提供补充资金。

第五，管理监督职能。县级政府要切实履行管理监督职能。政府应通过不同途径，建立全方位、多层次的监督体系，对农村公路养护的供给过程和使用过程进行有效的监督。

杨薇[1]（2011）从管理体制的五个内涵出发，即农村公路养护的管理机构、职能界定、人员管理、资金配置和管理规则及运行机制，分别研究这五个方面的现状和问题，以分权和市场为核心指导思想对这五方面进行剖析，提出相应的农村公路养护管理体制改革的建议，如在法律中明确乡镇机构的管理责任，对财政补贴实行固定比例，优化人员管理模式，深入推进市场，等等，进一步完善农村公路养护体制改革，促进农村公路健康发展。

臧海景[2]（2011）介绍了农村公路的养护管理体制运行模式、寒亭区农村公路的养护管理体制运行模式、寒亭区农村公路养护管理体制的发展方向。

郭法霞（2008）对农村公路养护资金筹集与使用进行了研究，通过对农村公路养护资金现实使用情况和资金未来需求进行测算，得出农村公路养护资金供需缺口大的结论，并对养护资金缺口产生原因进行分析。在此基础上，从开源、节流两个方面提出了农村公路养护资金的筹集措施；提出农村公路养护资金使用要求，科学合理使用农村公路养护资金措施以及加强养护资金管理和监督。

上述文献均是从某一个侧面研究农村公路投融资问题。刘勇、张庆等提出了农村公路建设投资主体上移问题，而忽视了中央、省级财政同样存

① 杨薇：《农村公路养护管理体制研究》，硕士学位论文，天津商业大学，2011 年。
② 臧海景：《农村公路养护管理体制研究》，博士学位论文，中国农业科学院，2011 年。

在资金供给难以满足公路建设资金需要的矛盾；胡方俊、林春燕等对于拓宽筹资渠道的研究线条均比较粗，未能系统、全面地论证当前我国农村公路可供选择的融资模式；王文杰、赵云旗等提出的绩效考评改革的设想和地方国债投资项目管理建议不是针对当前农村公路资金和项目管理提出的，缺乏针对性。而农村公路投融资问题涉及面广，需要从投资主体的确定、融资模式的选择、投资项目的管理、资金拨付、运营到绩效评价等多方面入手，采取综合配套措施才能解决。

第三节　研究思路与框架

一　研究的基本思路

针对当前我国农村公路发展中的资金严重匮乏问题，提出从投融资主体的确定、资金筹集、运营、管理到追踪问效等方面的措施，从根本上寻求破解资金"瓶颈"约束的良策。

本书基于公共产品理论、公共投资理论、发展经济学理论、治理理论、新公共服务理论等经济理论，在对农村公路投融资的历史与现状进行系统分析的基础上，科学阐述农村公路对我国新农村建设所具有的重要意义。通过对我国近、中期农村公路建设与养护资金的需求总量以及当前县乡财政状况、农村公路资金供给总量、结构情况的深入研究，从体制上、制度上深入分析我国在农村公路投融资方面存在的深层问题。针对当前我国农村公路财政存在的突出矛盾与问题，在交通财政政策研究中，从多角度、全方位提出了一整套对策建议，主要有：突破传统思维模式，重构农村公路投融资体制；提高财政投入；高速公路反哺农村公路；加强资金监督管理，健全政府采购、绩效评价制度，提高资金使用效率；架构新的农村公路投融资理念，按照市场化、规范化取向，创新农村公路筹资模式等。本书针对我国农村公路财政现状与问题提出的具有可操作性的对策建议，旨在为政府决策提供依据。

二　研究的主要内容

根据基本思路，本书大体分为七个部分：

第一部分综述写作背景、意义和论文相关基本理论、写作思路和写作方法，且对国内外研究现状进行科学概括，为本书提供科学依据。

第二部分以公共财政理论和农业投融资理论为理论基石，通过对我国农村公路发展现状、财政投融资现状的分析研究，明确农村公路投融资体制改革的突破口，对我国农村公路投融资存在的问题进行深入分析，阐明制约我国农村公路资金供给的深层体制原因，对我国农村公路投资的发展现状进行了全面剖析。

第三部分分析当期我国农村公路投融资规模、结构及其各自的变化特征，从中发现我国投融资存在的突出矛盾与问题。

第四部分主要介绍美国、欧盟等发达国家农村公路投融资经验，日本、韩国、印度等亚洲邻国的经验，以及这些国家的经验给我们的启示和借鉴。

第五部分在简要介绍农村公路投融资的主要模式的基础上，较详细地分析了各种投融资模式的资金成本、风险及其在我国的运用情况，重点分析各种投融资模式在我国农村公路投融资实践中的适用性，旨在拓宽农村公路融资渠道，解决困扰我国农村公路发展的资金难题。

第六部分在对公路投融资制度进行国际比较分析基础上，提出了对我国农村公路投融资改革的借鉴，进而对当前我国农村公路投融资发展基本思路、具体措施进行系统分析，突出可操作性要求。

第七部分通过对我国农村公路投融资的基本特征与政府行为"缺位"分析。我们发现，农村公路投入绝对不足与相对不足并存、地区结构失衡是现阶段当前我国农村公路投资领域的主要问题，究其根源在于政府"缺位"，即农村公路的先行资本属性未得到充分认识，财税政策对社会资本进入的引导效应不足，财政性经费来源得不到保障，是导致农村公路资金匮乏的直接原因，而现行体制是造成农村公路投资不足的深层次原因。此外，"二元"社会特征以及由此而导致的交通建设的非农化倾向也是农村公路资源匮乏的重要原因。从各种非财政资源的运用来看，手续简便是国内信贷融资比重过大的直接原因，审批制度是外资投入的主要障碍，现行政策是制约债券融资的主要因素，农村公路的非营利性限制了项目融资的运用，经验不足是影响资源融资的主要因素。如何解决这些问题，是现阶段优化资源配置、提高交通投资绩效和社会福利水平、实行城乡协调发展的关键。

第四节　研究方法

一　研究方法

本书定位于在新农村建设视角下，从理论与对策上对我国农村公路建设、管理养护等事关农村经济社会发展问题进行系统探讨。研究思路上，依据基本理论研究、基础研究、现状研究、改革设想的思路，在对国内外研究进展梳理基础上，分析农村公路建设与社会主义新农村建设的耦合机制，以公共经济学为分析手段，提出农村公路的效率供给方式，分别从时间轴、空间轴及资源轴三个维度分析农村公路与社会经济的协调作用机制，探讨农村公路与社会经济发展适应性的评价方法，并选取河北省进行实地调查研究。而后针对河北省农村公路发展中最为突出的资金问题，分析我国中部、东部地区农村公路财政现存问题并分析其成因，探讨农村公路新的融资方式，寻求农村公路发展稳定的资金来源。

研究方法上，本书运用常规统计与个案调查、制度分析、系统分析、比较分析等方法，对我国农村公路投融资体制进行了全面、系统研究。本书研究的重点是我国农村公路投资主体定位问题、财政投资的监管及效率问题，研究难点是如何在现有条件下实现农村公路多元化融资问题。

（一）规范分析与实证分析相结合

本书贯彻规范分析与实证分析相结合的方法论思想，先就农业投融资体制发展状况采用实证分析的方法进行客观反映，接着深入事物本质，运用规范分析的方法系统全面探讨深化农村公路投融资体制改革问题，并提出建立一个以国家财政投资为主体，中央财政投资为引导，信贷资金为支撑，外资和证券市场资金等各类资金为补充的多元化的农业投融资体系切实可行的策略选择。

（二）定性分析与定量分析相结合

本书通过定量分析法就我省农村公路投融资的各项统计指标、具体数值等进行了核算、计量及统计分析，运用定性分析法就我省农村公路投融资的状况进行了理论概括与抽象分析。

（三）静态分析与动态分析相结合

农业投融资的发展有其自身运动的规律，有其形成和演变的过程，因而必须从动态的角度来分析。同时，对投资增长方式这一问题的静态分析又是进行动态分析的基础。因此，在研究政府财政对农业投资增长方式的问题时，必须把静态分析和动态分析有机地结合起来。

（四）比较分析法

比较分析法，是将两个或多个同类或相近的事物，按同一法则进行对比，找到其共同点和差别处，通过比较分析，找出或预测其相同的性质和特征，并提出相对应的政策措施。本书在农村公路投融资模式分析及对策选择的研究中，充分利用比较分析法，将各个融资模式的优缺点、可行性、资金成本与风险进行比较和分析，并给出何种情况下采取何种措施的建设性结论，从而利于政府在投融资管理过程中公共政策的选择。

（五）系统分析法

系统分析法是把要解决的问题看成一个系统，对构成系统的要素进行综合分析，最终找出解决问题的可行方案。本书将事关农村公路发展的农村公路建设、管理养护看成一个完整的系统，将农村公路资金筹集、资金使用、资金运营、资金管理、财政投融资体制改革与机制创新以及多元化投资中关键风险的防范措施作为一个系统，合理应用于整个项目管理制度中，在各个实施阶段之间形成完整的衔接，从而得出农村公路多元化投资与融资项目管理的可行方案。

二　拟解决的关键性问题

农村公路覆盖面广、通达度深，是广大农村经济与社会发展的重要基础设施，在农村社会经济发展中起着重要的支撑与引导作用。随着国民经济的快速增长与人民群众出行的日益频繁，农村公路基础设施的总量、布局和服务能力与社会需求的供需矛盾日益突出，尤其在经济欠地区，农村公路通达度低、覆盖面相对偏窄，矛盾尤为突出。

农村公路属于上游产业，是一种"社会先行资本"，感应度强，感应系数高，这决定了农村公路需要适度超前发展。如果按照当前财力确定建设规模，必然意味着供给短缺，会成为制约经济社会发展的"瓶颈"。本书拟解决的最关键问题是寻求充分发挥公共财政投资的主渠道作用，通过增量调整和存量调整两个方面建设农村公路；同时，通过融资创新实现农村公路适度超前发展，在不影响其他事业发展、不增加国家财政风险前提下，实行农村公路又好又快发展。

三 所作探索与不足

(一) 所作探索

在市场经济条件下，市场化配置资源的趋势不可阻挡，纯公共品、混合品和私人品的边界日益模糊，此时，农村公路已不再是单纯的公共品，而是一种重要的生产型投资行为，其形成的基础设施资本是经济社会发展的重要投入要素之一，这种投入要素具有自身独特的属性，直接影响政府在投资中作用的发挥。因此，政府在农村公路投资中已不仅仅是单纯的施行者，更是配置和引导全社会资源、增进社会福利、规范全社会农村公路投资行为的调控者，政府一方面要提高自身农村公路投资的能力和效率，更重要的是通过引导社会对农村公路投资观念的转变，优化全社会农村公路投资的社会环境，从而增加社会农村公路投资总量，优化农村公路投资结构，引导社会力量合理配置，增进社会福利水平。不仅如此，还将全社会农村公路投入视作一个有机整体，将政府农村公路投资和私人社会投资视作一个重要的互补关系，只有二者有机融合才能实现绩效的最大化。而要实现这种融合，就必须在前人研究基础上，拓宽研究范围，不再局限于"政府农村公路投入施行行为"，而应对包括政府农村公路投入引导行为、调控行为和管理行为等方面所组成的综合系统进行全面而深入的研究。

农村基础设施落后问题是近年来国内外研究的热点问题，也是社会各界普遍关心的难点问题。具体到国内而言，对于农村公路建设与管理养护问题，在具体认识上又是一个颇有争议的问题。对当前我国农村公路投融资问题、成因及解决的对策进行全方位研究的目前还没有。本书的研究是对当前我国相关领域的研究的必要补充，具有一定的理论和实践价值。

(二) 不足之处

一是分析数据的取得方面存在一定难度。在写作过程中，我们尽量使用最新统计数据进行分析，数据来源渠道包括网站、报刊和书籍等，但是相关数据来源的更新速度较慢，比如国家统计局网站、财政部网站、交通部网站等权威的政府网站的最新数据仍然中止在 2007 年，有效数据只能断断续续地在相关网页新闻中搜索得到。另外，在某些专项调查数据尤其是国外比较研究的部分，获得最新数据的难度也非常大。

二是研究深度仍有待提高。本书的研究跨越了财政学、经济学、交通运输学、社会学、人口学等多门学科，囿于我们的知识面和研究能力，对于书中的一些问题仍存在肤浅和疏漏之处。

第五节　需要界定的几个概念

一　农村公路的概念界定

（一）农村公路概念

根据 2004 年修改后重新公布的《中华人民共和国公路法》规定，我国现行公路按行政等级为国道、省道、县道、乡道，按技术等级划分为高速公路、一级公路、二级公路、三级公路和四级公路，不符合最低技术等级要求的为等外公路。交通部制定的《中华人民共和国公路管理条例实施细则》对公路等级和含义作了明确解释：国道是指具有全国性政治、经济意义的主要干线公路，包括重要的国际公路，国防公路，联结首都与各省、自治区首府和直辖市的公路，联结各大经济中心、港站枢纽、商品生产基地和战略要地的公路；省道是指具有全省、自治区、直辖市政治、经济意义，联结省内中心城市和主要经济区的公路，以及不属于国道的省际的重要公路；县道是指具有全县、旗、县级市政治、经济意义，联结县城和县内主要乡镇、主要商品生产和集散地的公路，以及不属于国道、省道的县际间的公路；乡道是指主要为乡镇内部经济、文化、行政服务的公路，以及不属于县道以上公路的乡与乡之间及乡与外部联络的公路；农村公路一般采用二级公路、三级公路和四级公路三个技术等级，县通乡公路采用二级或二级以上公路；乡际公路采用三级或三级以上公路，乡通行政村公路采用四级或四级以上公路。国家行政主管部门把国道、省道称为干线公路，县道、乡道（含通行政村）公路称为农村公路。县道是为全县政治、经济、文化、行政服务的公路，包括连接县城和县内主要乡镇、主要商品生产和集散地的公路，以及不属于国道、省道的县际公路。乡道是指主要为乡镇经济、文化、行政服务的公路，以及不属于县道以上道路的乡与乡之间、乡与外部联系的公路。村道指不属于乡道及以上行政登记、主要为村（含自然村）经济、文化、行政服务的村与村之间及村与外部联系的公路。[①]

由此可以知道，农村公路分为五种公路类型，分别是：县—乡公路、

[①]　《中华人民共和国公路管理条例实施细则》第三条，1988 年 8 月 1 日施行。

县—县公路、乡—村公路、乡—乡公路、村—村公路。

（二）农村公路属性

1. 非经营性和非营利性

根据 2004 年国务院令第 417 号《收费公路管理条例》，建设收费公路，应当符合下列技术等级和规模：高速公路连续里程 30 公里以上；一级公路连续里程 50 公里以上；二车道的独立桥梁、隧道，长度 800 米以上；四车道的独立桥梁、隧道，长度 500 米以上；技术等级为二级以下（含二级）的公路不得收费，但在国家确定的中西部省、自治区、直辖市建设的二级公路，其连续里程 60 公里以上的，经依法批准，可以收取车辆通行费。交通部曾发出通知，自 2009 年起，二级（含）以下公路一律停止收费。按照这个标准，农村公路基本都属于不收费公路，因此，农村公路是不能按照高速公路那样设卡经营的，投资农村公路是不会产生任何经济效益的，即农村公路具有非经营性和非营利性特征。

2. 地方性纯公共品

由于农村公路的非收费性质，任何人都可以使用它而不可能将特定的个体排除在农村公路消费之外。此外，农村公路使用者的即时流动性，使得任何人使用农村公路的同时都不会影响他人对同一农村公路的使用。因此从公共物品角度来说，农村公路是非排他性的和非竞争性的，是一种纯公共产品。而如果从农村公路的服务对象考虑，农村公路包括县道、乡道和通村公路三类，县道是为县域内居民服务的，乡道是为乡镇内居民服务的，通村公路是为特定村居民服务的，还有不包括在农村公路之列的为村内居民服务的村屯道路或村内道路，因此农村公路是地方性公共产品。由此，农村公路属于典型的非营利性农村基础设施。

本书所要研究的农村公路包括县道、乡道、村道和专用道路（如旅游专用公路）。农村公路是全国公路网的有机组成部分，是农村重要的公益性基础设施，是农村最为重要的交通基础设施。农村公路建设是推进社会主义新农村建设的重要内容，是改善农村运输条件和投资环境的先决条件，是增加农民收入、扩大农民就业的重要途径，同时也缩小了城乡差距、加快了农村城镇化进程。

二　农村公路投资概念界定

（一）投资的界定

萨缪尔森在《经济学》一书中指出，许多人把购买一块土地，或老

年保险金，或任何财产所有权都叫作投资。美国埃尔斯韦尔科学出版公司
1976 年出版的《经济学词典》中这样写道："从经济学的角度研究，把它
与一般人通常所接受的定义即收入某种形态的资金以获取更多的货币区分
开来是重要的。对一个经济学家来讲，投资就是指资本物品的购买。"英
国高尔出版有限公司在 1985 年出版的《经济学与商业词典》中对投资是
这样描述的："（1）在生产性资本物品上的支出，通常是指实物资本，比
如机器、厂房等。投资也包括人力资本投资……；（2）用于非消费目的
的货币支出，其目的在于在未来取得利息收益或资本利得。……任何可以
带来预期增值的资本，比如房屋、古董和艺术等的购买，都可以被看作是
投资。"从以上界定不难看出，从广义层面讲，投资不仅包括有形资产的
建造和购买，也包括无形资产投资，还包括人力资本投资。但是，人们一
般所说的投资，主要是指直接投资（即固定资产投资）和证券投资。本
书所说的农村公路投资指固定资产投资，即作为固定资产的农村公路建设
和养护的资金投入。

按照投资者与生产经营者的关系分类，投资可以分为直接投资与间接
投资。直接投资是指投资者将投资资本直接用于企业的生产经营活动，以
获得直接的生产经营收益的投资。直接投资包括固定资产投资和流动资产
投资。固定资产投资是指投资资本用于购置和建造固定资产的投资；间接
投资是投资者通过购买有价证券以获得收益的投资，包括股票投资和债券
投资。

按照资本形成资产的性质分类，投资可以分为有形资产投资和无形资
产投资。有形资产投资是指投资资本用于形成实物资产的投资。实物资产
是企业生产经营活动的载体，没有实物资产或实物资产不足，企业生产经
营活动就无法正常进行。无形资产投资是指投资资本用于形成无形资产的
投资。无形资产是指特定主体控制的、不具有实物形态，但对生产经营持
续发挥作用、能在一定时期带来经济效益的资产，包括知识资产、契约权
利、商誉等。

按照投资资本的来源渠道分类，投资可以分为公共投资与民间投资。
公共投资是指政府作为投资主体进行的投资。这种投资的特征是：资金来
源于财政，资金投向以社会公共效益为主的公益性项目；民间投资是指非
政府经济组织或个人进行的投资，包括法人投资和个人投资，其中法人投
资包括企业投资和其他经济组织投资。民间投资的特征是：资金来源于民

间，完全受市场调节，资金投向以微观经济效益为主的营利性项目。

（二）农村公路融资的概念界定

顾名思义，融资就是货币资金的融通。从最一般意义讲，它是指资金从资金供给者向资金需求者转移的过程。融资包括资金融入和融出同时存在的方面，即它是"资金双向互动的过程"。在一个融资过程中，资金供给者融出资金，而资金需求者则融入资金。从狭义上讲，融资主要是指资金的融入，即经济组织（主要是企业）从自身经济活动现状及资金运用情况出发，根据未来发展需要，经过科学决策，通过一定的渠道，采用一定的模式，利用内部积累或向外部资金供给者筹集资金，以保证经济活动对资金的需要。

融资的经济实质是储蓄向投资的转化。根据美国经济学家莫里斯·科普兰等在分部门资金流动账户方面的研究成果，可以把整个经济部门划分为盈余部门（即收入大于支出）、平衡部门（即收入等于支出）和亏损部门（即收入小于支出）。盈余部门往往是储蓄者，亏损部门往往是投资者。在这种情况下便存在融资问题。

在资本市场比较发达的条件下，由于产权高度证券化，当固定资产的购置、建造达到一定规模后，产权的转让、证券交易相对来说比较频繁发生，所以投资研究的重点是固定资产投资（但近年来也有向证券投资转移的迹象）。融资是投资的前提，是为投资提供资金来源的行为和过程。由于融资与投资密不可分，并且是同一问题的两个方面，所以人们习惯上称为"投融资"。本书所说的农村公路融资是指资金的融入，即农村公路建设单位从自身经济活动现状及资金运用情况出发，根据农村公路发展需要，经过科学的决策，通过一定的渠道，采用一定的模式筹集资金，以保证农村公路发展对资金的需要。

三 政府职能的概念界定

对于政府职能的基本含义，理论界众说纷纭，较有代表性的提法有：

所谓政府职能，简单地说，就是一个社会的行政体系在整个社会系统中所扮演的角色和所发挥的作用。[1]

所谓行政职能，是指行政机关在管理活动中的基本职能和功能作用，

---

[1] 徐文慧、齐明山、张成福：《行政管理学》，人民出版社 1997 年版，第 55 页。

主要涉及政府管什么、怎么管、发挥什么作用。[1]

所谓政府职能，是指政府在社会中所承担的职责和功能，它反映了政府的实质和活动的内容。[2] 具体来说，政府职能就是政府作为国家行政机关，依法在国家的政治、经济以及其他社会事务管理中所应履行的职责及所应发挥的作用。[3] 政府职能的实质就是要解决两个问题：一是政府该干什么，二是政府该怎么干。前者是指政府管理的业务内容，后者是指政府管理的方式手段，两者相辅相成，缺一不可，它们共同构成政府职能的内在逻辑结构。简言之，政府职能就是国家利用国家权力，通过运用法律、经济、行政手段，对社会发展和经济运行进行宏观调控，为经济的增长、社会的进步、人的全面发展及国家综合国力的增强提供良好的环境与条件。

政府职能实际上是社会公众对政府管理的要求，政府职能所反映的只能是在特定社会历史条件下政府与社会、政府与市场、政府与企业、政府与公众之间的关系，也反映政府的行政范围和社会、市场、企业、公众的自治范围之间的划分与衔接，以及政府职能变迁背后的政府与社会、政府与市场、政府与企业、政府与公民这四大关系的变化。[4] 随着经济社会生活的发展，人们对自身权利、自身能力认识的变化，政府职能也将随之相应调整与变化，这是政府重新适应新的行政环境的要求，也是政府保持其对经济社会发展推动作用的前提条件。

四　奥尔森困境

传统经济学认为，享有共同利益的组织通常为了其利益而采取集体行动。也就是说，一群理性的以自我利益为重心的个人认为，如果他们能够从某一种政治或者经济活动中获得好处，为了追求这一利益，他们会采取行动。例如某行业中的一批厂商能通过合谋来实现操作价格，从而获得垄断利润，那么他们就会倾向于合谋而实现垄断；工人能通过工会组织进行集体谈判并获得好处，那么他们就会致力于工会的组织和发展以及壮大。

但是，奥尔森在其所著的《集体行动的逻辑》一书并不这么认为。

---

① 夏书章：《行政管理学》，中山大学出版社1997年版，第55页。

② 孙关宏、胡春雨：《政治学》，复旦大学出版社2004年版，第83页。

③ 金太军：《政府职能的梳理与重构》，广东人民出版社2002年版，第265页。

④ 刘龙：《新农村建设中西部欠发达地区县级政府职能研究》，硕士学位论文，河南大学，2007年，第13页。

作者首先假设人都是自利的、理性的、短视的，总是追求最大收益及最小的成本。由此假设出发，奥尔森对"有共同利益的个人组成的集团通常能够试图增进共同利益"的观点提出质疑。他指出，"除非一个集团中人数很少，或者除非存在强制或其他某些特殊手段以使个人按照他们的共同利益行事，有理性、寻求自我利益的个人不会采取行动以实现他们共同的或集团的利益"。[①] 奥尔森认为，集团的规模越大，组织成本越高，个人获得集团总收益的份额就越小，从而实施集体行动就变得愈加困难。"相对大集团，小集团能够更好地增进其共同利益。"他还认为，大集团并没有必然采取集体行动的根源在于大集团内广泛存在的"搭便车"现象。理性的个人是不会参与集体行动的，这是因为个人付出的成本远远大于集体总收益中个人收益的份额。奥尔森还指出：集体成员的数量越大，其成员为增进集体利益而采取集体行动的动力就越小。最终结果是，集体中的多数成员陷入谁也不愿意为增进集体利益而努力的困境。也就是奥尔森所揭示的"集体行动的困境"，罗必良将其命名为"奥尔森困境"。[②] 此后，这一名称得到众多学者的认可。

五　公共财政

伴随着 1979 年的改革开放，中国财政体制改革不断深化，公共财政理论在实践中不断得到深化与发展。1992 年党的十四大确立了建立市场经济的经济体制改革目标，学术界也开始注重源于西方公共财政理论的认识，在研究探索中国财政改革的目标模式时，提出了公共财政，并将其作为财政改革的方向。1998 年年末，全国财政工作会议确立了构建公共财政基本框架的奋斗目标。随着公共财政体系建设的稳步推进，人们对公共财政的认识也不断深化。但对于公共财政概念界定迄今为止依旧各执一词，没有形成一个统一、权威的结论。

现代意义上的公共财政是随着市场经济的发展而逐步构建并不断完善的，主要是为履行政府公共职能，弥补市场失灵提供财力和制度支撑，目标和着眼点是解决公共问题，满足社会公共需要。公共财政既是一个经济范畴，又是一个政治范畴。考察人类社会发展的历史，随着国家职能的不断延伸扩大，与此相适应，财政职能也在不断延伸与扩大。古代社会国家

---

① 曼瑟尔·奥尔森：《集体行动的逻辑》，陈郁、郭宇峰、李崇新译，格致出版社 1995 年版。

② 罗必良：《"奥尔森困境"及其困境》，《学术动态》1999 年第 9 期。

职能简单，主要是国防和政权建设，政府扮演"守夜人"角色，财政支出的范围相对狭窄。随着经济社会发展，特别是进入市场经济时期，国家财政不仅要保证国防建设和政权机构的正常运转，而且要弥补市场失灵，为社会成员提供教育、公共卫生、公共安全、社会保障、必要的公共基础设施等公共服务。[①]

张馨对公共财政的定义为：国家或政府提供公共服务的分配活动，它是与市场经济相适应的一种财政类型或模式。[②] 高培勇认为，公共财政是为满足社会公共需要而进行的政府收支活动模式。[③] 刘溶沧认为，所谓公共财政，就是以满足社会共需要为主旨而进行的政府收支活动或财政运行机制模式。[④] 公共财政的根本目标是最大限度地满足社会公共需要。[⑤] 公共财政是以社会权力中心代表公众利益、为满足社会公共需要而发生的理财活动，属于社会再生产分配环节上的公共分配。社会主义财政，即建立在生产资料社会主义公有制为主导的多种经济成分并存基础上的财政分配。[⑥] 公共财政是国家为实现其职能，凭借国家权力，参与一部分社会产品或国民收入分配所进行的一系列经济活动。[⑦]

从以上对公共财政概念的梳理不难发现，学界对公共财政概念界定的不同观点并不存在本质上的矛盾和冲突，只是强调的重点不同。"市场经济"、"社会公共需要"、"分配"均是公共财政理论研究的关键词，是建设公共财政的原因、目的和内容。在新近的文献中，我们越来越不容易找到对"公共财政"的直接定义，更多的是有关内涵、本质和特征的研究。至此，对公共财政的概念，可以得到如下五点认识：公共财政是自由资本主义时期建立在亚当·斯密的经济观和国家观基础之上的；公共财政是相对于计划经济时期的"生产（建设）型财政"提出的；公共财政是与市场经济体制相适应的，即市场财政；生产（建设）型财政属于计划财政，是与计划经济体制相适应的；公共财政就是为满足社会公共需要，由国家凭借公共权力对社会资源进行有效配置，向社会提供公共产品的分配

① 丁学东、张岩松：《公共财政覆盖农村的理论与实践》，《管理世界》2007年第10期。
② 张馨：《公共财政论纲》，经济科学出版社1999年版。
③ 高培勇：《市场经济体制与公共财政框架》，《税务研究》2000年第3期。
④ 刘溶沧：《谈谈公共财政问题》，《求是》2001年第12期。
⑤ 唐云峰、何运信：《论实施公共财政的几个前提》，《宁夏社会科学》2001年第3期。
⑥ 贾康：《关于建立公共财政框架的探讨》，《国家行政学院学报》2005年第3期。
⑦ 王国清、沈葳：《国家财政与公共财政模式关系辨析》，《财经科学》2005年第1期。

方式。

六　财政投融资

从不同角度来描述财政投融资,似乎可以得到具有不同内容的定义。由于财政投融资在日本战后经济复苏和经济高速成长过程中的运用比较成功,日本经济学界对财政投融资的认识较为深刻和广泛,所以,有必要先借鉴日本经济学界对财政投融资含义的界定,以帮助我们去切实理解和把握财政投融资的含义。另外,对财政投融资的内涵和外延,需要从动态发展的角度出发,从运作主体、活动范围、特征和运作方式等方面加以理解。

日本经济学界对财政投融资含义有代表性的描述大致有以下几种:

若用文字来描述财政投融资,可谓由国家来进行投资和融资的活动。一般从财政支出形成实物运用资本的机能,即可定义为财政投融资。它是以实物资本形式为目的进行的财政资金投资。在日本国家预算中的公共事业为中心的资本支出等直接投资和财政投融资计划称为财政投融资。[①]

简言之,财政投融资是依附于财政构造中所产生的资金与政府政策影响下,按照一定计划进行融资和投资的活动。[②]

所谓财政投融资,是指国家为投融资主体的财政活动,其特征在于,以出资和贷款形式对实物资本的形成提供必要的财政资金,同时,增大国家金融的投资活动。换言之,相对银行来说,就意味着扩大政府金融活动的作用。[③]

财政投融资是指运用有财政资金、简易保险资金等政府资金的投资以及相关融资活动,按照财政投融资计划实施,财政投融资与国家预算一起,在国家财政活动中占据重要地位。其基本性质为:属于金融活动,是需要成本的资金,具有公共或半公共性质。[④]

广义上的财政投资是公共投资的同义词,是由财政支出形成的实物资本。但一般而言,是一种政府金融活动,即以信用为背景筹集金融性资金,以此向国营企业、地方自治体、民间企业还有家计出资和融资的活

---

① 〔日〕海老尺道雄:《财政投融资》,《日本经济文库》1965 年,第 15 页。
② 〔日〕远藤湘吉:《财政投融资》,岩波书店 1966 年版。
③ 〔日〕小尺辰男:《经济学辞典》,大月书店 1979 年版,第 347 页。
④ 〔日〕水野正:《经济学大辞典》,东洋经济出版社 1980 年版,第 738 页。

动，在日本表现为每年度以"财政投融资资金计划"涵盖的财政活动。①

所谓财政投融资，即国家以财政资金，对特定的特别会计、政府系金融机构和各种特殊法人进行投资或借贷。它有助于生活资本形成，同时，也是依据"财政投融资资金计划"而实施的。总之，财政投融资就是用邮政储蓄及其他方法吸收国民储蓄，或者从国民手中借款，将这些资金提供给国家认为需要的方面，可以说是有计划资本形成。②

今日政府除通过邮政储蓄向民间直接筹集资金以外，还有以社会保险形式实行的养老金、保险业务的自身积累基金；还有各种特别会计的结余金和积累金，并将这些资金有效地使用。于是，政府以这些资金为资金来源按照政策目的所进行的出资或融资，这一系列活动，就称为财政投融资。③

国内一些学者对财政投融资提出了各自看法：

财政投融资，是指在一般财政资金无偿分配之外的，由财政部门直接管理和调控的、以信用方式为中介的有偿吸收和使用资金的活动。④

财政投融资以金融和财政相互联系交叉的边缘地带作为研究对象，是介于金融和财政之间的一种边缘学科。财政投融资就是具有财政性质的金融投资体系，它既具有财政投资的某些性质，也具有金融投资某些性质，是介于财政投资和金融投资之间的一种新型的宏观调控国民经济的国家投资方式。⑤

财政投融资是政府为了实现特定的政策目标以信用方式直接、间接投资而产生的资金筹集和使用活动；它反映了以国家为主体，按照信用原则参与一部分社会产品分配所形成的特定的财政分配关系；财政投融资属于财政范畴。⑥

财政投融资的一般定义为：以政府信用为基础筹集资金，以实施政府

---

① ［日］高桥诚：《经济学辞典》第二版，岩波书店1982年版，第82—83页。

② ［日］井手文雄：《日本现代财政学》，陈秉良译，中国财政经济出版社1990年版，第230—231页。

③ ［日］石弘光：《体系经济学辞典》第三版，东洋经济新报社1984年版，第669页。

④ 李代信、陈秋华：《论社会主义市场经济条件下的财政投融资体系》，《广西财政研究》1993年第11期。

⑤ 晓华：《实行财政投融资：协调价格、金融、财政配套改革》，《财政研究》1994年第4期。

⑥ 邓子基、周立群：《论财政投融资的性质和成因》，《福建论坛》（经济社会版）1995年第9/10期。

政策且形成固定资产为目的，采取投资（出资、入股等）或融资方式将资金投入企业、单位和个人的政府金融活动，是政府财政活动的重要组成部分。[①]

财政投融资，就是财政部门管理的投资和融资活动。一般是指将政策性资金交由财政部门统一管理的政策性金融活动。它既具有财政投资的性质，也具有金融投资的性质，是介于财政投资和金融投资之间的一种新型的财政融资和投资活动。[②]

日本对财政投融资的定义，大多以现实存在的财政投融资计划为前提，对政府的投融资活动做出概念上的界定。国内学者根据财政投融资发展状况，从运作的主体、客体、范围以及其功能来描述财政投融资的内涵。财政投融资的运作主体是政府，无论是其筹资活动，还是投资运作，都由政府部门按照其政策意图来展开；财政投融资的运作客体是部分社会资金，政府通过有偿手段来筹集，并按照政府特定的政策目标，主要以资本金、政策性长期贷款、周转金等方式开展资金运营业务；其运作方式既有别于公共预算内的收支活动，又相异于银行的一般金融活动；其运作范围是由不同时期政府的特定政策目标确定的。

基于以上分析，可以将财政投融资定义为：所谓财政投融资，是指以国家为主体，采取有偿的手段广泛地筹集资金，并按照政府特定的政策目标进行资金投放所产生的一系列资金筹集和资金运用的活动。从其运作主体、方式和范围等方面来定性，财政投融资属于财政范畴。财政投融资具有如下特征：财政投融资的基本特征为有偿性；财政投融资具有准公共性；财政投融资体现着鲜明的政策性。[③]

---

① 王朝才：《关于财政投融资的几个问题》，《财政研究》1995 年第 3 期。

② 安秀梅、周利国：《建立具有中国特色的财政投融资体系》，《财政研究》1995 年第 2 期。

③ 戴天柱：《中国财政投融资研究》，经济管理出版社 2011 年版，第 44—45 页。

第二章　农村公路财政投融资研究的理论基础

第一节　公共产品理论

西方国家公共物品供给理论与实践经验较中国更早和更为成熟，对之进行考察有利于我国公共物品供给变革借鉴其长处和经验，避免其不足和缺陷，朝着正确的方向发展。[①]

一　古典经济学派理论

从大卫·休谟到亚当·斯密，再到约翰·穆勒认为，公共物品问题是与政府的职能密切相关的，他们都从政府职能的角度提出了有关公共物品的范围和供给方式等方面的思想。比如，他们都是把国防、安全、道路、桥梁、法规、制度、教育等作为公共物品看待的。对于公共物品由谁供给的问题，古典经济学家在坚持市场经济的大前提下，突出了政府在供给中的作用，认为单纯依靠市场的力量，这些物品或者供给不足，或者不能实现公平，但他们也认为，政府的职能仅限于在市场自发组织物品供给失灵的情况下。在市场失效的地方，应考察政府到底是否能够弥补市场的不足，如政府也有缺陷，则要进一步比较两种方式中哪一种的弊端更小一些。例如休谟认为，对于由大家共同消费的物品，单纯依靠个人无法达到公共利益的最大化，只有通过政府才能解决这一问题，因为政府不仅可以保护人们实行他们所缔结的协议，而且还可以促使人们订立协议，并强制人们促进某些公共利益。[②] 亚当·斯密认为，公共物品和设施在完全没有

[①] 董礼胜：《中国公共物品供给》，中国社会出版社 2007 年版，第 200—216 页。

[②] ［英］休谟：《人性论》下册，商务印书局 1793 年版。

政府的情况下难以较好地提供。但是，政府的权力一定要受到限制。在一切可以以私人的方式提供公共物品的地方，应该由私人来提供。这样做往往比政府直接提供有更高的效率。公共工程并不是必然要由政府提供，但这并不意味着政府就可以不承担这一职责，而是说其具体供给方式要根据人类社会历史发展的具体情况加以考虑，并不存在教条的模式。①

（一）奥意学派

奥意财政学者区分了私人物品与公共物品在消费和交易上的不同特征，但又认为，无论是私人物品还是公共物品，实际上都适合用边际效用理论来加以分析。他们把国家与私人之间生产和消费公共物品而发生的关系视同为与私人物品类似的交换关系，指出由国家提供公共物品依然会面临资源的约束，将私人物品市场上的交易原则运用到公共物品配置上，以寻求公共物品配置中的效率。

（二）自愿交换理论

自愿交换理论的代表人物是林达尔、威克塞尔、约翰森和鲍温。自愿交换理论比奥意学派进步的地方是将边际效用理论引入公共物品的有效供给问题上。他们认为，配置给公共部门的资源与市场体系中配置的资源一样，公共物品也要得到相应的补偿才能够提供，并且同样要满足效用最大化原则。但是，个人对私人物品的偏好直接通过价格得到真实显示，如果隐瞒自己的需求，结果就是得不到自己所需的私人物品。而在公共物品市场上，很难将那些没有付费的人排除在消费之外，人们于是倾向于隐瞒自己的真实偏好，以逃避付费。这样，公共物品会因为缺乏足够资金而无法提供。

（三）纯公共产品理论

公共产品（Public Goods）又称公共物品或公共品。最早在 1919 年由林达尔提出。根据公共经济学理论，社会产品分为公共产品和私人产品。但明确给公共产品定义并将之与私人产品区分的则是美国现代著名经济学家保罗·萨缪尔森。在萨缪尔森以前，还没有人提出能够严格区分私人物品和公共物品特征的公共物品的定义。在古典经济学家那里，公共物品是与市场失灵、政府职能问题联系在一起的。奥意财政学派以及林达尔、鲍温等虽然理解公共物品具有共同消费、成本分摊等特点，并且试图揭示其

---

① ［英］亚当·斯密：《国民财富的性质和原因的研究》，商务印书馆 1996 年版。

消费与所承担的税收之间的联系，但并没有对公共物品做严格的科学定义。萨缪尔森第一个提出纯公共物品科学化的定义。另外，萨缪尔森还严格表述了公共物品的局部均衡和包括公共物品与私人物品在内的一般均衡，使边际效用理论在公共物品最优配置中得到彻底运用。使得诸如征税效率、公平分配和效率的兼顾等问题的研究得以进行，为理论的进一步发展奠定了基础。

纯公共产品理论是萨缪尔森1954在《公共支出的纯理论》一文中提出来的。他认为公共产品是这样一种物品——个人消费这种物品不会导致别人对该物品消费的减少。[①]

公共产品具有以下特征：

第一，消费的非竞争性，是公共产品的基本属性之一。是指增加一个或减少一个人对某一公共产品的消费并不影响他人的消费，也不会减少这一公共产品的数量。如公路。

第二，效用的不可分割性，这是指所有社会成员都可以享有公共产品，但是不可以将公共产品分开来享有。如路灯。

第三，消费的非排他性，这是与消费的排他性相对而言的。包含"任何人都不可能不让别人消费某一公共产品；任何人自己都不得不消费某一公共产品；任何人都可以恰好消费相同的某一公共产品数量"这三层含义。[②]

由公共产品的特征，我们可以按公共产品的非竞争性和非排他性的程度将公共产品分为纯公共产品、准公共产品和私人产品。如按照公共产品的具体使用者可以将公共产品分为城市公共产品（如城市基础设施）和农村公共产品（包括农村公路的农村基础设施）。如表2-1所示。[③]

第四，财政的依赖性。从公共产品定义可以得知，一般情况下，公共品（特别是纯公共品）应由公共财政支付。不管政府提供还是非政府组织提供公共产品，资金来源主要依靠政府财政，只有政府的财政支持公共产品才可得以实现。

---

① Samuelson, P. A., "Pure Theory of Public Expenditure". *Review of Economics and Statistics*, 1954a, 36, pp. 387 – 389.

② 黄恒学：《公共经济学》，北京大学出版社2007年版，第46页。

③ 王锋：《管理与服务：中国公共事业改革30年》，郑州大学出版社2008年版，第10页。

表2-1　　　　　　　纯公共产品、准公共产品和私人产品的划分

	非竞争性	竞争性
排他性	俱乐部产品（准公共产品） 如有线电视网、公共游泳池、电影院、图书馆、消防等	私人产品 如衣服、食品等
非排他性	纯公共产品 如国防、法律、法规、基础科学研究等	公共资源性产品（准公共产品） 如公共渔场、公共牧地、空气、河流等

从以上分析得出，从理论上讲，农村公路属于地方性准公共产品属性，然而在实践中，农村公路大多等级低，多在二级以下，属于非收费公路，交通流量小。因而，农村公路大多属于具有非排他性、非竞争性的纯公共品。从公共经济学角度，地方性公共产品有三个突出的特征：收益的地方性，即公共产品在消费上具有区域限制；外部性，即效益的溢出性，公共产品收益范围大于行政界限，具有向邻近区域扩散的效益；提供的层次性，即公共产品按受益对象不同，由不同层次的政府提供。

二　现代公共物品理论

萨缪尔森严格定义的公共物品是一种极端的情况，可以称为"纯公共物品"。① 如果将私人物品作为一极，而将公共物品作为另一极，消费者实际消费的商品是从这一极到另一极逐渐过渡的一系列物品，大量存在的不是纯公共物品，而是处于两极之间的中间状态的准公共物品。现代公共物品理论以准公共物品为研究对象，论证公共物品的提供可以通过市场实现。

（一）林达尔均衡理论

林达尔均衡以私人物品作为理论分析基础。对于私人物品而言，只要需求等于供给，就能完全达到一个竞争性的均衡。但是公共物品的生产和消费不能满足上述均衡的要求。因为单个生产就可以满足全部的消费，或者说单个人的消费就是全部的生产。林达尔试图通过一个新的定价方法来建立起一个类似的竞争性均衡模式。在林达尔均衡中，不是所有消费者都面临一个相同的价格，而是全部消费者有一个公共的数量；不是物品在全

---

① Samuelson, P. A. , "The Pure Theory of Public Expenditure". *Review of Economics and Statistics* (1954, 11), p. 36.

体消费者之间进行分配，而是总成本在消费者之间进行分摊，尽量使每个消费者面临的价格和该消费者对公共物品的真实评价相符合，这样就使得每个消费者愿意支付的价格综合正好等于生产公共物品的总成本。

林达尔均衡就是针对每个消费者对公共物品的真实评价分别收取各自不同的价格。消费者评价高，收取费用就高；评价低，收取费用就低。所以，林达尔均衡关于使公共物品市场化理论的实施必须要求存在高素质的消费者或排他装置能够使消费者如实反映各自的主观评价。这些消费者要能够如实评价公共物品的价值而不是故意降低，如果消费者不付费，也能够被排除在外，拒绝其对公共物品的消费。

（二）产权理论

产权学派认为，公共物品的提供之所以会出现市场失灵，是由于产权不明确。如果产权完全确定并得到充分保障，则有些市场失灵现象就不会发生。这是科斯定理的一个具体运用。科斯定理认为，只要产权是明确的，并且交易成本为零，或者很小，则无论是在开始时将产权赋予给谁，市场均衡的结果都是有效率的。传统的观点认为，灯塔服务是无法收费或无利可图的。但科斯认为，对灯塔服务收取费用比一般的政府资助在现有条件下能够更好地满足船主的需要。①

私人灯塔服务，由于灯塔的产权属于私人所有，非常明确，因此才能使公共物品由市场失灵变为市场有效。但产权明确后，必须得到政府的支持和保护，这是公共物品市场化的重要保证。产权可分为私有产权和社团产权，以上是由私有产权来研究灯塔服务已取得高效率的。但是，这并不意味着在任何场合下使用私有产权都具有高效率，有些场合使用社团产权比私人产权更有效率。

（三）期货合同理论

该理论由经济学家博斯纳提出，公共物品理论关于私人市场制度会造成某些资源生产不足和效率不高的结论在有些条件下是错误的。只要具备一定条件，私人市场完全可以产生帕累托效率条件所要求的产出数量。比如说天气预报，虽然天气预报这类物品具有公共性，很难通过出卖这一物品直接从消费者那里得到相应的价值和报酬，但是它的发明人完全可以通

---

① Coase, Ronald H., The Lighthouse in Economics. *Journal of Law and Economics*, 1960, 17, pp. 357 – 376.

过买卖期货合同，借助期货市场来间接得到发明的补偿并赚得利润。

博斯纳期货合同理论有比较严格的条件假设限制：第一，具有公共性特征的物品必须是个人可以垄断的，它的生产可以排斥他人"搭便车"行为。第二，这类公共性资源的生产或分配必须对其他资源的生产有较大程度的影响。第三，要使这类公共性资源的私人生产成为可能，还需考虑期货市场的可行性。

虽然期货市场理论有一定的限制条件，但它毕竟实现了部分公共物品市场化的目的。同时，也给我们这样的启示：在实践经济运行当中，具有上述属性的公共物品也并不一定只有通过期货合同来赚取利润，通过出售这类物品也可以保证其成本回收甚至获取利润。例如，气象部门可以通过为农业、商业、航海等部门提供远期天气预测而盈利。英国气象局从1990年开始成立"看天气行为"商业服务组，专门为企业提供远期天气预报，并据此针对个别商品未来走势做出分析报告，向客户提供应时应市的消费指导。因此，受到广大厂商的普遍欢迎，天气预报小组的利润也就可想而知了。

（四）俱乐部假说与以足投票理论

布坎南把介于纯私人物品和纯公共物品之间的物品或服务叫作"俱乐部物品"。① 对于俱乐部物品，应该采取收费制度排斥非俱乐部成员享用公共物品。俱乐部物品具有以下特征：第一，排他性。俱乐部物品仅仅由具有某种资格并遵守俱乐部规则的单个成员构成的全体成员共同消费。从这一排他性来看，俱乐部物品具有私人物品属性，只不过其消费规模是一个单位。第二，非竞争性。在一定范围内，某个成员对俱乐部物品的消费不会影响或减少其他成员对这一物品的消费。因而俱乐部物品又接近公共物品，但是俱乐部物品的消费规模优势是有限的，只限于全体会员。所以俱乐部物品在消费上又是有限的，一旦会员超过一定限度，就会产生消费的拥挤问题。于是就产生了以足投票的现象，即公共物品的消费者通过进入或退出某个社区来对公共物品进行选择。这是由于社区提供的公共物品在品种、质量、数量上是有差别的。如果社区成员具有完全的流动自由，他们会根据自己偏好选择自己喜欢的社区。这样，那些有特色、效率高的社区将会吸引更多的具有相同偏好的人，进而可以取得专业化分工以

---

① Buchanan, I. M., An Economic Theory of Clubs. *Economins* (1965, 52), pp. 285 - 307.

及规模经济上的好处。因此，社区之间的竞争，将会提高整个社会的效率。

第二节　公共投资理论

在西方国家，投资理论的研究有近百年的历史。经历了自由资本主义、垄断资本主义和国家垄断资本主义三个时期的更替，资产阶级经济学说和投资理论大体上也经历了古典经济学派、庸俗经济学派和凯恩斯学派三个不同的阶段。在古典学派的财政理论中，"廉价政府"和"健全政府"是政府的核心。古典学派给财政投入的方向规定为国防、司法、公共工程和公共机关以及维护君主尊严，而且以前三项为主。庸俗经济学派的财政理论，在深度和广度上都没有超出古典学派的理论。凯恩斯学派提出了赤字财政理论，主张国家对经济进行干预和调节。凯恩斯的追随者汉森和萨缪尔森等把投资系数和引致投资结合起来，用来解释资本主义经济周期波动的原因，并进一步说明财政支出对增加收入、投资的巨大作用。[①]

西方投资理论在战后的发展，不仅融合了现代经济学的研究成果，在某种意义上也出现了新的发展方向。现代投资理论的一个重要特点即是公共财政理论的不断完善和发展。现代财政理论从市场的不完善角度出发，结合经济学的有关理论，如信息的不对称性、不完全竞争市场、动态经济学等，重新审视和研究了政府、厂商和个人在市场经济中的角色和地位，分别从宏观、中观和微观等多个层面对政府财政政策进行了有效考察。西方学者的理论大多从国民经济宏观运行角度入手，分析了财政的职能以及财政投资的重要作用。在西方经济学典籍中，也对农业投资问题做过一些论述，同时西方学者提出了公共选择理论。这些都对研究农村公路财政投融资问题有直接或间接指导意义。

公共选择理论以公共物品的生产和消费为研究对象。该学说认为，完全自由竞争的市场选择原则可以适用于私人部门和私人物品的生产、分配，实现资源的最优配置，但对公共物品却是无效率的，因为公共物品具

---

① 任海龙：《中国农业投融资问题研究》，博士学位论文，东北农业大学，2005年。

有效用的不可分割性、消费的非竞争性、受益的非排他性等特点，无法排除"搭便车"问题。因此，市场选择对公共物品的生产和配置是失灵的，而必须代之以公共选择。而农业中也存在公共物品和准公共物品。农业中的公共物品包括农村基层政府行政管理、农业基础科研、义务教育、公共卫生、社会救济等。农业中的准公共物品有大江大河的治理、防洪防涝设施建设、大型水库及各种灌溉工程、农村的道路、电网建设、农村医疗和保险、农村中的高中教育、职业教育和成人教育、农业科技成果推广等。由于农村公路等公共物品的存在，因此对农业进行投资时，也存在市场失灵问题，必须进行以政府为核心的选择，通过政策进行调节。在研究政府财政对农业投资问题时，可以借鉴该学派的理论和思想。

舒尔茨在《经济增长与农业》一书中指出，农业对经济发展有巨大贡献，同工业一样是经济的重要部门，政府在决策中要充分认识农业的基础重要性，要把投资资源配置到农业中。具体来讲，政府对农业的支持主要有：政府必须认识发展农业科学研究和农业教育的重大意义，并且要向非营利机构投资，以保证农业推广工作的进行；政府必须提供基础设施建设；政府制定农业政策时，要注意给农民以足够的经济上的刺激。政府要特别重视农民的"人力资本"投资。舒尔茨的学说明确了政府在农业发展中的作用，并指出政府应该在农业教育、科研、基础设施等公共性很强的领域给予支持。

一 政府投资的内涵

政府投资的含义有广义和狭义之分。狭义的政府投资是指政府为弥补市场失灵而投资于具有一定经营性的基础设施项目、自然垄断项目、资源开发项目以及高新技术产业项目的保管，这些项目所需投资额大、周期长、风险高，一般而言，民间主体无力投资或不愿投资，仅仅依靠市场主体会造成投资不足问题。通常，政府对这些项目投资不以营利为目的，注重投资的宏观经济效益和社会效益。广义的政府投资是除了狭义的政府投资所涵盖的内容外，还包括非经营性的公共品、公益性项目等投资，如国防建设，公共卫生，基础医疗服务，城市供水、供电排水等公共设施，自然资源和生态环境保护，公检法等社会管理项目投资。政府投资于这些非生产性项目主要目的是履行国家的政治职能和社会管理职能，为社会营造一个安全、稳定、便利的平台，同样不以营利为目的。本书所要研究的政府投资（即政府对农村公路投资）是狭义的政府投资。政府投资与非政府投资相比，具有如下特征①：

（一）政府投资需要考虑市场有效性

政府投资必须服务于和服从于政策调控，解决市场失灵问题，优化经济结构，平衡区域经济社会协调发展。所有这些必须在确保市场机制正常发挥作用的前提下进行，即"凡是市场能够做且能够做好的，政府都不要插手"，以充分发挥市场机制的作用，保证市场调节的有效性。

（二）政府投资的非营利性

营利性投资的最终目的是利润最大化，而非营利性投资则是为了获得社会效益和生态环境效益。市场调节难以对这类投资起主导作用。

（三）政府投资的示范效应

在市场体系不够健全情况下，市场信号难以灵敏、准确地传递给每个投资者，往往带有误导性。在这种情况下，政府投资便产生示范和倡导效应，政府投资在资金运用上能够反映政府的政策导向和社会经济发展的长远目标，这在一定程度上降低了其所涉及领域的投资风险，增强其他投资主体的投资信心。围绕政策调控目标，政府应通过自身投资对民间投资进行适当引导，积极介入并引导民间资金投资于一些因信息、风险、投资能力等问题使民间投资未能进入从而导致产品长期供给不足的领域和项目。当然，为了引导民间资金，政府的投资领域和项目也可能是营利性的，不过，这种营利性的领域不应是政府投资长久存在的领域，随着经济的发展，政府应在合适的时机逐步退出。

（四）政府投资的产权和效率标准

产权标准是指产权关系清晰的领域应由企业投资，无法明确界定产权或者界定产权成本过高的领域则由政府投资。私人产品具有竞争性、可分割性和排他性等特征，按照边际成本等于边际收益的原则确定价格和供给能够弥补生产的全部费用，因而这部分投资由私人承担能够实现资源配置最优并取得令人满意的使用效率。相反，集体消费的公共产品具有非排他性、非竞争性和效用的不可分割性特征，产权关系与产权主体不清，存在"搭便车"现象。同时，公共产品的生产具有规模报酬递增性质（或边际成本递减），若按照边际成本等于边际收益原则确定价格和供应量，将无

---

① 上海财经大学投资研究所：《中国投资发展报告——教育投入中政府施行行为的能力（2011）》，上海财经大学出版社2011年版，第122页。

法弥补产品生产的全部成本，使由市场机制决定的公共产品的供应往往低于效率水平，甚至接近于零，因而政府必须投资生产这种公共产品，以满足社会公共需要。

二、政府投资的动因

（一）市场失灵论

市场失灵是指市场价格机制偏离理性化状态，致使市场对资源配置出现低效率。市场价格机制在经济运行中像一只"看不见的手"，引导资源的合理配置。但在很多情况下，现实的市场价格机制存在着一定的缺陷和不足，通过市场机制自发作用不能解决和解决不好，这被称作"市场失灵"。为了纠正"市场失灵"，就必须借助政府的力量来弥补市场机制的缺陷，主要有四种方式：一是通过权制征税来进行公共物品投资，以克服公共物品的非排他性和非竞争性所带来的"搭便车"问题。二是以政府投资来弥补外部经济不足。在市场经济中，企业生产决策的依据是自身利益而非公共利益，从而较少供给社会利益大于自身利益的产品，这就需要由政府投资来弥补。三是改善信息不完全。信息在许多方面具有公共产品的特征，而且由于搜寻信息的成本通常较高，因而存在信息供给不足的现象，导致市场不能有效发挥资源配置职能，这就需要政府投资，给消费者免费提供信息。四是改善自然垄断现象。自然垄断行业通常利用其垄断优势使产品价格长期保持在较高水平，赚取垄断利润，但生产数量远远小于完全竞争情况下的生产数量，将部分消费者排除在消费领域之外。为保护消费者利益，这类行业项目必须由政府投资来解决。

总之，"市场失灵论"认为，政府投资旨在弥补市场失灵，从而实现资源配置的"帕累托最优"以及解决经济收入不公平和经济周期性波动等问题。

（二）特殊企业论

狭义的政府投资形成国有资产，国有企业是不以利润最大化为目标、肩负一定社会政策义务的特殊企业。党的十五届四中全会第一次明确提出将现代企业制度分为两类：一是一般现代企业制度；二是特殊现代企业制度，即所谓的"政府企业"。"政府企业"是实现政府职能的需要，主要体现在两个方面：一是政府投资构成社会总投资的一部分，具有投资的普遍意义。政府投资所形成的需求和供给是社会总需求和社会总供给的重要组成部分，总需求与总供给的平衡是国民经济持续、快速、健康发展的必要条件，政府投资作为社会总投资的一部分，通过投资的需求效应和供给效应来促进经济增长，如果再考虑到政府投资的乘数效应，其威力更是不可低估。总之，政府作为投资主体所形成的投资，具有一般投资的共同特征：在宏观上促进经济增长，刺激需求与供给；在微观上有获利动机。二是政府投资作为投资的特殊形式，是社会一般投资所无法取代的，它更注重社会效益，保证社会经济稳定运行，优化经济结构和经济环境，使社会各经济主体平等竞争，开展有效的经济活动。同时，政府投资由于其自身实力雄厚，而且投资资金来源具有无偿性，既可以投资于大型项目和长期项目，又可以投资于新兴产业和高风险产业，而这些对于非政府投资主体而言是难以实现的。总之，政府投资作为一种特殊投资，肩负着一定的社会责任和经济任务，是国民经济发展不可或缺的。

（三）主辅关系论

主辅关系论是指政府投资为民间投资创造良好的外部环境和条件，是对民间投资的有效补充和辅助，主要体现在：一是政府投资于非营利性的公益性项目（如司法监察等政权建设、政府机关和社会团体办公设施、国防设施项目等），从而为民间投资创造一个安全、稳定、井然有序的共同外部条件。二是政府投资于非经营性的科技、教育、文化、卫生、体育、环保等公共建设项目，为民间投资创造一个便利、顺畅、协调的优良环境。三是政府投资于规模大、风险高、资金回收期长的经营性基础设施等大型项目，来弥补民间投资的空缺领域。总之，政府投资是民间投资的补充和辅助，凡是民间投资主体能够做好的领域，政府都不介入，不会"与民争利"；凡是民间资本不愿做和做不好的，政府都应承担起投资的责任，履行投资义务，维护社会经济生活秩序，保证经济、社会稳定、协调发展，为民间投资创造良好的外部环境和条件。

（四）政治利益论

政府投资决策是一种不完全的市场决策问题，因而不太适用以市场行为为研究对象的经济理论进行分析。公共选择理论用经济学方法研究非市场决策问题，能够为研究投资决策的政府行为提供有益的方法和思路。公共选择理论所关注的问题，如非市场决策的原因，决策者的理性和利益取向，公共利益偏好的显示与表达等问题，都典型地呈现在政府投资决策过程中。该理论认为，在现实生活中，政府投资决策者具有"双重人格"：一方面，作为公共利益代表的"政治人"，政府需要考虑全民利益；另一方面，作为理性"经济人"，又具有自己的利益集团，这就必然会出现"利益集团"渗透到政府投资决策，即所谓的"利益集团左右公共决策"。

以上四种假说，各自从不同角度探讨了政府投资的动因，其观点、内容各有千秋，但又存在交叉互补的地方。随着各国经济实践的发展，政府投资的单位也在不同程度发生变化。我们以为，政府投资不能与民间投资作为同一层面上的同等主体身份出现，民间投资完全是一般企业的市场行为，而政府投资应完全作为政府调控经济的一种政策工具。也就是说，政府投资的功能应该定位于政策调控工具，政府投资应该完全服务于和服从于政策调控的需要。①

三 政府投资的领域——经济成长阶段论

政府投资是政府进行宏观调控和微观介入的政策工具。当投资总量失衡时，政府将投资作为调控方式之一进行干预，弥补投资缺口，维持经济总量平衡；同时，政府投资起到示范作用，引导和带动民间资本进入供给短缺的产业和领域，从而达到调整优化产业结构的目的；在市场机制失灵的领域，如公共品外部性等领域，政府微观介入，承担起投资责任，为经济、社会稳定、协调发展创造外部条件。

一般来说，在不同经济成长阶段，政府投资的重点和领域是不同的。马斯格雷夫和罗斯托在研究公共支出扩张规律时，提出了著名的经济发展阶段论。他们认为，在经济发展早期阶段，政府职能的侧重点是充分利用社会稀缺资源，促进经济增长，而收入分配问题则被置于次要地位。因而，这一时期，政府投资在社会总投资中占有较大比重，公共部门为经济发展提供社会基础设施，如道路等交通基础设施、城市的供排水、供电、环卫等公益设施、法律与秩序、健康与教育以及其他由于人力资本的投资等。这些投资对于经济与社会发展处于早期阶段的国家进入"起飞"乃至发展的中期阶段是必不可少的。在经济发展的中期阶段，政府投资还应继续进行，但其在社会总投资中的地位已发展变化，由主导地位逐渐下降为"拾遗补阙"的地位，也就是说，此时的政府投资将逐步转换为对私人投资的补充。此时政府将更加重视社会稳定、收入的公平分配以及国民素质的提高，政府用于教育、医疗卫生、安全等方面的投资会逐渐增加，政府投入是经济领域和生活领域并重。总体而言，在经济发展进程中，社

① 胡恩同：《政府投资功能定位与范围界定》，硕士学位论文，河南大学，2003 年。

会总投资和政府投资的绝对数仍然是增长的，但社会总投资占 GDP 的比重以及政府投资占财政支出的比重则会趋于下降。进入经济发展的中后期，政府投资的侧重点将从经济领域转向公共领域，虽然政府投资的总额仍然不断增长，但政府投资占 GDP 的比重会趋于下降趋势。罗斯托认为，一旦经济发展达到成熟阶段，公共投资会从基础设施转向不断增加的教育、保健、福利服务等方面，侧重于社会稳定、收入的公平分配领域，而且这方面支出的增长速度将大大超过其他方面支出的增长速度，也会快于 GDP 的增长速度。政府投资的主要目的从促进经济增长转变为促进社会稳定和社会公平正义的实现。

四　政府投资的基本原则

（一）受益原则

政府提供的公共品一般适用于无偿供给原则。但政府行为既有非市场性特点，又是基于市场经济关系的活动，因此，在实现公共产品供给活动中，财政支出大多适用于受益原则。

在公共品谱系里，纯公共品仅占少数，大量的政府投资是在准公共品领域。准公共品往往具有一定的排他性和竞争性，适宜有政府与市场共同作为供给主体，这样就存在收费问题，包括收费对象和收费标准。受益原则为这一问题提供了基本的处理原则，即根据受益者的受益与社会受益来制定收费政策。如政府对教育、公路等进行补贴，就是基于其外部性特征。

（二）民主理财原则

民主理财，是指政府将财政资金看作纳税人所有，财政资金的使用因而就必须由社会公众参与决策。"公众参与原则"作为民主政治建设的重要组成部分，集中表现在财政支出上，相应原则就是民主理财。

民主理财原则的基本要求：一是转变对公共财政支出性质的认识。传统观念认为，财政资金是政府的钱，政府领导有权代表政府来决定其用途。而从公共财政的观点来看，财政资金是纳税人缴纳的税款，是纳税人的钱，政府仅仅是为社会公众服务的机构，即接受纳税人委托、为纳税人服务的公共利益的代理人，必须服从于和服务于全体社会成员的利益。二是严格按照预算程序办事，即由大众来决定公共财政支出规模与结构，政府花多少钱和怎么花钱（资金的用途）应由选民集体作出，政府的作用是提供财政支出预算草案，在财政预算方案通过后，严格按照预算执行。

三是政府有责任向社会公众报告政府预算执行的结果，预算执行中发生的重大支出项目的调整，也必须经选民的同意。在财政活动中必须坚持依法理财，民主决策，提高财政支出的透明度。

第三节　治理理论与新公共服务理论

一　治理理论

治理理论兴起于 20 世纪 90 年代，旨在探索国家和社会公共事务管理的新模式，用来弥补市场与国家在调控与协调中的不足。治理的基本含义是为了维持秩序和满足公共需要，在一个既定范围内运用权力、政府部门和非政府部门等多种公共管理主体彼此合作，共同分享和共同管理公共权力、公共事务的过程。"从政治学的角度，治理是指政治管理的过程，它包括政治权威的规范基础、处理政治事务的方式和对公共资源的管理。它特别关注在一个限定的领域维持社会秩序所需要的政治权威的作用和对行政权力的运用"。[1]

治理理论强调多样化的管理方式，治理理论还认为，不只政府是国家的权力中心，只要是得到公众认可的机构（社会和个人），都可以成为权力中心。因此，治理还强调多中心的治理结构。"治理的目的是在各种不同的制度关系中运用权力去引导、控制和规范公民的各种活动，以最大限度地增进公共利益"。[2] 我们可以把治理理论运用到农村公路建设、管理养护过程中，通过政府部门和非政府部门等多种主体合作，用来弥补市场失灵与政府失灵，即市场和国家在调控与协调中的不足，以有利于农村公路健康持续地发展。

二　新公共服务理论

所谓公共服务，是政府为满足社会需要而提供的产品与服务的总称。[3] 这是政府的首要职能和主要职能，是"21 世纪公共行政和政府改革的核心概念。"[4] 从其发展过程、理论基础和实际运行过程来讲，公共服

---

① 俞可平：《治理与善治》，社会科学文献出版社 2006 年版，第 5 页。
② 同上书，第 299 页。
③ 李军鹏：《公共服务型政府建设指南》，中央党史出版社 2006 年版，第 19 页。
④ 邹东升：《试论公共服务改革的目标定位》，《理论探索》2005 年第 2 期。

务可分三类：第一，维护性公共服务，是指保证国家机器存在和运作的公共服务，如政府的一般行政管理、国防等。第二，经济性公共服务，这是指政府维护经济稳定、促进经济发展的公共服务，如政府对公共项目的投资、对产业活动提供的价格补贴。第三，社会性公共服务，这是政府推动社会事业发展，提高国民福利水平等，以保证经济与社会发展同步，如对文化教育、医疗卫生、公路建设与养护等的资金投入。

新公共服务（the New Public Service）理论是以珍妮特·V. 登哈特、罗伯特·B. 登哈特为代表的公共行政学者基于对新公共管理理论的反思，建立的"服务，而不是掌托"（Serving，not steering）为基本观点的一种"政府服务于公民，而不是顾客"的全新管理模式和管理理念，为公共行政在以公民为中心的治理系统过程中所扮演的角色提供了重要理论。它强调公共管理是一种以政府为主体，多元参与，以尊重公民权，实现公共利益为目标的社会协调运作为手段的综合治理模式，而县级政府也应合理确定县级政府的角色，顺应时代发展趋势，把职能逐渐转移到为广大民众提供公共产品和公共服务上，促进城乡经济发展，使农村公路持续健康发展。

服务型政府是"在公民本位社会本位理念指导下，在整个社会民主秩序的框架下，通过法定程序，按照公民意志组建起来的以为公民服务、提供公共产品为宗旨并承担着服务责任的政府"。它是一种新型的政府管理模式：新型的政府职能模式、新型的政府活动模式和新型的政府理念模式。管理就是服务，领导也是服务，这是建设服务型政府的必然要求。而服务是一种理念，所以，服务型政府就是"以表达和体现公众意志为根本，以解决公共问题、实现公共利益为目标，以公正透明、廉洁高效、诚信守责为基本施政理念，行为规范、运转协调地有效回应社会，满足公众对公共产品和公共服务需求的政府管理模式"。对于服务型政府，温家宝总理说的"是为市场主体服务，为社会服务，最终是为人民服务"的政府。2007 年 10 月胡锦涛在中共十七大报告中又一次提出："加快行政管理体制改革，建设服务型政府。"这意味着政府职能的调整、转型和政府行政行为、行政方式和行政方法的革新。当前我国政府改革和政府职能转变的主导理念是建设服务型政府。建设服务型政府要求政府及其所有行政人员在行政活动中廉洁高效地为公众提供各种公共服务。因此，建设服务型政府是我国政府面临的一项长期的、艰巨的、重要的任务。

第四节　农村公路的公共产品属性

在当代公共产品（相对于私人产品而言）的定义中，纯公共产品包含两大特征：非排他性和非竞争性。所谓的非排他性是指一个人无法维持对一件物品使用的控制，不可能阻止不付费者对公共产品的消费；非竞争性是指一个人对公共产品的消费不会影响其他人对此产品的消费。由于公共产品的非竞争性和非排他性，使得公共物品还具有不可分性特征，即公共产品的产权难以界定，或者界定产权的交易成本很高。

按照世界银行观点，农村公路是属于非排他性、非竞争性以及外部性都很高的纯公共产品，并且市场化指数为1，属于不适宜在市场上出售的产品，从公平角度考虑的公共服务责任比较高。我国一些学者则认为农村公路属于俱乐部公共产品，应该由各级地方政府承担供给主体的责任。

对农村公路的公共产品属性，笔者认为，应该具体分析。拥挤性是准公共产品的一个重要特点，拥挤临界点对于产品公共性质的界定有重要作用。所谓拥挤临界点，对运输线路来说，就是指通行能力。在达到拥挤临界点之前，运输系统的非排他性、非竞争性很强；在达到拥挤临界点之后，增加单位消费的边际成本急剧上升，非排他性减弱，相应的私人产品特征开始加强。对大多数农村公路来说，由于交通流量较小，农村公路的非排他性和非竞争性程度很高，接近于纯公共产品。而在经济发达地区，由于部分农村公路尤其是县道的交通流量比较大，当交通流量超过拥挤临界点时，农村公路的公共性会逐步减弱，私人性逐步增强，有可能导致使用排他性技术是经济可行的，从而使拥挤性的公共物品转变为拥挤状态的收费准公共物品。

根据公共产品理论，纯公共产品由于具有非排他性、非竞争性，会产生"搭便车"现象，消费者不愿为这类产品付费，从而导致休谟所指出的"公地悲剧"，难以实现全体社会成员的公共利益最大化。市场机制对这些产品的供给调节作用失去了前提和基础，这类物品应该由政府提供，否则，可能造成社会福利损失。大部分农村公路具有纯公共产品性质，决定了政府应该成为这些公路的供给主体。

第三章 我国农村公路发展的现实问题

第一节 我国农村公路投融资规模及其变动趋势

一 我国农村公路发展现状

（一）农村公路建设需求

新中国成立初期，全国所有公路只有 8 万公里，1952 年全国县乡公路为 4.7 万公里，1978 年达到 59.6 万公里，到 2006 年年底达到 149.41万公里，高级、次高级路面农村公路也由 1989 年的 28.3% 增加到 2002 年的 40.9%。"六五"、"七五"、"八五"、"九五"、"十五"期间，年均新增农村公路里程分别为 1 万、1.3 万、2.2 万、4.2 万、8.9 万公里，从1978—2006 年的 28 年中，农村公路总里程共增加近 90 万公里，平均每年增加 3 万多公里。发展速度日趋加快。2007 年公布的《全国农村公路通达情况专项调查主要数据公报》显示，截至 2006 年，全国还有 6% 的近 2500 个乡镇、23% 的近 153000 个建制村不通公路，19% 的近 7900 万个镇、47% 的近 31 万个建制村公路路面未硬化。因此，从目前来看，我国农村公路的通达和通畅问题远没有得到解决。[1]

（二）农村公路地区发展不平衡

按地区分，东部地区农村公路总量为 87.8 万公里，占全国总量的29.6%；中部地区为 103.9 万公里，占全国总量的 35%；西部地区为104.8 万公里，占全国总量的 35.4%。按技术等级分，农村公路整体技术等级较低。等级公路里程为 177.6 万公里、等外公路里程为 118.9 万公

---

① 交通部综合规划司：《2005 年全国农村公路通达情况专项调查主要数据公报》，中华人民共和国交通部网站，2007 年 4 月 18 日。

里，分别占全国农村公路总里程的 59.9% 和 40.1%。在等级公路中，四级公路里程占 79.8%。呈现出随行政等级降低，等级公路里程比重下降、等外公路比重上升特点。按路面类型分，农村公路中，沥青水泥路面（有铺装路面、简易铺装路面）里程为 102.7 万公里、占全国农村公路总里程的 34.6%；未铺装路面里程为 193.8 万公里、占全国农村公路总里程的 65.4%。呈现出随行政等级降低，沥青水泥路面里程比重下降、未铺装路面里程比重上升特点。

我国地区发展差异反映在交通资源配置上的差距是非常惊人的，经济水平高的东部地区公路等级和农村公路路面类型明显优于经济水平较低的中部地区和西部地区，进一步说明了地方公共品地区供给水平的不平衡。因此，地区发展的不平衡必然需要中央财政政策适度向薄弱地区倾斜，才能最大限度地发挥公共财政作用，避免"马太效应"的发生。显然，农村公路发展的地区差距给农村公路的地方供给者也提出了融资挑战。

二　我国农村公路投融资规模及其变动趋势

（一）农村公路投融资规模

2003—2007 年，我国交通基础设施总投资达到 31055.77 亿元，其中公路完成建设投资 26623.11 亿元，占总投资的 85.7%。

表 3 - 1　　　　　　　　2003—2007 年交通固定资产投资分析

年份	总投资（亿元）				投资结构（%）		
	合计	公路	水运	其他	公路	水运	其他
2003	4136.2	3714.6	294.4	126.9	89.8	7.1	3.1
2004	5314.07	4702.28	407.81	203.99	88.6	7.6	3.8
2005	6445.04	5484.97	688.67	271.30	85.1	10.7	4.2
2006	7383.82	6231.05	869.18	283.58	84.4	11.8	3.8
2007	7776.82	6489.91	886.48	400.44	83.5	11.4	5.1
合计	31055.71	26623.11	3146.64	1286.21	85.7	10.1	4.2

资料来源：交通部科学研究院，内部资料，2008 年 7 月。

由于现有统计资料没有对村道建设投入资金的统计，故本书所应用的农村公路建设资金统计数据中仅包含县道及乡道建设资金投入。近年来，我国县乡公路建设资金投入数量总体呈不断增长的趋势，2002年，我国县乡公路建设投资比1996年增长了182%，增长幅度十分明显。表3－2是历年全国农村公路建设资金投入及分东中西部地区的投资数量。特别是1998年和2002年受国家政策的强力推动，农村公路建设投入都有超常增长。1998年国家实施积极的财政政策，对公路基础设施建设投入大幅增加，当年公路建设投资总额达2168亿元，比1997年增加912亿元。与此同时，随着全国公路建设总规模的高速增长，同年农村公路建设投资也比上年增长73.6%，创历史新高。2000年后，"三农"问题凸显。2002年成立的新一届政府，把解决"三农"问题放在重中之重，实行加大对农村投入的政策，又进一步推动了农村公路基础设施建设。2002年，全国农村公路建设投资达到495亿元，比上年增长38.2%。另外，1993年国家"八七扶贫"计划的实施，以及交通部推行的交通扶贫政策，也大大促进了贫困地区的农村公路建设。

表3－2　　　　　　县乡公路建设资金投入及分地区数量　　　　　单位：亿元

年份	1996	1997	1998	1999	2000	2001	2002
总计	175.6	199.2	373.3	330.8	307.4	358.2	495.0
东部	108.7	93.9	196.7	154.3	125.2	147.3	203.6
中部	40.0	66.0	92.8	78.2	84.0	80.1	152.2
西部	26.7	38.7	83.7	98.3	98.2	130.7	139.2

　　我国东部、中部、西部地区经济发展水平不同，呈东高西低的梯度差异，农村公路建设资金投入也有较大差别。由于农村公路建设投入资金，主要是地方自筹资金，地方经济发展水平常常成为农村公路建设资金投入多少的主要标志。东部地区经济比较发达，投入农村公路建设的资金就多，西部地区经济较落后，投入农村公路建设的资金也少。1996年西部地区农村公路建设投资总额为26.7亿元，仅为东部地区的1/4。但随着国家西部大开发战略的实施，国家对西部地区政策的倾斜和投资力度的加大，以及交通扶贫资金的落实，西部地区农村公路投资额度大幅度上升，东部、中部、西部差距呈缩小趋势。至2002年，西部地区农村公路建设投资已达139.2亿元，大约是东部投资的七成，西部与东部的差距明显减

小。但因东部、中部、西部地区经济发展水平差异明显，难以在短期内改变，因此农村公路发展差距在较长时期内还会存在。表3-3是2001年、2002年我国县道与乡道建设（含新建、改建，下同）投资状况。

表3-3　　　　　　　2001—2002年我国县乡公路建设投资状况　　　单位：亿元、%

年份	投资总量	构成	县道		乡道	
			投资	比重	投资	比重
2001	358.17	100	273.11	76.7	82.84	23.3
2002	495.01	100	381.90	78.7	103.13	21.3

（二）农村公路投融资变动趋势

表3-4　　　　　　2000—2002年农村公路建设资金及构成表　　　单位：亿元、%

年份	合计	国家财政拨款	中央财政专项资金	车购税	地方财政专项资金	国内贷款	利用外资	以工代赈	地方自筹	汽车养路费	民工建勤
2000	307.4			6.77		17.4	1.12	10.6	195.1	45.76	30.54
构成	100			2.2		5.7	0.4	3.5	63.5	14.5	9.9
2001	358.2			6.57		28.4	1.45	8.59	247.1	34.64	31.47
构成	100			1.8		7.9	0.4	2.4	69.0	9.7	8.8
2002	495	2.7	17.2	23.67	0.63	38.9	0.36	8.21	377.9		25.38
构成	100	0.5	3.5	4.8	0.1	7.9		1.7	76.3		5.1

注："地方自筹资金"含地方财政、县（市）交通部门、社会筹集等投资。

从表3-3数据可以明显发现，我国每年投入农村公路的资金，大多数用于县道建设，占资金总量的七成六以上；用于乡道建设的资金大约只占二成多一点的份额。这也进一步说明，由于县道与乡道建设资金渠道有较大不同，投入公路建设资金数量就有较大差异。当然，由于县道交通量较大，县道的技术等级一般比乡道要高，所以造价也比较高，投资自然也要求多一些，这也是县道要比乡道占用投资大的原因之一。农村公路建设资金构成分析如前面所述，农村公路建设资金来源从中央至地方，从各级政府财政、交通部门的交通规费投入、农民投工投劳、社会集资，以及国内外贷款等等，名目虽然繁多，但大多数资金来源的数量很少。表3-4是2000—2002年农村公路建设资金构成情况。从表中资金构成可见，农村公路建设资金最主要的还是地方自筹资金投入，占农村公路建设资金总量的60%—70%。"地方自筹资金"主要包含县（市）交通部门征收的各种交通规费收入、地方政府财政资金投入以及社会集资、捐助资金等。其次是省（自治区、直辖市）交通部门投入的资金，主要是以养路费、客货运附加费、通行费为代表的交通规费资金，约占农村公路建设资金总量的10%—15%。再次是农村居民"民工建勤"的投入，约占农村公路建设资金总量的10%，但有逐步下降的趋势，这是受农村税费改革的影响所致。国内银行贷款正在成为农村公路建设资金的重要来源，2002年贷款已占农村公路建设资金总量的7.9%。其他资金占农村公路建设资金总量的比重较小。中央财政资金（包括以工代赈资金）以及交通部车购税投资数量虽不算大，但增长幅度很大，且都是属于政策性投资，对于引导和推动农村公路建设所发挥的作用是很大的。2002年中央财政和交通部车购税投入比2001年增长30多亿元，同期全国农村公路建设投资增长137亿元，推动作用十分明显。调查发现，由于经济发展水平不同，东部、中部、西部农村公路建设资金构成也有较大差别。经济比较发达的东部地区，地方财政充裕，交通规费收入也比较多，在农村公路建设中地方财政资金及交通部门的资金投入明显高于中部、西部地区，而经济比较落后的西部地区，国家补贴、以工代赈、扶贫等资金投入比例要高于东部、中部地区。国家对西部地区倾斜政策、扶贫政策对贫困地区农村公路建设发挥着重要推动作用。①

三 中国农村公路发展趋势及资金需求

根据交通部制定的《全国农村公路建设规划》，全国农村公路建设2010年和2020年的发展目标设想是：在新建里程的同时，改善和提高公路路面等级，县道新增沥青和水泥路面，也就是在解决"通达"问题时，也要解决"通畅"问题。至2010年，力争使所有具备通车条件的乡镇和行政村通公路，县至乡公路基本达到高级、次高级路面标准，乡到行政村

---

① 赖怀福、付光琼：《中国农村公路建设资金结构现状》，《交通世界》2004年第3期。

公路消灭无路面状况。至 2020 年，力争乡到行政村公路基本达到高级、次高级路面标准，基本实现通公路的行政村通班车。"十一五"期间，全国将新增县道里程 4.6 万公里，新增沥青（水泥）路 13 万公里；新增乡村道路里程 28 万公里，新增沥青（水泥）路 54 万公路。要实现上述目标，据测算，"十一五"期间农村公路建设资金总需求量将达 3852 亿元①（见表 3 - 5）。

表 3 - 5　　　　　　　"十一五"农村公路建设规模及资金需求

	合计	县道	乡村道路
新建里程（公里）	325810	46248	279562
新增沥青路面（公里）	675535	132949	542586
资金需求（亿元）	3852	1093	2760

要实现农村公路建设的可持续发展，必须有足够的资金投入。从表 3 - 5 中的数据可以看出，"十一五"期间，平均每年用于农村公路建设的资金将高达 770 亿元，远远超过目前年投资 500 亿元的水平。因此，在现有资金条件下，如何筹集农村公路建设资金将成为农村公路建设的主要问题。

由于农村公路属于非收费公路，不能按市场化的"以路养路"方式面向社会公开融资，于是农村公路建设的资金缺口只能由地方各级政府和社会各界通过各种渠道共同筹措弥补。

第二节　我国农村公路投融资结构

一　我国公路投融资结构

2003—2007 年，我国公路建设所需资金中，来自中央政府的投资（包括国债资金和车购税资金）平均只占 13%。这意味着，大约 87% 的建设资金是靠银行贷款和地方自筹资金解决的（见表 3 - 6）。

---

① 樊桦：《关于"十一五"农村公路发展规划的政策思考》，《综合运输》2004 年第 11 期。

表3-6 我国公路投资结构 单位：亿元、%

年份	总投资	到位资金	投资结构			
			中央投资	国内贷款	利用外资	自筹资金
2003	3714.9	3443.6	15.3	41.6	2.2	40.9
2004	4702.28	4390.35	14.1	40.5	1.3	44.1
2005	5484.97	4880.65	12.7	38.2	1.3	47.8
2006	6231.05	5481.85	10.5	40.7	0.9	47.9
2007	6489.91	5744.92	13.5	38.0	0.8	47.7
合计	26623.11	23941.37	13.0	39.6	1.2	46.2

资料来源：交通部科学研究院，内部资料，2008年7月。

二 中国农村公路投融资结构

长期以来，我国农村公路建设一直没有固定的资金来源，农村公路建设的资金投入与农村公路在不同时期的发展历程有着紧密关系。改革开放之前，农村公路建设主要通过群众运动的力量得到发展，这期间农村公路建设资金渠道狭窄，"民工建勤"担负着重要角色。改革开放以后，农村经济迅速发展，农民对公路交通的需求猛增，政府对农村公路的投入增加，"以工代赈"发挥了重要作用。当前农村公路建设正在进入一个新的发展阶段，特别是中央对解决"三农"问题的重视，进一步提高了建设农村公路的积极性，已经开始了多方式、多渠道筹集建设资金。受我国各地区的社会环境、经济发展水平以及农村公路发展现状存在较大差异的影响，农村公路建设资金筹措渠道也不尽相同。总结归纳起来，现阶段主要由两部分组成：一是中央投入资金；二是地方投入资金。

（一）中央投入资金

中央投入资金主要包括中央财政资金和公路建设专项资金。

1. 中央财政投入资金

中央财政投入资金主要是（除车购税）国家财政预算内资金、中央财政专项资金以及用于扶贫的以工代赈资金。中央财政预算内资金，是国家财政资金，列入国家财政预算。中央财政专项资金，这是中央财政发行的债券，即国债资金。从1998年起，中央实行积极的财政政策，为扩大内需，由中央财政发行债券（国债）募集资金，专项用于基础设施和国家重点项目建设。其中公路基础设施也是重点建设对象。以工代赈资金源于中央财政拨款和地方财政配套资金。以工代赈是国家对农村贫困地区的特殊扶持政策，是由当地农民群众以投工投劳方式换取扶贫资金，即用劳动来获取救济金。投工投劳项目主要是改善基础设施条件，促进贫困地区经济发展的项目。农村公路建设是国家列入以工代赈项目的重要内容之一。从1984年开始，国家先后施行了7批以工代赈计划。2001年以工代赈方式用于农村公路建设的投入约为8.5亿元。

2. 公路建设专项资金

公路建设专项资金，指国家征收的车辆购置税（车购税），是用于公路建设的专项资金，属国家预算内资金。车购税起源于1995年国家开征的车辆购置附加费，当时属预算外资金，由交通部负责征收和管理。2000年后改为车购税，把它作为国家财政资金，虽属国家预算内资金，但仍由交通部负责管理使用。交通部每年从车购税资金中划出一定数量作为专项资金用于农村公路建设。交通部的资金投入主要是用于农村公路的建设补助。虽然该项资金在农村公路建设资金总投资中所占比例不高，但对于引导地方资金投入，激发农村居民建设公路的积极性，促进地方加快农村公路建设的作用十分明显。

表3-7　　　　　　　　我国农村公路中央投入资金　　　　单位：亿元、%

年份	2000	2001	2002	2003	2004	2005
中央预算资金	10.6	8.59	28.1	67.2	84.6	66.58
车购税	6.77	6.57	23.7	60.8	104	116
合计	17.37	15.16	51.8	128	188.6	182.5
占总投入比重	5.66	4.23	10.46	17.7	17.86	16.42

资料来源：中国交通部网站（www.moc.gov.cn）。

（二）地方投入资金

地方投入资金主要包括地方财政资金、地方交通部门投入资金、银行贷款以及农民投入资金。

1. 地方财政资金

地方财政投入主要是各级地方政府的财政资金和地方财政专项资金。地方财政资金，包括省、地（市）、县、乡各级政府的财政资金。用于农村公路建设的地方财政资金中县（市）、乡财政资金占主要份额。

地方财政专项资金是中央国债安排由地方财政使用并负责偿还的资金（根据中国法律地方财政不能发行债券），属国债资金。与中央财政专项资金同一性质，同始于1998年。地方交通部门资金地方交通部门又分省（自治区、直辖市）交通部门与地市、县（市）交通部门两块。

2. 地方交通部门投入资金

地方交通部门投入资金，包括省交通部门投入资金和市、县交通部门投入资金。

省交通部门投入的资金主要是汽车养路费、客货运附加费等由省级交通部门征收和管理的交通规费。各省交通部门对投入农村公路建设的资金数量并无明确的规定，一般是根据全省每年公路建设和养护的实际情况，全盘考虑后再来决定对农村公路的投资数量，具有较大的不确定性和不稳定性。省交通部门的资金投入主要用于县乡公路的建设补助。

市、县交通部门投入的资金，主要是对地方拖拉机、摩托车和农用运输汽车征收的养路费收入，也称拖拉机养路费或小机养路费。由于拖拉机养路费的征收标准较低，且车辆分散在农村各个角落，征收难度较大，因此每年被征缴的车辆数量并不多，征费收入较少。但拖拉机养路费的使用范围，主要是用于农村公路，因此它是农村公路建设的主要资金来源和较为稳定的资金渠道。

3. 银行贷款

银行贷款包括国内银行贷款及利用外资两部分。国内银行贷款，是向国内银行借用的贷款资金，主要是用于交通量较大、能够实现"贷款修路，收费还贷"的农村公路建设。也有的国内银行贷款是由地方交通部门统借统还，投入农村公路建设的贷款，用交通规费（包括过路过桥费）收入统一偿还。

外资主要是借国际金融组织，如世界银行、亚洲开发银行的贷款。使用这些贷款资金主要有两种借贷形式：一种是援助性贷款，用于我国贫困地区的扶贫开发；另一种是"一揽子贷款"，把用于农村公路的贷款项目与其他高等级公路收费还贷项目捆绑在一起借贷，由借款人统借统还。

农民投入资金的主要形式是民工建勤，以资代工，以及集资、企业出资、赞助、捐助等筹集的资金。

4. 民工建勤投入

"民工建勤"的含义是公路沿线有劳动力的农村居民以及车辆（拖拉

机或汽车）有义务为公路建设和养护提供劳务，它的主要形式是由县或乡政府组织民工投工投劳进行农村公路建设。不能提供劳力的，也可以用现金支付，即以资代工。民工建勤修公路的做法起始于1950年，在1998年颁布的《公路法》第三十八条中，对县乡人民政府组织农村居民投工投劳从事农村公路建设和养护也作了相应的规定，使其有法可依。民工建勤作为建设农村公路，特别是乡、村两级公路建设的最主要资金筹措方式，在我国农村公路发展过程中发挥了至关重要的不可替代的作用。由于民工建勤具有"义务"性质，报酬远远低于付出，使农村公路建设成本大大降低。民工建勤在农村公路建设资金构成中占绝大多数份额。但随着经济的发展，解决"三农"问题凸显出来，农村劳动力人口流动越来越频繁，以及中央减轻农民负担的政策逐步落实，大规模组织农民劳动力投入农村公路建设和养护的难度越来越大。2000年，中共中央、国务院联合发布的《关于进行农村税费改革试点工作的通知》中，明确规定要在农村"取消统一规定的劳动积累工和义务工"。在我国实行了40年的"民工建勤"制度已被列入取消行列，取而代之的是"一事一议"制。"一事一议"就是对于村内公益事业的建设资金筹措由全体村民或村民代表大会讨论决定，并实行上限控制，目的是减轻因乱集资乱摊派造成的农民负担。过去主要靠组织民工建勤投入建设的乡村公路，特别是通村公路的建设，由"一事一议"决定。

其他投入。除民工建勤外，农村公路建设资金来源还有集资款、受益企业出资、国内外个人和单位的赞助、社会捐款等等。用于农村公路建设的这些其他资金来源，虽然名目繁多，但占农村公路建设资金总量的比重很小。

我国农村公路地方投入情况见表3-8。

表3-8　　　　　　　　我国农村公路地方投入资金　　　　单位：亿元、%

年　份	2000	2001	2002	2003	2004	2005
地方自筹	195	247	379	486	759	762
占总投入比重	63.5	67	76.5	67.2	69	68.6

资料来源：中国交通部网站（www.moc.gov.cn）。

第三节　我国农村公路投融资的变化 特征与现实问题

一　农村公路投融资的变化特征

从以上分析我们可以看到，2000—2002 年，来自中央投入的资金无论绝对量还是相对量都是非常少的，但还是有明显增长，中央投入资金比较稳定。

2000 年和 2001 年国家财政没有对农村公路进行任何拨款，同时中央财政专项资金也几乎为零，这两年中央财政对农村公路的投入分别是 17.4 亿元和 8.59 亿元，占当年农村公路总投入的 3.5% 和 2.4%；另一项属于中央投入资金即车购税，在这两年分别有 6.77 亿元和 6.57 亿元投入农村公路建设，比较稳定；总的来说在 2000 年和 2001 年两年时间中央投入的资金只占农村公路建设资金的 5.7% 和 4.2%。而在 2003—2005 年中央财政资金对农村公路的投入呈下降趋势，从 9.3% 降到 6%。

但是，在 2002 年发生了较大变化，不但中央财政对农村公路建设进行了预算拨款 2.7 亿元和专项资金投入 17.2 亿元，而且车购税方面的投入增长更迅速，达 23.67 亿元，是 2000 年和 2001 年总和的近两倍，在 2002 年一年时间内中央对农村公路的总投入为 51.78 亿元，为该年农村公路总投入的 10.5%。在 2003—2005 年车购税投入继续呈增长势头，到 2005 年达 115.6 亿元，占该年农村公路总投入的 10.4%，已成为中央财政投资性支出的主要项目。车购税和中央财政资金包括以工代赈资金都是国家的政策性投资，对引导和推动农村公路建设发挥了十分重要的作用。另中央投入中的以工代赈资金呈逐年下降的趋势，从 2000 年的 10.6 亿元减为 2002 年的 8.21 亿元，只占当年农村公路总投资的 1.7%。

整体来看，农村公路建设的融资以地方投入为主，占农村公路总投资的 80% 以上。在 2000 年和 2001 年两年中地方投入分别占农村公路建设总融资额的 88.3% 和 87.5%，在 2002 年有所下滑，占 81.4%，从 2003—2005 年基本维持在 73% 左右，因此，农村公路建设的融资以地方投入为主，进一步说明农村公路是公益性基础设施，地方公共物品特性十分突出，应以地方投入为主。

　　在地方投入中，地方自筹资金为主要来源，并且呈逐年递增趋势，基本占农村公路建设投资总量的60%—70%。地方自筹资金是指各级政府及公路主管部门筹集的用于固定资产投资的预算外资金，包括地方预算外专项资金和地方财政机动财力。省自治区、直辖市交通部门投入的资金，主要是指以养路费、客货运附加费、通行费为代表的交通规费资金，约占农村公路建设资金总量的10%—15%。而汽车养路费和民工建勤资金对农村公路的投资总额不管绝对量和相对比例都呈逐年下降的趋势；受农村税费改革的影响，2003年取消了民工建勤。2005年，我国养路费支出860.89亿元，其中，用于农村公路建设补助的公路养路费31.99亿元，占养路费支出的3.72%。

　　此外，地方投入中的国内贷款资金的投入也呈逐年上升趋势，国内银行贷款也正逐渐成为农村公路建设资金的另一重要来源，2000年国内贷款为17.4亿元，占同期农村公路总投资的5.7%，到2002年，贷款的比重已占农村公路建设资金总量的7.9%，达38.9亿元，从2003年开始，随着国债资金投入带动银行资金投入，国内银行贷款已经翻了几番，2005年已经达105.6亿元，是2002年的3倍，占2005年农村公路建设总投入的9.5%。另外还有少量的国外资金，但投入数量不稳定。

　　综合起来，近几年来农村公路建设总的投融资额逐年递增，但其来源渠道和各来源渠道筹集资金所占比重，除车购税投入资金所占比重有明显增长外，基本没有变化。这说明在国家现行政策体制下，农村公路建设资金来源构成没有大的突破，仍是"中央资金引导，地方投入为主"的农村公路地方性公共品的投融资格局。[①]

　　二　农村公路投融资的现实问题

　　2007年以来，各地交通部门进一步加大工作力度，农村公路建设呈现良好的发展态势。据统计，2007年1—5月，全国完成了农村公路投资389亿元，同比增长了24%。东部、中部、西部地区分别完成了投资155亿元、100亿元和134亿元，分别比上年同期增长了27.9%、7%和36.9%。农村公路工作虽然取得了很大成绩，但仍存在一些不容忽视的问题：

---

　　① 毛燕玲：《非营利性农村基础设施融资机制研究》，博士学位论文，南昌大学，2008年。

（一）建设规模总体偏大

据对各省"十一五"目标分解任务的汇总，全国农村公路建设总规模达到174万公里，比"十一五"规划全国新改建农村公路120万公里的目标增加了54万公里，增长45%。建设规模偏大直接增加了资金缺口，加大了项目管理难度，容易引发农民负担等问题。

（二）建设成本上升

首先，2007年以来，由于消费需求增加，建筑材料价格上涨较快，普通钢材价格涨至3800元/吨，国产普通沥青价格涨至3500元/吨。每年全国农村公路约需水泥4500万吨，约占全国当年水泥产量的11%，价格也随之攀升。

其次，各地农村公路建设在计划安排上大多采取先易后难的办法，导致农村公路建设难度逐渐加大，资金紧缺。仍以河北省沽源县为例，该县在安排计划上采取先易后难的办法，从2004年开始修建村村通油（水泥）路以来，所通的68个行政村全部是沿线经济条件较好（蔬菜种植、奶牛养殖和旅游景点地区）、路况基础较好的村；而未通的117个行政村大部分是经济基础较差的村，村与村之间的距离较远，需修建的公路里程较长，因此，需乡村配套资金多（如高山堡乡林水村要通水泥路里程达7.5公里，全村仅有人口120户，群众集资份额过大）。一部分坝下山区，由于受地形的限制，需修建的排水和防护设施较多，修建村村通柏油（水泥）路困难重重。

（三）资金到位率低

当前农村公路建设普遍存在地方配套资金筹措困难，配套资金没有着落、资金到位率低的问题。2007年1—5月，全国农村公路建设到位资金250亿元，到位率只有64.3%，中西部省份和贫困地区资金到位问题更为突出。如河北省沽源县属国家级贫困县，地方经济基础薄弱，年财政收入3000万元左右。在农村公路建设上地方配套资金筹措困难，配套资金没有着落。据测算，通村公路每公里平均造价25万元，除上级交通部门每公里补助10万元外，其余均需自筹，因此，各乡镇虽有加快通村公路建设的迫切愿望，但由于配套资金缺口较大，启动十分困难；此外，工程建设原材料短缺，且价格上涨较快，也是造成工程造价提高的重要原因。沽源县境内没有一处水泥和白灰生产地，水泥大部分都由宣化等地购入，距离远、价格高；天然砂砾和中粗沙较少，碎石全部采用机压碎石，沽源县除平定堡镇境内有部分中砂外，其余乡镇均没有中粗砂，需要外置采购。原料短缺不但提高了公路造价，同时也给工程施工带来了诸多不便。现实困难是：一方面，随着沙石、水泥等建设材料和劳动力价格的大幅上升，农村公路建设成本已经翻了一番多；另一方面，上级政府的补助标准并未相应提高，导致农村公路建设资金短缺矛盾不断加剧。

（四）农村公路建设管理费没着落

根据交通部令2006年第3号第十八条的规定，"中央政府对农村公路建设的补助资金应当全部用于农村公路建设工程项目，并严格执行国家对农村公路补助资金使用的有关规定，不得从中提取咨询、审查、管理、监督等费用。"仍以河北省沽源县为例，从2004年建设村村通油（水泥）路以来，县交通部门每年要投入将近20万元在农村公路建设管理上，主要包括工程项目的申报立项批复、工程作业资料的整理、工程技术指导、工程机械和人员培训等等。而这部分农村公路建设管理费全无着落，截至目前县交通局已经垫付近百万元。

（五）建设质量存在隐忧

由于农村公路项目投资普遍偏低，参建队伍素质良莠不齐，很多项目都是农民自己干，管理水平上不去，质量不容乐观。

当前困扰我国农村公路发展的现实问题是财政投资难以满足公路建设资金需要，融资渠道少，市场化程度低，国内银行贷款成为当前农村公路建设最主要的资金来源。

从目前我国公路交通发展实际看，无论是路网结构、路网规模，还是服务功能，都不能满足经济社会发展需要，公路交通仍需继续加快发展。公路作为经济社会发展的主要基础设施，其公益性决定了公路发展应当坚持以收费公路为主，农村公路由于其交通流量小更是如此。这意味着在公路建设投资中，必须尽可能地提高国家财政投入所占比例。而我国现阶段农村公路建设所需资金难以由各级财政完全承担。近年来，虽然中央和地方财政投入公路建设资金的力度在不断加大，投入的绝对额也在不断增长，但由于我国公路处于大建设、大发展时期，投资规模较大，财政资金投入占公路建设总投资的比例却在逐年下降。以2001—2006年全国公路建设投资情况为例，国家财政投资所占比例已从20.22%降到11.09%，下降了近一半；而其他融资方式筹集的资金比例却在不断上升。这个事实说明，国家财政投入由于公路建设资金不仅无法满足需要，而且缺口也越来越大。

当前困扰农村公路建设的突出问题是资金严重短缺。以河北省石家庄市为例，2003 年村村通建设以来，最初农村公路建设（中央和省级财政与交通主管部门）补助标准为每公里 6 万元、8 万元，后涨为每 1 公里 10 万元（石家庄市建设标准为水泥路，其他地市为油路，补助标准为 8 万元每公里）。而自 2007 年以来，碎石、水泥等建材的价格涨了一倍多，碎石出厂价由 18—19 元每立方米上升为 45 元每立方米。水泥的价格也上涨了一倍多。材料费、人工费均上涨了一倍多，导致农村公路建设成本大幅上升，而上级补助标准并未相应提高。目前通村公路建设仅材料费就达到每公里 16 万—17 万元，加上人工费，每公里建设成本至少 20 万元，资金缺口巨大，使得县级交通主管部门陷入进退两难的境地。随着 2009 年交通税费改革政策的实施，养路费被燃油消费税取代，而作为公路建设和管理养护资金来源的养路费取消后，由此减少的交通建设资金如何补偿却没有相应的配套措施，而增加的消费税收入如何使用亦没有下文。可以预见的是，此项改革将导致农村公路建设资金缺口进一步加大，资金筹措更加困难。

当前我国农村公路"重建轻养"的现象十分普遍，多数农村公路（特别是村级公路）处于失养状态。而养护费用是最大问题。我国现行公路管理体制是分级管理，谁的路谁管，国道、省道的管理养护由中央和省级政府负责，养护资金有保证；县级公路县政府负责管理养护，养护资金由上级补助加县财政拨款，资金基本上能够正常养护的需要；乡村公路养护的问题最大，乡级公路由乡政府负责管理养护，每年养护 1—2 次，日常管理养护处于真空状态；村级公路由村负责管理养护，而农民根本无力养护，导致乡村公路基本处于失养状态。乡村公路养护问题的症结在于现行的公路管理体制的弊端。因此，建立和健全自上而下的公路管理养护体制，维护农村公路的路产路权，落实养护资金已成当务之急。

第四章　农村公路投融资国际经验

由于农村公路的供给关系农民生活水平的提高、农业的发展和农村社会的稳定，不论是发展中国家还是发达国家都很重视农村公路的建设，在国家公共财政支出中，农村公路建设支出是一项非常重要的内容。

第一节　韩国农村公路投融资经验

我国目前正在进行农村公路建设，韩国经验对我国具有重要的借鉴意义。韩国的农村建设大致经历了新农村运动、农村地区综合开发、农村定居生活圈开发三个阶段。在农村建设中，一个重要内容是加强农村基础设施建设，改善农村居住环境，缩小城乡差距。20世纪70年代到80年代初的新农村运动，韩国政府通过投资和引导，一共完成农路改建6万多公里，新建农村道路6000多公里。20世纪90年代，韩国政府认为已经完成了运动初期需要政府支持、协调和推进的使命，于是便通过规划、协调、服务来推动新农村运动向深度和广度发展。然而，韩国政府仍然很重视农村公路等基础设施的投资建设，1994年6月，由当时总统金泳三主持召开的"推动农渔村及农政改革会议"，研究制定了有关促进农渔村发展的14项40条政策措施，其中包括对农村公路投资建设的政策措施，提出对当时3.4万公里农渔村公路中的2.7万公里重新铺修，将铺修比率从当时的26%提高到85%，为了修建农渔村公路，提出了提高地方养路费所占比率的措施。

一　政府的财政投资和金融支援是农村公路建设的后盾

20世纪60年代，韩国仍然是一个落后的农业国。经过40多年的发展，到2004年，韩国人均GDP已跃升至1.4万美元，城乡居民收入为1:0.84，在工业化、城市化快速推进过程中，实现了城乡经济协调发展和城乡居民收入的同步提高。

韩国的"新村运动"开始于1970年，当时正是第三个五年计划的开始。"新村运动"的第一阶段主要是农村基础设施建设，国家提出包括草屋顶改造、道路硬化、改造卫生间、供水设施建设如集中建水池或给水井加盖、架桥、盖村活动室等20种工程项目，由村民民主讨论、自主选择。政府免费分给每个村335袋水泥，平均每户约4袋，每袋50斤。第一年下来，50%的村干得不错，政府加拨500袋水泥、1吨钢筋。干得不好的村如果第二年干得好，还可在第三年追加给1000袋水泥。政府把全国的村按好中差分为自立村、自助村、基础村三等，在村口立上牌子，以激发大家的积极性。1970—1980年的10年间，韩国政府财政累计向"新村运动"投入2.8万亿韩元，相当于财政支出的1%。参加新村运动人数累计达11亿人次，效果十分明显，突出变化是农民生产生活条件显著改善。①

为了有效地组织新村运动以及加快农村基础设施建设，韩国政府专门设立了从中央到地方的一整套组织领导体系，在实施中，政府不但为农民提供技术指导、服务和周密设计的建设规划，还在资金与材料上予以大力支持，采取了中央财政和地方财政直接投资的措施，而且投资额也较大。据统计，从建设新乡村运动开始到1980年4月为止的10年间，政府对农村基础设施的财政投资达27521亿韩元。鉴于资金数量有限，政府首先提出诸如设置供电系统和通信设施等多种旨在改善生产、生活环境的公共产品项目，然后再由农民根据本地实际需要，自主选择所上项目，目标是改善农民的居住条件，项目的具体实施通常是由各级政府与村民各负其责合力完成。为解决农业贷款难、农村融资难的问题，政府还设置了农村经济建设的专项资金。

二　从政府主导投入逐步发展到民间主导投入

在新村运动后期，通过大力促进和建立完善农民合作组织、农村金融组织、农民技术推广教育组织，政府逐步退出直接投资，以惠农贷款、支农资金等方式提供农村公共品，新村运动由初期的政府主导，转变为民间主导，由民间团体、企业、大学、科研机关参与完成大部分支农工作。政府通过对农村金融体制的改革，使农协成为农村唯一的金融机构，并使其获得了较大的发展。同时由中央内务部直接领导和组织实施，建立了全国

---

① 郑新立：《韩国新村运动启示录》，《人民论坛》2006年第2期。

性组织新村运动中央协议会，并建立新村运动中央研修院，培养大批新村指导员，激发农民自主建设新农村的积极性、创造性和勤勉、自助、协同精神，设置许多民间团体专项基金。

进入 21 世纪，韩国政府再次强调农村的自我发展，继续开展各行各业支援农村活动。2004 年韩国政府又倡导"城乡合作"，动员企业等依自愿原则对村庄进行"一帮一"的具体支援，这种支援包括提供资金和物资，甚至包括帮助农民播种、收割、改良品种、寻找销售渠道，建立加工厂，直接收购农产品等等。目前，参与该活动的企业、政府部门和民众团体已经达到 6000 多家。

三 农村公路发展的创新精神

"新村运动"大大推动了农业与农村的发展，基于创新精神，特点鲜明：

（一）自始至终强调"勤勉、自助、合作"精神

这种精神后来扩展到城市，发展为民族自立、身土不二、事业报国的国民精神。政府设置了奖勤罚懒机制，重在激发村民内部的积极性。

（二）让农民选出"指导者"，自己的事情自己办

政府大力倡导、支持"新村运动"，但具体上什么项目，完全由农民自己选择。每个村选出新村建设指导者，负责组织大家的行动，里长（村长）只管服务。指导者不拿报酬，但政府给予精神奖励和物质奖励。如可随时面见公务员，优先选拔做公务员，坐火车、汽车票价便宜 50%，子女在初高中考试排在前一半名次的免学费并发奖学金等。

（三）政府提供物资、资金和技术支持

对农村基础设施和民居建设，政府除给予必要的建材、资金支持外，还帮助搞村镇建设规划，推荐 12 种标准住宅图纸，道路桥梁建设由政府派技术人员指导。为了支持农村经济发展，政府还向农民普遍发放长达 30 年的长期低息贷款，争取国际组织贷款，从"住宅彩券"中拿出一部分支持农村建设。政府支农资金通过农协直接发放到户。

（四）强化各级公务员的责任

政府要求，面、邑（相当于乡镇）和市、郡（相当于县市）两级公务员每人都要联系 4 个村进行帮扶；道（相当于省）一级课长和局长要负责一个郡；中央内务部（主管部门）的课长和局长要负责一个道。对县乡两级公务员实行奖罚分明的新村建设考核制度，帮扶干得好的提拔，

干得不好的调往山区和岛屿工作。

（五）发动全社会帮助农村建设

政府要求各界名流、知识界人士和企业老总，都要与新村建设指导者一起培训，尽其所能支持"新村运动"。不仅支持了农村发展，而且使"新村运动"发展为国民精神运动。

韩国农村城市化进程中，由于地价升值，不少农民从出售土地中获得高额收入，带资进城落户。我国土地批租的收入绝大部分为各级地方政府所有，改革以来，在土地出让中约有 2 万亿元以上的资金为城市建设做出贡献。所以，我们更应当发挥城市对农村、工业对农业的支持带动作用，较大幅度调整财政支出结构，各项政策向农村倾斜，下大决心、下大力气遏制城乡差距拉大趋势。[1]

第二节　美国农村公路投融资经验

一　公路建设历程及特点

美国国土面积 963 万平方公里，与我国相当，所处纬度也与我国非常相近，美国拥有当今世界上规模最大、功能最完善的公路网。截至 2001 年底，公路总里程达到 635 万公里，其中高速公路 9 万公里。实践证明，其庞大的公路网系统为美国的经济发展、居民工作生活质量提高和国防安全起到了巨大的基础支撑作用。美国联邦运输部的权威研究结果表明，作为公路网主骨架的州际和国防公路系统在其建设和投入使用的 40 年间（1956—1996 年），建设和养护经费总投入为 3290 亿美元（1996 年价格，下同），为美国创造的总经济效益接近 2 万亿美元，相对于每一美元的建设和养护投入带来了超过 6 美元的经济效益；同时也带来了良好的社会效益，主要表现为增加就业机会、扩大居民生活空间，便利公民的自由迁移等等。分析美国的公路建设历史可以发现两个非常鲜明的特征，一是公路建设经历了一个明显的高速、持续发展阶段，二是在集中快速发展阶段，公路建设资金的投入水平明显提高。由于国情不同，我国与美国在公路建设资金投入和新增公路里程等绝对数值上不能直接相比，但美国公路建设

---

[1]　郑新立：《韩国新村运动启示录》，《人民论坛》2006 年第 2 期。

历程对我国具有很强的借鉴意义。①

早在 18 世纪，亚当·斯密就在《国富论》中指出："一切改良中，以交通改良为最有效。"世界各国的经济发展经验也都证明了完善的交通网络对促进经济发展是至关重要的。美国是世界上较早建成全国性公路网的国家，其中 9.1 万公里高速公路连接了全国所有 5 万人口以上的城镇，形成了以州际为核心的横贯东西、纵贯南北的高速公路主骨架，占世界高速公路总里程的 1/3。美国公路的快速发展正是得益于其完善的公路税收体系。然而，近年来随着美国公路支出的不断增加，为了更好满足公路的发展需求，美国在公路税收领域发生了许多重要变革。因此，研究美国公路投融资经验，对我国农村公路投融资改革具有极大的借鉴意义。

二 公路成本补偿机制

公路设施的快速发展离不开巨额的资金需求，公路成本补偿成为当前我国公路发展亟待解决的重要问题之一。而作为世界上公路网络最发达、公路税收体系最为完善的美国也面临同样的公路筹资难题。为了应对这一难题，美国近年来在公路税收领域进行许多重要变革。系统研究美国公路成本补偿资金的来源、结构及发展趋势，无疑会对我国未来公路成本补偿机制的设计和发展具有重大的现实意义。②

（一）美国公路成本补偿资金的现状

美国公路网络的发展得益于完善的公路融资体制和融资立法，自1956 年公路融资改革以来，政府先后出台了许多相关法案，通过运用法律手段对公路资金的筹集、分配和使用进行较为规范的管理，包括公路资金的来源、税种的选择和税率的大小、各投资主体的责任划分和具体出资比例，都通过立法的形式做出规定。

长久以来，美国公路融资一直秉承着"使用者付费"原则，公路项目的资金主要来源于使用者税。一方面依据"使用者付费"的原则，通过由车辆使用者承担道路成本而达到为公路建设融资的目的；另一方面引导使用者的消费行为，通过设置和调整税目、税率来促使消费者对各种资源的合理使用，达到保护环境与节能减排的目的。

美国公路使用者税的设计主要是针对车辆的购买、拥有及使用三个阶

---

① 岑晏青、周伟：《我国公路建设任重道远——美国公路发展历程给我们的启示》，《交通世界》2003 年第 4 期。

② 申燕：《美国公路税收的发展趋势和对我国的启示》，《改革与战略》2010 年第 3 期。

段进行征收，主要包括来自机动车燃油税、车辆购置税、轮胎税以及初期设置的润滑油税等。购车阶段，车主要办理各种手续以获得合法拥有权时所必须支付的税费，主要包括对货车、拖车、公共车辆以及摩托车征收的购置税；保有阶段，车主只要拥有汽车，无论是否使用，都必须按月或年交纳一定的费用，如重型车辆使用税；使用阶段，包括汽油、柴油、润滑油、汽车轮胎及配件材料与易耗品的消费税、重量里程税等。①

美国公路采用的是公路建设专项基金制，联邦信托基金由美国中央政府征收和管理，主要用于州际公路系统和主干道路建设养护的公路专项资金（从 1983 年起信托基金的 12% 左右会用于公共交通），其资金来源主要以消费税为主，其中燃油税所占比重较大。以 1957 年为例，征收燃油税获得的收入占全部的 89.4%。到了 20 世纪 70 年代末 80 年代初，美国公路资金严重不足，燃油税比例在 1980 年下降到了 57.8%。美国政府为了解决资金压力，于 1982 年通过了《路上运输资助法》和 1984 年的《亏损减免法》，两部法律提高了燃油税率，将汽油、柴油税的税率由原来的 4 美分/加仑，提高到 15 美分/加仑，很快燃油税比例在 1985 年上升到 76%，此后一直呈增长趋势，截至 2005 年年底，燃油税已经占到了该基金的 86.1%。除去燃油税以外，货车、公车及拖车购置税位居第二，以 2005 年计算，比例占 9.1%，其他的超重货车使用税以及轮胎税分别占 3.3% 和 1.5%。

在美国州级收入中，资金主要采取以下三种方式筹集，即道路使用者收入、州级普通税收以及发行公路债券。其中由道路使用者交纳的收入占较大比重，以 2005 年为例，以燃油税和车辆税为主的使用税占到了公路资金总额的 40.85%（燃油税占 25.78%，车辆税占 15.07%），由直接道路使用者交纳的道路使用费占 5.28%，二者合计占资金总额的 46.13%。其次是发行公路债券筹集资金。美国公路债券主要由州政府或州政府批准的单位针对具体公路建设项目发行，2005 年州级新发行和已发行债券约为 211 亿美元，成为继使用者收入之后的第二大资金来源。第三类为州政府的一般性税收，包括财产税在内的一般性税收，其比例占 8.78%。此外，州级公路资金还包括来自联邦政府的信托基金拨款和联邦政府其他资

① 美国的公路税种后经 1982 年的《陆上运输资助法》进行了调节，规定联邦政府不再征收汽车内胎税、润滑油税及卡车配件税。

金以及地方政府上交资金，三者占全部收入的27.4%。

与联邦和州政府不同，在美国地方政府的公路资金中，来源于财产税、特别评估税和其他税收的地方性普通税收所占份额较大，约为地方公路资金总量的57.73%；其次为联邦政府和州政府的公路拨款，其中以州政府的公路使用者税收拨款为主，约为总额的20.1%，地方政府获得的联邦拨款较少，只占1.48%；在地方政府获得的公路资金中，发行债券所占比例也是主要来源之一，大约为10.69%。地方政府的公路资金与州公路资金相比，道路使用者的收入所占比例较少，仅为5.92%，其中燃油税和车辆税仅占3.65%，通行费收入为2.27%，二者的数量和比例较为接近。

（二）美国公路成本补偿资金的结构变化分析

在过去几十年中，美国的公路成本补偿机制也在悄然发生变化，如图4－1所示。具体表现为：燃油税和车辆税为主的使用者税收入尽管从绝对值上看是呈持续增长的发展趋势，但是该收入在公路资金中所占的比例却正在逐年降低。1960年，燃油税与车辆税是美国公路的主要收入来源，约占美国当年公路资金总收入的68.24%，此后比例呈逐年下降趋势，到2006年，这一比例已经降到了53.11%。与此同时，通行费收入的比例却在逐年上升，从1960年的4.6%上升到2009年的5.03%，包括财产税在内的一般性税收收入也在逐年增加，比例由1960年的17.05%上升为2009年的27.6%。

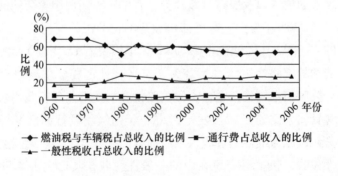

图4－1 美国成本补偿资金结构分析

这种成本补偿资金结构的变化意味着，政府的公路融资开始偏离了"使用者付费"原则。政府采用一般性税收来弥补资金缺口，这种情况在州和地方政府更为多见，其中消费税是增长最快的，此外还包括车辆登记税、工薪税和不动产售出税等税收。以加利福尼亚为例，18 个县的选民（大约占到该州总人口的 80%）投票通过采用提高消费税方式为改善县市的交通设施融资，这一措施大概可以筹集 20 亿美元用于新公路的建设、公共交通及现有交通设施的养护。造成美国公路成本补偿资金结构发生变化的原因，主要有以下四个方面：

1. 燃油税税基减少

主要表现在以下方面：（1）随着科技的发展，在美国，每加仑汽油行驶里程已经由 20 世纪 70 年代的大约 10 哩上升到现在的大约 16.7 哩。尽管每辆车的年均行驶里程由 1970 年的 1 万哩增加到 2005 年的 1.24 万哩，增加了 24%，但是，每辆车消耗的汽油量却从 1970 年的 830 加仑减少到 2005 年的 743 加仑，降低了 10.5%。如此一来，在燃油税率不变情况下，现在的每辆车每年所缴纳的燃油税只相当于 1970 年的 89.5%。据美国交通运输研究会估计，到 2025 年，每辆车年均汽油消费量会降低 20% 左右，如此一来，如果燃油税税率保持不变的话，燃油税收入的降低是毋庸置疑的。（2）美国大多数州燃油税是从量征收的，而不是从价征收，因此，当燃油价格明显上升的时候，税收收入并没有增加，反而由于较高的油价促使车主节约燃油。与 1960 年每辆车年消费汽油 783.7 加仑相比，2005 年的年均消费量降为 742.5 加仑，减少了 5 个百分点，每辆车年均燃油消费量的降低意味着每辆车的税负降低，税收收入也因此而减少。据美国公路局统计，2000 年，美国公路信托基金结余近 222 亿美元，此后几年持续降低，2006 年结余减到 97 亿美元。据美国国会预算办公室估计，2009 年公路信托基金将出现 17 亿美元的缺口。（3）技术进步还表现在非燃油车辆的使用，持续走高的油价不仅使汽车使用者开始考虑油耗低的汽车，而且催生了诸如电动汽车、混合动力电动汽车和燃料电池汽车的问世。目前，美国尚未开始对此类车辆征收相关税收，这无疑也是导致燃油税的税基减少的一个重要原因，而且随着科技的进步，会有越来越多的新型燃料和车型问世。

2. 燃油税税率过低

以汽油税为例，美国目前的联邦汽油税为每加仑汽油 18.4 美分，这一税率自 1997 年 10 月 1 日生效以来，10 年的时间都没有变化过。各州汽油税率的变化则因州而异，但大部分州的税率仍然保持在 20 世纪 90 年代的水平，甚至更早。如阿拉斯加州的汽油税率自 1970 年 7 月 1 日生效之后直到现在仍为每加仑 8 美分，截至 2009 年 10 月，美国平均州汽油税率为每加仑 21.42 美分。美国燃油税税率的增长远低于消费物价指数的增长，按照美国消费物价的增长情况来讲，燃油税税率过低也是导致使用者税收降低的重要原因之一。

3. 公路的建设成本和养护成本增加

美国燃油税率虽然没有增长，但是修建公路的成本却在飙升。美国工程新闻记录建筑成本指数对美国 20 个城市交通设施建造原料的价格分析发现，包括劳力、钢材和水泥在内的原材料在 1957—2002 年，成本指数上升了 817%，也就是说现在修建一条公路费用的增长速度远高于使用者税的增长。同时增长的还有公路养护成本，美国的公路网络主要完成于 20 世纪 50 年代，随着时间的推移，许多公路进入大修、扩建甚至重建阶段。此外，近 10 年间，车辆不断增加，据统计，1990—2005 年，美国人在高速公路上的行驶总里程数增加了 94%，公路所承载的货运量及客运量在不断上升，而同期新建高速公路长度却只增加了 3.3%，公路的使用频率增加，磨损随之增加，养护成本自然不断上升，以使用者税为主的公路资金已远远满足不了公路发展的需求。使用者税收收入的停滞不前与公路成本的强劲走高，使得美国公路资金供给变得紧张起来。据悉，美国公路交通网络维修保养基金，2015 年以前至少有 5000 亿美元的缺口需要弥补。正是在这种巨大的资金需求压力下，美国地方政府逐渐加大了非使用者税收，诸如财产税、消费税以及工薪税等一般性税收来为公路建设埋单。采用一般性税收来为公路融资，一直都存在着较大的争议。争议首先在于公平问题，由非使用者来承担使用者的成本本身就违背了"使用者付费"的公平原则；其次一般性税收不具有稳定性。一般来说，充当资金来源的一般性税收，尤其是消费税具有极大的不稳定性。在经济繁荣时，该类税收增加较快，一旦经济萧条，该税收则会急剧下降，无法保证合理、稳定的公路资金收入。

4. 公路运营的私人介入

20 世纪中期开始，美国的公路多为免费公路，即由政府的税收为其主要的资金来源。进入后期由于美国州际公路系统都先后进入大修期，甚至有些不适应新增交通量的路段还需要重建，因此，出于吸引资金，同时希望通过私人企业的示范作用提高公路使用管理效率，美国政府推出鼓励私人投资公路的政策，使得许多公路由免费通行改为付费使用。

（三）美国未来公路成本补偿机制的发展趋势

这种成本补偿结构的转变在某种程度上促使了美国理论与实务部门对于公路成本补偿资金进行思考，同时针对公路成本补偿机制的效率与公平问题，相关各界进行了大量的研究。美国以这些研究成果为基础，提出了建立以机动车重量里程税为导向，包括燃油税、其他道路使用税及通行费在内的公路成本补偿体系。

从立法来看，美国1987年颁布的《陆地交通和联合自主援助法案》、《多式陆地交通效率法案》以及随后的《21世纪交通公平法案》等联邦法律改变了对收费公路的有关条款，提出发展和建设收费公路，同时宣布各州可以自行制定道路交通收费法规，允许州公路网络在告知公众的前提下，收取道路交通费用。此外，美国联邦和各州政府酝酿的《全国公路通行费联营规划》即将出台，原本实施的机动车汽油和柴油税收制度将被机动车重量里程税替代。机动车重量里程税是依据车辆的重量和车辆行驶里程数，由车辆所有人缴纳的一种特定的公路税。目前，俄勒冈、纽约、肯塔基、新墨西哥等部分州已开征了重量里程税。以俄勒冈州为例，该州按照重量的差异，分别征收燃油税与重量里程税。注册重量在2.6万磅以下的车辆交纳燃油税，重量超过2.6万磅的车辆采用重量里程税代替燃油税，注册重量在2.6万磅和8万磅（约合36.3吨）间的车辆，根据其注册重量决定税率，而大于8万磅的车辆，其税率的设置取决于重量和车辆轴数。相同重量车辆，轴数越多，税率越低；轴数相同的车辆，重量越大，税率越高。其原因在于重量相同的情况下，车轴数越多，对路面的破坏越少，所以，对于一些重量级别较高的车辆，也可能税率低于重量较轻车轴数少的车辆的税率。如9轴9.8万—10万磅类型车辆的税率甚至低于5轴8万—8.2万磅类型的车辆。这种公路税有效地将公路成本与其使用联系在一起，保证以一种公平合理的方式征收公路的成本资金。此外，由于重量里程税考虑到了重量与轴数对公路的影响，从而有效调节使用者对于车辆的选择，以征税的方式实现对重型车辆破坏能力进行的调节。

同时，出于引进私人竞争与解决资金缺口的需要，收费公路逐渐增多。美国交通部依据法律提出了"谁出资多，谁获益多"的融资原则，投资商可以根据协议对项目进行投资，从而在相当长时期内享有该项目竣工后的主管经营权，投资成本从车辆通行费中收取。例如，2005年，美国芝加哥市政府给在一条高速公路建设项目中出资18亿美元的某公司长达99年的高速公路收费权；印第安纳州政府于2006年给为一条高速公路开发投资38亿美元的某公司75年的公路通行收费权；某集团斥资60亿美元，参与建设达拉斯到圣安东尼奥的高速公路，因此获得50年的收费权；2006年，加利福尼亚州交通部与一家私人企业就南海湾高速公路的修建与运营签订了长达45年的特许经营合同。虽然美国公路收费的里程数相对较少，但是不可否认，收费制度已经成为美国公路建设中的一种重要方式。尤其随着政府与私人公司合作的加深以及高科技收费技术的应用，公路收费制度在美国的发展空间更为广阔。

三 美国农村公路投融资机制

（一）形成以政府为主导、社会多方参与的农村建设资金渠道

美国基本形成了由政府、企业和社会团体多元参与并共同生产和提供产品的农村公共品供给体系。在美国，农村水利灌溉和防洪设施、农村道路桥梁和河道、农村垃圾收集和处理设施、农村下水排污设施、农村贫困人口救济、农业科研和技术推广、农村教育培训、农村社会治安等都属于农村公共产品。对于农村公共基础设施，凡规模大由联邦政府和州政府投资兴建，联邦政府向农业地区提供或资助地方发展交通运输、供电和通信事业，资助兴建和维修水利设施，大型灌溉设施都是由联邦政府和州政府投资兴建的，规模居中的由地方政府投资兴建，建成后都交由公共服务部门管理，规模小的由农场主个人或联合投资兴建并在政府的依法监督下进行经营管理，如小型灌溉设施规模最小的如公墓维护和路灯提供等则由基层地方政府乡镇委员会负责。对于农村公共服务事业，如低收入农户、妇女和儿童等特定人群所需要的食品救助、营养补贴等，除联邦政府农业部食品和营养局负责执行联邦和州的援助计划外，各地慈善机构也参与免费提供农业科研、教育培训和技术推广，所需经费由联邦政府、州政府和县政府按一定比例共同提供，少部分由个人捐助，具体实施则由有关院校、科研机构、专业技术服务机构和民间协会在各级政府职能部门协调下负责，不向农民收费。农村社区所需要的社会治安维护、火灾保护和救护服务由基层地方政府提供，而农场主、批发商、经销商所需要的技术和市场信息可以从政府农业主管部门信息系统免费获得，他们所需要的贷款和保险等，可以以较优惠条件从政府兴办的专门信贷机构或各种合作社及私营

机构获得，当然这些合作社、信贷和保险机构都得到政府的资助、担保或补贴。

（二）财政补贴和税收优惠是政府供给的主要形式

2000 年美国 GDP 达到 99634.67 亿美元，其中农业为 1594.15 亿美元，第一产业约占 1.6%。美国 2000 年对农业的总体投资达到 900.51 亿美元，占农业 GDP 的 54.69%。由于美国的农业人口占全部人口的比例不到 2%，如果平均到每个农业人口，数量是非常高的。而且这种支持和投资力度一般都比较稳定，投资数量、投资方向都由各时期的农业法规定，政府农业部只能在法律规定的范围内执行政策，因此，美国对农业的投资一般不会出现大的波动，而且由于很多项目都是连续几年实施，对各项目的投资既持续又稳定。

美国政府分为联邦、州和地方三级。虽然美国州和地方有独立的财政预算权，但在农业投资上，联邦政府占主导地位。美国几乎所有的补贴，以及大量的跨地域、跨流域的农业基本建设工程和环保项目都由联邦政府承担。政府通过财政补贴和投资，支持农业基础设施建设和农业现代化所需的农业科研、教育与推广体系，美国大中型农村基础设施都由联邦政府和州政府联合兴建，改善劳动者教育、提高生产效率的农业教育科研等全国性农村公共服务也由政府财政出资支持。同时还采取了比较灵活的税收优惠，通过政府的减免税，减少了农村的资本流出。[1]

第三节　日本农村公路投融资经验

一　日本财政投融资经验

日本第二次大战后从一个战败国转变为世界第二经济大国，令世人瞩目。其中，特别值得注意的是，政府投融资在日本经济从统制经济体制转换到市场经济体制与国民经济恢复和崛起的过程中发挥了极其重要的作用，在世界经济发展史中为财政投融资写下了成功的一页。在建立和健全中国农村公路财政投融资体系进程中，借鉴国外投融资运作的成功经验，吸取其教训，从而对我们今天致力于中国财政投融资的研究，推进中国财

---

[1] 毛燕玲：《非营利性农村基础设施融资机制研究》，博士学位论文，南昌大学，2008 年。

政投融资的健康发展，是大有益处的。①

（一）发展历程：不同时期的运作

第二次世界大战以后，日本国内经济的发展大致经历了战后恢复、高速成长和稳定发展三个时期，各个时期的经济运行基本状况、宏观经济管理模式和产业政策目标等各不相同，财政投融资的实施目标与运作内容不同，从而财政投融资对购买经济运行影响的广度和深度也就有所差异。

1. 经济恢复时期的财政投融资

第二次世界大战结束以后的日本经济面临着恢复元气与重建的艰巨任务，直到20世纪50年代中期才完成恢复和重建任务。一般将1945—1955年视为战后日本经济的恢复时期。这一时期又分为两个发展阶段：第一阶段（1945—1950年），以推行"倾斜生产方式"与实施统制经济体制为突出标志；第二阶段（1951—1955年），以推进产业结构合理化与向市场经济体制转化为主要内容。每个阶段的财政政策、产业政策以及宏观经济管理的基本特征，也必然体现在财政投融资运作上。

（1）统制经济时期的财政投融资。为尽快结束战后日本社会经济生活严重的混乱状况与日益恶化的经济局势，日本政府实行经济统制，同时，将"倾斜生产方式"作为恢复和重建日本经济的新政策，即政府将有限的资金和物资集中投入煤炭和钢铁生产部门，然后以这两个部门为杠杆来推动整个工业的回升。日本政府把对投融资的统制作为实施"倾斜生产方式"的基本条件，统制投资体制就成为战后初期日本政府经济统制体制的主要内容。

（2）产业合理化与向市场经济体制转化时期。虽然统制经济体制与"倾斜生产方式"的实施，在较大程度上促进了日本经济的恢复与重建。但是，政府对重点产业部门的过度保护，直接阻碍了企业劳动生产率、经济效益和国际竞争能力的提高。同时，用于支付财政补贴和贷款的大量发放，直接导致物价暴涨。严重通胀使经济形势又趋于恶化，迫使政府不得不对统制经济体制与"倾斜生产方式"重新予以评估，着手推行产业合理化，并向市场经济体制转化。

日本政府在投融资方面采取许多重要措施，其中最重要的是"租税特别措施"、"财政投资贷款"和"集中投资方式"等，以增强重点产业

---

① 戴天柱：《中国财政投融资研究》，经济管理出版社2001年版。

部门和企业自身积累能力，实现产业结构的合理化。

为了推进产业结构合理化，财政投融资运作以资金运用部的资金为主要资金来源，根据政府财政部门编制的财政投融资计划，通过政策性金融机构发放贷款，不断扩大产业合理化的投资规模。从 1949 年 6 月起，日本政府相继成立了几个重要的政策性金融机构，包括国民金融金库（1959 年 6 月）、日本出口银行（1950 年 2 月建立，1952 年改称为日本进出口银行）、住宅金融金库（1953 年 8 月）、农林渔业金融金库（1953 年 4 月）、中小企业金融金库（1953 年 8 月）。这些政策性金融机构的运作资金大约有 80% 来自政府的资金运作部，其资金投放严格按照各年度由政府制定、国会通过的财政投融资计划进行。因而，财政投融资直接体现着政府的产业合理化投资意向，在整个产业合理化投资中发挥重要作用。

为充分发挥其有效功能，财政投融资机构进一步细化了投资对象，变为在倾斜重点产业的基础上选择重点企业的"集中投资方式"，从而改变了过去只要是政府指定的重点产业部门，不论企业经营状况和获利能力，均可得到政府的投资优惠。在"集中投资方式"下，对政府指定的重点产业部门，着重选择那些生产要素组合较佳、劳动生产率较高、产品质量和经济效益上乘的优秀大企业，集中优先配给资源，享受较多的优惠待遇。

2. 高速成长时期的财政投融资

自 20 世纪 50 年代中期，日本经济已全面恢复并超过战前和战时最高水平，届时，历经 10 年的经济恢复时期宣告结束，随之展开了历时 20 年的以重化学工业为中心的经济高速成长时期。

（1）高速成长前半期的财政投融资（1956—1964 年）。自 20 世纪 50 年代中期开始，日本政府全力实施以重化学工业化和高速成长为主要内容的经济政策，并相继制定了许多推进该政策目标的经济计划。

在此背景下，财政投融资与政府公共投资支出的不断扩大，增加对重点产业部门和社会基础设施的投资。1955—1965 年，财政投融资规模由 2980 亿日元扩大到 17760 亿日元，所占中央财政一般会计支出比重也由 29.3% 提高至 47.7%，其他重点产业部门和社会基础设施的投资部分则由 2140 亿日元增加到 10860 亿日元。而增长最快的道路建设和运输通信投资更是分别增长为 10.6 倍和 6.1 倍。①

此外, 日本政府还加强公共财政预算的社会基础设施投资。1955—1965 年, 中央财政对社会基础设施投资从 1840.7 亿日元猛增到 11360 亿日元, 至 1965 年, 资本性支出占中央财政支出比重已提高到 52.4%。②

(2) 高速成长后半期的财政投融资 (1965—1973 年)。随着市场逐步趋于成熟和经济实力的增强, 日本从 1965 年开始兴起了一个外贸、外汇和国际资本流动自由化高潮, 从而推动日本经济由封闭体制向开放体制的迅速过渡, 并加快了日本对外贸易和资本流动。

在 "官民协调体制下", 财政投融资的运作方式主要是: (1) 先通过产业结构审议会或官民协调恳谈会, 制订有关改善产业结构的具体计划, 如有关企业合并与共同行动的大型投资计划, 在实施计划过程中以贯彻政府的政策意图与争取产业和企业界的配合并重。(2) 通过日本开发银行等政策性金融机构为实施该类计划提供政策性优惠贷款, 并动员和诱导民间金融机构进行优先贷款。(3) 在税收、技术、资金和设备引进等方面予以照顾, 以保证投资计划的顺利实施。(4) 充分发挥开发银行作用, 随着官民协调投资计划的增多及规模扩大, 开发银行贷款规模亦急剧扩大。

3. 稳定增长时期的财政投融资

从 20 世纪 50 年代中期起步的以重化工业为中心的经济高速成长, 使日本在世界经济中的地位迅速上升, 但在这一高速成长的过程中也存在着一些隐患, 如结构失衡, 国内需求严重不足, 对外贸易依存度过大等。始于 1973 年底的 "石油危机", 导致上述潜在矛盾的全面激化, 给战后高速成长的经济带来严重的冲击。至此, 近 20 年的高速成长时期宣告结束, 日本经济随之步入低速发展和结构转换为主要特征的稳定增长时期。

4. 低速增长阶段的财政投融资 (1974—1984 年)

从 1973 年 12 月到 1975 年 2 月, 日本陷入一场战后空前严重的经济危机, 企业倒闭, 经济萧条, 通货膨胀居高不下, 贸易赤字严重, 使日本经济大伤元气。1975 年 3 月起, 日本经济开始走出谷底, 但在之后的相当一段时间内, 还一直处于停滞不前和低速增长的状态。1961—1970 年日

---

① [日] 小宫隆太郎:《日本的产业政策》, 国际文化出版公司 1988 年版, 第 136 页。

② 同上书, 第 126 页。

本经济的实际增长率年均高达 11.1%，而 1974—1984 年下降为 3.8%。①

面对该时期恶劣的宏观经济形势，日本政府经济政策以反萧条为主要对策内容，其核心是实行扩张性财政政策和货币政策，扩大社会有效需求，刺激经济回升。在 1973—1975 年危机时期，日本政府主要采取降低官方贴现率、增加住宅建设投资和促进住宅建设、提前使用 1975 年预算中公共事业投资等手段刺激需求。1975 年以后，日本政府又积极采取一系列中长期反萧条对策：

（1）制定《特定萧条产业安定临时措施法》，对铝冶金、纤维等 14 个产业部门提供财政补贴、减免税优待和低息贷款，引导其调整投资方向，改善产品结构，促使结构性萧条部门的转产、减产和停产。

（2）提高投资效率，实现整个国民经济的效率化。为此，政府采取减免税收、增拨优惠贷款等一系列政策措施。

（3）各类技术开发投资，优先发展知识密集型产业，以各种税收优待、补助补贴、优惠贷款等措施来实施。

5. 结构转换阶段的财政投融资（1985—1990 年）

20 世纪 80 年代以后，日本经济对外贸易不断增加，"出口主导型"结构日趋明显，以美国为首的西方诸国对日贸易逆差越来越大，欧美国家要求日元升值的呼声日益增大，从 1985 年 9 月西方五国财长会议以后，不到半年时间日元即升值 40% 左右。一举突破 1 美元兑换 176 日元的战后纪录。接着在 1986 年 5 月西方七国首脑会议上，再次作出日元继续升值的决定，导致日元汇率扶摇直上，至 1987 年 4 月已突破 1 美元兑换 130 日元的大关。日元的急剧升值，使日本出口竞争能力大为降低，出口量猛然缩减，造成企业收益大幅下滑，生产明显萎缩，失业增加。1986 年日本经济实际增长率下降 2.5%。

1980 年代中期以后，日本政府实行以扩大内需为主的经济结构调整政策，为实现政策目标，财政和金融政策都采取相应的具体措施：

（1）调整财政政策，扩大公共事业投资。20 世纪 80 年代以来，日本政府提出了"重建财政"的口号，试图通过实施紧缩性财政政策，减轻其过重的赤字和国债负担。到 80 年代中期，为配合扩大内需为主的经济结构调整政策的实施，日本政府又不得不推迟重建财政计划的实施，放松

---

① ［日］矢野恒泰纪念会：《日本 100 年》，第 355 页。

财政紧缩政策，扩大公共事业投资，以扩大内需。1990 年 6 月日本政府编制了《公共投资计划 1991—2000 年》，计划 10 年内将公共投资总额由过去 10 年（1981—1990 年）的 263 万亿日元增加到 430 万亿日元，再加上日本电信电话公司和日本铁路公司投资额 25 万亿日元，总计达到 455 万亿日元，是过去 10 年的 1.73 倍。

（2）通过降低利率、减免税收和放松限制等调节措施，鼓励民间企业扩大国内融资。

（3）推进金融自由化，活跃金融市场，拓宽企业投资的融资渠道，鼓励外国资本对日投资，扩大财政投融资规模，进一步发挥政策性金融机构诱导和调节产业投资规模和结构的作用。[①]

（二）日本近期财政投融资运作状况

从财政投融资发展历程来看，不同时期，财政投融资运作重点是不同的：早期注重于刺激民间投资，促进和刺激经济发展；高速增长时期，着重对基础产业和基础设施的倾斜，优化产业结构，为日本经济持续高速增长奠定了良好的基础。近年来面对日本经济社会出现新问题，诸如日益严重的公害造成的生活环境恶化、城市和农村差距等，日本政府着手解决发展中的不均衡问题，公共投资的重点逐步由产业基础设施领域转向对生活环境的改善，中小企业投资，住宅、道路、通信、地区开发等方面，以谋求增加社会设施、提高国民生活的社会福利。

日本财政投融资的制度发展至今，运作规模滚雪球似地增长。与一般会计（日本中央预算）比较，财政投融资规模在 20 世纪 50 年代后期占一般会计的 30% 左右，1972—1973 年占 50%，以后一直保持在 40% 左右。1994 年和 1995 年，财政投融资总额分别为 47.9 兆日元和 48.2 兆日元，分别占当年国民生产总值的 10% 和 9.7%。由于日本政府投融资实力雄厚，财政投融资成为政府对经济运行进行宏观调控的重要手段，刺激或抑制社会总需求。因此，财政投融资在日本战后经济增长和经济体制转轨以及宏观经济调控中都起着十分重要的作用。

（三）日本财政投融资制度

财政投融资在日本的社会经济发展和宏观经济运行中有着其他政策手段无法替代的地位，逐步形成了自身特征：一是对民间资本的补充性。二

[①] 杨书臣：《日本的投资管理》，经济管理出版社 1992 年版，第 245—247 页。

是财政投融资的有偿性和公共性并举。一方面，财政投融资在其运作过程中，相当一部分资金投向交通运输、邮电通信、能源供给等社会基础设施，被称为"公共金融"；另一方面，不仅在融资方式上采取有偿手段，而且由于资金来源的特殊性，在投资资金的使用上有着各种制约，必须考虑资金的偿还。用于财政投融资的运作具有公共性和有偿性的双重特性，只追求投资收益是不适宜的，因此，要从社会经济发展和提高国民福利待遇出发，协调和兼顾两者关系。三是财政投融资具有色彩浓厚的政策性。四是财政投融资与公共预算相比较，富有弹性和灵活性，可成为财政政策的重要调节工具。

日本财政投融资计划大致由"财政投融资资金计划"、"财政投融资原资推算"以及"财政投融资的用途分类"三大部分构成。资金计划按其资金来源性质，大体分为财政资金与公募债、介入款；或按投放对象和运作机构的性质，分为特别会计、公社、公库、公团、地方观光团、特别公司等。原资推算和用途分类是用来说明主要资金来源和资金运用用途分类详细情况（用"一揽子"明细表说明）。

日本财政投融资的运作构架是由资金筹集、资金管理和资金运用三大基本部分构成。其中，资金来源和资金运用又由众多运作机构组成，其组成结构如下：

1. 资金来源

主要有资金运用部资金、简保资金、产业特别会计、政府保证债券、政府担保借款。其中，资金运用部资金和简易保险金是由政府信用活动吸收的资金，属于财政资金，是财政投融资运作资金的主体部分。而产业投资特别会计和政府担保债券及借款则是由政府担保从民间吸收的资金。在"四大来源"中，资金运用部资金所占比重最大，并为政府的资金集中之处，有专门使用方向。在资金运用部资金中，邮政储蓄和厚生年金所占比重最大。1995 年，财政投融资资金总额481901 亿日元，其中，资金运作部资金 366925 亿日元，占 76.14%；简易保险资金 81820 亿日元，占 16.98%；产业特别会计 656 亿日元，占 0.14%，融通于民间资金的政府保证债券和政府借款32500 亿日元，占 6.74%。

2. 资金运用

财政投融资所筹集的资金，主要用于基础产业的调整和合理化、贸易振兴、中小企业、农林渔业、住宅建设、社会基础设施等，在不同时期，都有各不相同的侧重面，对国民经济活动产生重要影响。

资金运用形式上有直接投资和政策性贷款两种，产业投资会计无须偿还，适用于投资和贷款，但主要用于投资。其他资金来源均需到期还本付息，属于有偿使用资金，所以，仅限于政策性贷款，并且要求贷款对象具有确定的收益，能保证按时偿还等条件。日本财政投融资资金45%—50%用于对公共企业、国有事业、公团等的直接资金供给，形成政府资本，其余资金提供给政策性金融机构，成为政策性金融机构的重要资金来源，促使政策性金融机构从社会目标出发，向那些由于投资回收期长、风险大、收益低而民间资本不愿进入但具有明显社会效益的投资项目或领域给予政策上的资金扶持。

二 日本农村公路投融资经验

总结日本农村公路投融资经验，主要有以下几个方面：

（一）形成了以政府投入为主导的多元化农村公共品资金渠道

根据基础设施建设项目的规模等级，在中央和地方甚至农户之间按比例共同筹集建设资金，大型农业工程建设直接由政府负责投资，产权属国家，其建设投资主要由国库负担90%左右，其次由该地区的都道府县和土地改良区负担。部分范围内的大型工程建设由都道府县负担，或者国库补助和土地改良区负担，产权属都道府县。小型农业工程建设由农民及农村合作组织负责投资，但政府要提供补贴，补贴占全部费用的比率大约在80%，有些甚至可达90%（中央财政补贴50%左右，都道府县财政和市町村财政分别补贴25%和15%）。对于项目建成后的管理日本也有相应规定。那些重要的技术性要求高的工程由国家管理，运行管理费由国库负担，其他的仅为形式上的管理；都道府县工程由都道府县管理，运行管理费由都道府县负担。

（二）中央政府在农村公路基础设施建设投入中发挥主导作用

在日本，政府特别重视基础设施所发挥的作用，农业基本建设、农村生活条件的改善、农村的文化建设与振兴、农村科普教育和对农村妇女的生活指导等属于农村公共服务领域的工作，由中央政府职能部门负责。20世纪70年代以后，日本在城市化中后期注意到农业、农村发展问题，加大了对农村基础设施的投入。日本中央政府投入大量资金用于农业生产基础设施整治、农村生活环境整治以及农村地区的保护与管理等农业基础设施的改善。

日本对农村投资的方式及渠道较多，中央政府主要是对建设项目进行财政拨款及贷款，地方政府除财政拨款外，还可以发行地方债券，用于公共设施建设。日本政府对农村基本建设投入很大，2003 年，日本用于农业的预算为 23667 亿日元，约折合人民币 1690.5 亿元，比我国 2001 年农业预算 1457 亿元高 16%。而当年日本耕地面积为 476 万公顷，农户 298 万户，若预算折摊到耕地和农户，则每亩达 2368 元，每户达 56728 元。其资金的投入特点有：投资增速快，规模大；投资重点突出，结构合理；突出政府的主导作用，又注重投资主体的多元化。

由于日本是实行地方自治的国家，政府机构分中央和地方政府，它们之间没有上下级关系，因此，中央政府为履行职责，除了依靠职能部门的附属机构（相当于我国的部属事业单位）和引导各地方政府相同职能部门开展工作外，中央政府主要依靠百分之百农民都加入、百分之百农村都建有的农协的工作，支持、指导和监督日本农协在农村提供综合服务。

（三）农协在农村公路基础设施建设融资方面发挥的重要作用

按照日本有关法律规定，日本农协的业务范围极为广泛，除了经济业务如与农产品生产、加工、储藏、销售有关的一般经济业务，以及合作保险和合作金融等特殊经济业务外，还承担大量的少营利和非营利业务，如组织农业生产技术指导，组织农业水利设施和其他农协成员生产生活所必需的公用基础设施的兴建、运营和管理，兴办农村医疗、卫生、福利和其他以改善农村文化、生活环境为目的的专门公共设施，开展农村教育和文化活动，传播生理卫生知识和指导家政，通过自己的报刊和网络提供技术、生活和国内外市场信息方面的服务，等等。总之，凡是农民生活需要的，农协都提供服务和指导。而中央政府则从财政和税收政策上支持农协事业，如对农协实行少交或免交所得税、营业收益税和营业税的政策，对农协中央联合会的事业费和一些项目给予补贴，等等，目的在于使农协具有在全国农村开展实际服务工作的经济实力。

第四节　印度和法国农村公路投融资经验

一　印度的经验

同样是发展中国家的印度农村的道路基础设施全部由联邦政府投资。

为加大农村基础设施建设力度，印度政府决定在 100 个最落后的地区实施基础设施发展特别计划，修筑农村公路和建设农村通讯网、电力网，并在条件适合的地区发展计算机互联网设施，以便在增加粮食产量的同时促进农村各业的发展。

二　法国的经验

欧盟国家纵横交错、四通八达的高速公路网已经扩展到广大农村，村镇几乎都有高等级公路与高速公路相联结，交通设施的完善极大方便了农村的生产、生活。欧盟国家的农村发展水平较高，已经实现了城乡一体化和工农融合，这得益于欧盟国家对农村发展的重视。欧盟理事会 1999 年颁布了《关于欧盟农业指导与保证基金支持农村发展条例》，确立了农村发展政策的重要地位。该条例促使欧盟国家在农村公共产品供给上有所侧重，主要包括落后地区的基础设施建设、农业生产环境保护投入等。在欧盟国家，法国的经验比较有代表性。

法国在政治、经济、文化、社会生活等方面与中国有着极为相似的特征。早在 19 世纪初期，法国的资本主义生产方式就已经开始萌芽，但在接下来的半个世纪里，由于封建传统的影响极为深厚，法国经济社会发展十分缓慢。直到 19 世纪中叶以后，随着一系列经济社会变革，法国的传统农业、农村得以改造，并最终实现了由传统农村社会向现代社会的转型。[①]

（一）19 世纪中叶以前法国的农业、农村问题

1789 年的资产阶级革命虽然从形式上摧毁了法国的封建制度，资本主义生产方式登上法国的历史舞台，但在此后的半个多世纪，用于国内政局动荡，封闭性经济结构并未受到根本性冲击，法国农村社会转型十分缓慢，突出表现在以下几个方面：

1. 以小农生产方式为主

从土地占有形式看，当时法国农村的土地占有分为资产阶级、贵族和农民占有三种形式，其中，占总人数 89.4% 的农民只占土地总面积的32.6%。也就是说，农村人口的绝大多数属于小型土地占有，十分不利于农业的规模化经营。从农业经营方式来看，分为土地所有者直接经营、租

---

① 徐全红：《转型期"三农"公共财政政策》，社会科学文献出版社 2011 年版，第 120—124 页。

佃制和收益分成三种方式，其中占主体地位的是第一种方式。农民的生产仍然局限于满足自身消费，不具有商品经济的性质。法国当时的农村经济属于典型的小农经济模式。

2. 农业生产经营规模小、商品化程度低

19世纪以前的法国农业具有典型的小农经济特征，注定其生产经营规模小、自然经济特征明显。与法国人喜爱面包和葡萄酒的消费结构相对应，当时法国的农业生产以谷物和葡萄为主。其中以谷物为主的混作制使得法国传统农业生产结构变得异常封闭而且稳固，生产者根据自己家庭生活需要，在土地上混合种植以谷物为主的各种作物，使得进行商品化农业生产的冲动异常微弱。尽管葡萄的生产具有较强的商品性，但是由于葡萄的种植需要大量劳动力，因此特别适合小生产经营，在客观上限制了农业的社会化大生产发展。

3. 产权模糊的农村公社是法国传统农业社会的构成细胞

当时法国农村人口的绝大部分生活在这样一个与外部世界相对隔绝的农村公社里。农村公社有属于集体的土地、森林、牧场可供集体使用。此外，即使是公社成员个人所有的土地，由于在公社的范围之内，其使用过程也要受公社有关规定的约束，如在作物收割以后，必须把个人所有的土地向全体公社成员开放，允许集体放牧。这种具有模糊产权性质的公社的存在，一方面为贫苦农民提供了最基本的生存条件，另一方面也限制了富有者的发展，使得整个农村社会保持在一种低水平的平衡状态。

4. 思想观念传统而守旧

思想观念保守的农民，长期闭塞的农村公社生活加上落后的水陆交通条件，严重影响了法国农民社会交往范围的扩大，导致其思想观念和传统的守旧。以婚姻状况为例，在农村社会中，公社内部的通婚十分普遍。1811—1820年，法国有近1/3的婚姻双方的原居住地不超过1公里，很少有超过20公里的居民联姻。

总之，19世纪以前法国的农业和农村经济实际上陷入了一个怪圈：农业生产力落后—农业剩余有限—农业商品化滞后—农村封闭、农民保守—农业生产力更落后。显然，要打破这一循环，就必须在外力作用下突破这一怪圈的某个环节，并引起其他各环节的连锁反应，进而使整个经济步入良性发展的轨道。

（二）19 世纪中叶后法国农村的社会转型

19 世纪 50 年代以后，法国政局逐渐趋于稳定，各项建设事业全面发展。伴随着一系列经济和社会的变革，法国的传统农业、农村和农民得以改造，并最终在 20 世纪初完成了传统农村社会向现代社会的转型。主要表现在如下几个方面：

1. 交通运输业的突破性变革

变革的动力首先来自交通运输业的突破性变革，其中主要是铁路建设。第二帝国初期，在拿破仑"矫正地理"思想的指导下，法国采用财政补贴、垄断、保证贷款利息等多种方式鼓励铁路建设，促进各铁路公司竞相投资，铁路修筑进入高潮。1847 年，法国仅开通了 1830 公里铁路，1860 年则达到 9000 公里，1882 年跃升至 26327 公里，到 1910 年达到 64898 公里，其规模与结构和当今法国的铁路系统相差无几。交通运输业的发展对法国经济产生了强大的推动力，使得包括农业经济在内的各行各业都有了质的飞跃，经济循环圈各环节的正向连锁反应开始产生。

2. 乡村工业的衰落和新兴工业的兴起

法国乡村小工业在 19 世纪中叶依然大量存在，产业类型主要有纺织、冶炼、采石、砖瓦、制革、酿酒等，其劳动力主要来自农村的业余劳动力和季节性劳动力。随着交通设施的建设和蒸汽机的采用，法国的新兴工业开始对农村的乡村小工业形成冲击。1951 年法国大型企业的比例不足企业总数的 10%，到 1986 年，这一比例已经上升到 44%。

3. 国内和国际两个市场体系的完善

交通条件的改善带来的另一大成果是农产品流通费用的大大降低，进而促进了国内农产品市场的发展和统一，这是商品化农业发展的必备条件。随着铁路干线的延伸，一批新的商业和贸易中心开始形成。如建立在拉维莱特的牲畜贸易中心，1913 年全法国 43% 的大牲畜、47% 的水牛、34% 的羊和 56% 的猪都是在这里交易的；贝西则成为法国的酒类贸易中心。在国内市场逐渐统一的同时，法国政府积极开拓农产品国际市场。从第二帝国时期开始大幅度降低农产品关税，并最终放弃了保护关税制度。此后，美国、俄国、印度等国家的粮食大量流入法国市场，而法国的农产品出口比例也由 1830 年的 20% 上升到 1874 年的 40%。

4. 农业生产方式的变革

发端于交通设施的建设，引致一系列外部条件的改善，并最终引起法国农业生产方式本身的变革。主要表现在如下几个方面：一是越来越多的农业生产者从事商品化生产，这主要得益于农产品价格的上涨、便捷的交通、流通成本的降低和工业品的普及等。二是以大农场专门化生产为标志的资本主义农业经营方式的发展。到 19 世纪 60 年代，法国已有 15 万个资本主义农场，耕种着占全国 40% 的耕地。三是农业生产技术和生产工具的改进。休耕被施肥取代，收割机取代镰刀等。农业生产方式的变革极大促进了法国农业和农村经济的发展，进而为农村的转型和农民的转化奠定了坚实的基础。

5. 农村公社的瓦解

农村公社的存在是法国落后的农村社会得以长期维持的重要原因。1892 年，法国议会通过法令，经过农村公社农民的同意可以废止公共放牧权；1914 年取消了在收获后土地上拾穗权。与此同时，随着农业发展，原来集体所有的许多荒地也被蚕食或分掉。集体权益和公有地的丧失，使古老的农村公社失去了存在的经济基础，尽管后来也发生过个别无地少地的农民为维护公社权利而发动了局部骚乱，但农村公社的瓦解已经是不可阻挡的历史潮流。

6. 传统农民向现代人的转变

伴随着农村经济、社会的发展，法国的农民开始由愚昧、落后走向文明、开化，逐渐完成了由传统农民向现代人的转变。主要表现在以下方面：一是农业劳动生产率的提高。随着农业生产技术的发展和生产工具的改进，特别是农业机械化的发展，带来了劳动生产率的提高、农民物质生产能力的增强，其突出表现在农产品产量的提高。二是农民的组织化程度的提升。从事同类生产经营的农民自发组织起来，协调彼此的市场行为。如 1894 年成立的马其雷村奶制品生产合作社，五年内参加人数由最初的140 人增至 990 人，仅此一项有组织的活动就使这一地区富裕起来了。三是生活方式的改变。农村居民的社会交往范围扩大，逐步由农村延伸到城市，法国人的生活已经由对贵族的依附转变为对市场的依赖。

总之，19 世纪中叶以后，交通运输业的发展为法国低水平的经济循环的突破提供了原发动力，加之新兴工业的兴起，国内、国际市场体系的完善等外部条件的共同作用，极大促进了法国农业和农村经济社会的发展，使农村社会从整体上由传统转入现代。

第五节 国外经验的启示

一 农业农村投入政策法制化

一个稳定成熟的农村公共品供给体系必须要有持续的发展战略和政策环境支撑，使农业农村政策法律化，为农村公共产品供给提供法律保障。考察国外农村公共品供给体系时可以发现，任何一国农村公共品供给体系的建立和渐趋成熟，都伴随着该国农村公共品投入法律和政策的调整变化。美国和日本农业和农村的投入之所以能够稳定而可靠，主要原因就是美国和日本的农业投入是以法制化作为保证的，它不受时间和外界其他因素的干扰和影响，使美国农业投入既稳定又持续，这也是美国农业能够长久保持世界第一的原因之一。而我国对农村的投资还没有建立法制化的管理方法，随意性较强。

当前，我国已不再把经济发展速度置于首位，社会的综合协调发展已成为各种政治力量和各社会阶层的共同诉求，农村农业的发展在国家目标和政策层面受到前所未有的重视。从十六大提出的在 21 世纪全面建设小康社会的宏伟目标，到十六届四中全会的构建社会主义和谐社会的提出；从十六届三中全会的"五个统筹"要求，到 2008 年政府工作报告中再次提出的"城乡一体化"建设任务。从 2003 年农村税费改革开始，到 2008 年连续 5 个关于"三农"的"中央一号文件"的颁布，种种事实表明，我国已进入了"工业支持农业、城市反哺农村"的发展阶段，为了配合国家发展战略和财政政策的调整，相应的政策措施如税收减免、税收返还、财政转移支付等，向农村倾斜的国民收入分配政策已经开始实施。

要完成社会主义新农村建设的目标和任务，实现城乡一体化和社会主义和谐社会伟大事业，必须持续保证和加大农业农村的投入，而不是矛盾过于尖锐的时候重视，投入力度加大；矛盾稍有缓和重视程度就降低，投入减少甚至连基本投入需求都难以保证。当前，我国除了《农业法》中对农业和农村的投入有几条宽泛性的约定，迄今还没有一部真正涉及保障农业农村投入的法律法规。因此，除了必须根据"三农"需要，建立一套从"三农"利益出发、与时俱进、动态的农业农村扶持政策，形成一个涉及金融信贷、生产与销售、税收与补贴等各个方面的旨在扶持农业的完整政策体系，全方位为农民提供适宜的、促进农业发展、农村建设、农民增收的公共政策服务，还必须建立一套可持续、稳定的农业农村投入保障机制，也就是说，必须使农业农村的投入政策法律化，因为政策具有多变性、随意性、形式多样，会随着地区不同、时期不同而做出不同的调整，而法律却有着严格的制定和修改程序，更具有稳定性，能够在全国或特定的大多数地区施行。在农业农村投入法制化方面，美国和日本均走在世界前列，已经建立了一套完备的法制体系，应该对我国下一步的财政支农具有重要的参考价值。总而言之，只有使农业农村投入法制化，方能使农业农村的发展获得源源不断的资金支持。

二 公共财政必须发挥主导功能

（一）加大对农村交通基础设施的改造力度

借鉴法国以交通运输业的变革为经济转型突破口的成功经验，中国当前新农村建设需要全面推进，但鉴于我国财政能力的约束，需要重点突破。落后的农业基础设施特别是交通设施已经成为当前我国农业和农村经济社会发展的严重障碍。因此，加大对农村公路的建设与改造力度，增加农村公共品供给，是突破当前我国低水平经济循环的首选。

（二）公共财政是农村基础设施建设的主要力量

从国外的经验来看，大部分国家都从城乡协调发展的战略高度来支持农村公路建设，中央政府和州政府承担了农村公路建设的重要责任，借鉴其他国家农村公路建设的经验，对推进我国农村公路建设具有重要意义。

由于大部分农村基础设施属于公共产品，理应是政府公共财政所覆盖的领域，政府具有不可推卸的责任，理所当然是农村基础设施投入的主体。尽管美国是一个典型的市场经济国家，但为了促进经济发展，增加国民福利，美国政府在农村公共产品供给中的功能处处存在。但我国自分税制改革后，中央政府就把农村公共产品的供给职能下放给地方政府。比如，依照现行农村公路建设和管理养护体制的规定，农村公路建设和养护管理的责任主体均为县级人民政府。而地方政府也因财力不足等原因无力承担，从而没有尽到职责；迫于生产生活需要的农民只能依靠自身力量，提供最基本的粗糙的公共产品，导致长期以来我国农村基础设施严重缺失，类似当年韩国的情况在我国大量存在，并已成为制约农业发展的"瓶颈"，导致农村社会问题突出，城乡差距日益扩大。目前我国已具备发起类似韩国新村运动的基本条件，国家拥有支援农村的实力，虽不能完全供给农村所有的公共产品，但完全能够聚集相当的资金，在农村公共产品供给方面予以支持。

因此，政府应承担向农村基础设施提供资金支持的主要责任，调整财政支出结构，确保财政支农资金的比重和数量，专款专用于农村基础设施建设。由于农业的比较收益低，而政府的财政支农不但能增加农村资本，而且能带动集体和个人对农业和农村的投资，提高财政资金的使用效率。所以，应加大财政对农业和农村的支持力度，增加政府投资，特别是要加大对农村基础设施的投资建设、改善交通、兴修水利、改良土壤、治理环境。同时，政府必须加大对农业科研、教育和农业科技推广的投资，提高劳动生产率和劳动者素质。

（三）政府应担负起建立农村财政金融支持体系的责任

同是市场经济国家，美国的农村公共产品供给体系是典型的由政府、企业和社会团体多元参与并共同生产和提供，而日本和韩国则是以中央政府为主导、由各级农业合作组织参与实施的农村公共产品供给体系，但它们都是在政府主导或引导下的市场经济环境中运行的。美国的最大特点是，通过政府财税、信贷和价格对农业和农村给予有力支持，实行"多予少取、放开搞活"的政策，同时政府对农村信贷给予支持，建立性质多样、协调配合、机构众多的农村信贷体系，使农村资本净流入，稳定了农村资本；而日本和韩国主要是通过政府扶持农协，使农协独立于国家金融体系，并借助农协广泛的农村和农民基础留住农村资本，使农村资本在农村体系内循环，同时政府充分调动社会力量和工商业资本"反哺"农村。而现阶段我国农村资本却大量外流，与这些国家形成鲜明的对比，虽然我国与这些国家的国情和发展历程不同，但是，它们的这两种农村金融支持体系对我国农村金融支持体系的构建有一定的借鉴意义。因此，我国应进一步改革和完善农村金融体制，分清各种金融机构的职责，建立规模庞大、职责明确、分工协作的农村信贷体系，改革邮政储蓄的现状，实现商业银行、合作银行和政策性银行在农村互助共存，并采用国家扶持、财政补贴等优惠政策引导金融机构多向农村贷款，遏制农村资本流出农村。

三　引导全社会共同参与农村公路基础设施建设

日本"农村振兴"和韩国"新村运动"之所以取得成功，关键在于充分调动农民积极性。在日本和韩国，把农户连起来的组织就是农业协同组织，协同组织对日韩两国发展农村经济，提高农业、农村及农民地位，以及推进农业现代化和城乡一体化等方面，起到了举足轻重的作用。此外，日韩两国还十分重视城乡互动，政府适时推行优惠政策，将工业引入农村，运用市场机制引导社会力量共同参与农村建设，促进城乡互动和交流，为农民提供就业机会。反观我国，长期以来实行"城乡分治"的二元经济和社会结构，城市和工业成为国家政策和社会利益导向的重点，不惜牺牲农村利益保城市，这种以城市为重心而忽视农村的社会非均衡发展导致城乡差距越拉越大，社会矛盾日益尖锐，日益制约着经济和社会的进一步发展。加之中国至今仍有庞大的农村人口，而政府有限的财力分摊到每个农民身上和所有待建项目无疑是杯水车薪。而城乡协调互动无疑将减轻政府财政压力，缩短城乡一体化的进程。为完成新农村建设的重大任务，实现城乡一体化，必须认识到农民在新农村建设中的主体地位，充分调动农民的主观能动性，同时可以借鉴日韩的"以城带乡，以工哺农"模式，发动企业与农村结对，实行对口支援的城乡互动模式。

随着我国经济总量的增长，国家和各级政府的财力也得到了相应增长，与此同时，民间资产尤其是城市资产也有一定规模的积累，与前几十年相比较，今天我国农村基础设施建设具有前所未有的物质条件，并且当前我国已经具备加快农村基础设施建设所需要的市场经济条件。但在市场经济下，资金具有趋利性，非政府资金包括农民个体和社会组织或企业资金只有在不受大的制约并无须冒过多风险条件下才会流向公益性突出的农村基础设施领域，因此，必须以政府的资金投入和优惠政策作为"催化剂"，才能有效地激活社会各方的资金投入，一方面引导农民对直接受益的基础设施建设投资投劳；另一方面运用商业化手段激励社会各类资金投向农村建设，逐步建立"市场经济条件下，政府引导、社会共同参与、合理、稳定、有效"的农村基础设施建设资金投入机制。

四 确立农民在农村公路基础设施建设中的决策主体地位

国外农村公共产品供给的决策一般是自下而上的，民意上传渠道通畅，可以通过投票表决的形式，或者通过工会、行业协会等多种组织形式表达自己的需求。这种决策机制使政府所提供的农村基础设施能够真正满足农民的实际需要。我国农村公共产品的提供，大都是由各级政府和部门自上而下决策供给的，供给总量与结构多数是由县乡政府以文件和政策规定形式下达，带有很强的行政指令性、主观性、统一性，更多体现的是官方意志和政治需要。这种决策方式的主体不是农民，或者说几乎没有农民参与，农民的需求没有得到有效表达，从而导致了决策目标体现的是决策主体——基层政府及其职能部门的目标，而不是农民的真正需求，容易致使公共产品的供给与需求脱节。由此可见，我国农村基础设施的供给，应考虑形成农民对农村基础设施需求的有效表达机制。

第五章　农村公路财政投融资模式选择与风险评价

农村公路是农村基础设施建设的重要内容，是支撑农业和农村经济发展的必要力量，是农村地区最主要甚至某些地区唯一的运输通道，其建设情况关系到农村居民的生产、生活，关系到农村经济社会稳定与发展。但与其他公路尤其是高速公路相比，农村公路具有一次性投资规模大、资金回收期长、风险高、利润低等特点。目前我国农村公路融资渠道单一，主要以财政拨款、乡镇政府以各种形式筹集的自筹资金以及农村各级集体经济组织筹资为主，难以满足农村公路发展的需要。就我国目前的情况来看，扩宽农村公路融资渠道，可以有多种选择，其融资模式主要有债务融资、股权融资、项目融资、资源融资等。

第一节　农村公路的债务融资模式

债务融资是当前我国农村公路运用最普遍，也是最主要的融资模式，从资金来源上看，债务融资可分为国内债务融资和利用外资两种形式。在实际运用中，国内债务融资模式又可以分为国内银行贷款、国内银团贷款、发行债券等，利用外资主要有外国政府贷款、国际银行贷款、国际银团贷款、国际金融机构贷款等形式。

一　国内银行贷款融资方式

国内银行贷款是指银行以一定的利率将资金贷放给资金需求者，并按约定期限收回本息的一种经济行为。国内银行贷款是我国地方政府实现经济职能、加快地方经济建设，特别是进行基础设施建设的主要融资渠道。

国内银行贷款主要有国家开发银行贷款和商业银行贷款。[①]

（一）国家开发银行贷款

国家开发银行是目前我国三大政策性银行之一，成立于1994年，注册资本500亿元人民币。国家开发银行贯彻"既要防范金融风险，又要支持经济建设"的方针，主要任务是：按照国家的法律、法规和国家宏观经济政策、产业政策、区域发展政策，筹集和引导境内外资金，重点向国家基础设施、基础产业和支柱产业项目以及重大技术改造和高新技术产业化项目发放贷款，从资金来源上对固定资产投资总量进行控制和调节，促进国民经济持续、快速、健康发展。国家开发银行总部设在北京，国内设有分行、总行营业部和中国香港代表办事处等多家分支机构。

截至2002年年底，国家开发银行资产总额10417亿元，负债总额9663亿元，贷款余额8962亿元。2002年人民币中长期贷款1975亿元，其中国家重点项目330亿元、国债支持项目326亿元、中西部基础设施项目936亿元。2002年国家开发银行仅基础设施贷款一项就占国内银行基础设施贷款的1/3。国家开发银行贷款主要集中在以下重点行业：电力、公路、铁路、城市基础设施、石油、石化以及邮政电信。

从国家开发银行贷款种类来看，国家开发银行发放基本建设贷款、技术改造贷款、设备储备贷款、外汇固定资产贷款、外汇流动资金贷款。基本建设贷款投向以下项目：基础设施贷款，包括农业、水利、铁路、公路、民航、城市建设、电信等行业；基础产业项目，包括煤炭、石油、电力、钢铁、有色金属、化工、建材、医药、森工等行业；支柱产业项目，包括石化、汽车、机械（重大技术装备）、电子等行业中的政策性项目；其他行业项目，包括轻工、纺织、国防军工等行业和环保、高科技产业中的政策性项目。外汇固定资产贷款投向国家批准使用外汇的基础设施、基础产业和支柱产业、高科技产业中的基本建设、技术改造项目等其他外汇贷款项目。因此，地方政府在申请国家开发银行贷款时，应注意项目本身的特征和借款用途，农村公路可申请基本建设贷款和外汇固定资产贷款。

从国家开发银行贷款的利率和期限来看，国家开发银行的贷款分为短期贷款（一年以内）、中期贷款（15年）、长期贷款（15年以上），贷款期限一般不超过15年，对大型基础设施建设项目，可根据行业和项目的

---

① 王铁军：《中国地方政府融资22种模式》，中国金融出版社2006年版，第139页。

具体情况适当延长。国家开发银行执行中国人民银行统一颁布的利率政策，对长期使用国家开发银行贷款并始终保持优良信誉的借款人，项目贷款利率可以适当下浮，下浮的幅度控制在中国人民银行规定的幅度之内。

国家开发银行外汇贷款利率由银行筹资成本和转贷费率两部分构成，根据银行筹资模式采用固定利率或浮动利率形式。银行筹资成本因筹资模式不同而不等。目前国家开发银行的外汇筹资渠道有：外国政府贷款及混合贷款、出口信贷贷款、境外发债、国际金融组织贷款、国际商业银行贷款和外汇储备贷款。其中，前两种筹资模式以固定利率形式居多，后三种模式以浮动利率形式居多。浮动利率通常以伦敦银行间同业拆放利率为基础。转贷费率根据借款人资信、项目情况、贷款金额、贷款期限、转贷风险、金融市场变化等因素确定。国家开发银行外汇贷款期限可根据银行筹资模式、项目的具体情况与借款人协商确定。

从国家开发银行贷款的程序上来看，贷款项目由地方政府部门推荐，由国家开发银行财务分析局、评审管理局、市场与产业分析局等贷款评审部门评审，最后由国家开发银行贷款委员会通过，行长批准或否决。主要包括以下环节：

（1）文件准备。贷款申请书的要求包括：借款人向国家开发银行申请贷款，进入国家开发银行正式评审阶段时，必须提交贷款申请书；申请书要求内容真实、数据准确、重点突出、文字原则上不超过3000字，贷款尾数精确到十万元。贷款申请书的内容包括：申请项目建设的必要性、建设规模、项目批复、工期安排；项目市场供求状况及发展前景、财务效益、偿债能力；借款人企业性质、注册资金、经济实力、近三年生产经营状况；项目总投资及构成、资金筹措模式及落实情况、项目资本金情况；项目预计经济效益、借款人综合效益、换代资金来源、借款偿还计划；借款担保模式、担保人或抵押（质押）物的基本情况；项目存在的主要风险和防范措施。借款申请书的必备附件包括：项目批复文件，项目可行性报告，借款法人营业执照（副本）复印件，担保人营业执照（副本）复印件，担保意向书，借款法人近三年财务年终报表，借款人近三年资产负债表、现金流量表，项目投资使用计划，国家开发银行贷款使用及偿还计划表。

（2）项目受理和初审。借款人在报批项目预可行性报告申请立项的同时，应将预可行性报告和贷款申请书等文件送国际开发银行有关部门；

有关部门在接受项目后，完成对项目的筛选分类；项目受理后进行初审，对基本具备贷款条件的大中型基建项目和技改项目出具贷款意向承诺函；批准立项后，正式进行项目评审工作。国家开发银行项目受理部门包括：综合计划局受理国家发展和改革委员会推荐项目，评审局受理行业主管部门推荐项目和大型企业集团申请贷款的项目，分行受理省（自治区、直辖市）级政府部门推荐项目和地方重点企业申请贷款项目，信贷管理局受理地方相关项目的借款申请，国际金融局受理外汇贷款项目。

（3）国家开发银行评审报告的批准和贷款的承诺。国家开发银行评审局对项目贷款进行评审，提交贷款项目评审报告，由国家开发银行贷款委员会审议。经审议同意贷款的项目，经行长批准后向借款人办理贷款承诺函，贷款承诺函只作为国家开发银行对项目贷款的承诺，借款法人不得将其作为信用凭证用于他途。对于大中型基建项目、技术改造限上项目和贷款申请额 500 万美元以上的外汇贷款项目，贷款承诺函的有效期限为两年；小型基建项目、技术改造限下项目和贷款申请额 500 万美元以下的外汇贷款项目，贷款承诺函的有效期为一年，过期尚未使用贷款的，承诺自动失效。

（二）商业银行贷款

基础设施建设是地方政府投融资的一个主要领域。银行贷款在地方政府投融资中的作用主要是通过支持基础设施建设来体现。

银行贷款是基础设施建设最重要的资金来源之一。改革开放以来，央行贷款在基础设施建设的资金来源中所占比重一直呈上升态势。从市政建设来看，国内贷款从 1984 年的 5077 万元上升到 2000 年的 428 亿元，国内贷款占建设资金的比重从 1984 年的 3.5% 上升到 2000 年的 24.6%。我国多年来地方政府基础设施建设主要依靠银行贷款，其他外部融资渠道非常有限，商业银行贷款以其资金来源稳定、手续简便、灵活性强的特点，成为地方政府进行基础设施建设的最主要融资模式之一。

基础设施建设是商业银行放贷的重点之一。鉴于基础设施（特别是城市基础设施）服务价格体系改革逐步到位，收费制度逐步建立，收益稳定，安全性好，商业银行已把基础设施（特别是城市基础设施）作为发放贷款的重点之一。基础设施贷款已经成为商业银行的核心优良资产，基础设施项目日益成为商业银行理想的目标信贷资产。特别是 1998 年以来，随着积极财政政策的实施，各级政府加快了基础设施建设，银行也加大了对基础设施建设贷款的支持力度。2005 年以来，中国财政政策转型，开始实施稳健的财政货币政策，中央政府开始控制财政赤字规模和债务规模，赤字率逐步降低，当年中央财政国债发行规模为 6923.4 亿元，并且在基础设施建设方面进一步控制银行信贷流量。

大中城市（尤其是发达地区的特大城市）更容易获得商业银行贷款和其他金融服务。大城市经济实力雄厚，基础设施市场化程度高，各大银行纷纷与这些城市的投融资主体签订合作协议，力图建立长期稳定的合作关系，支持其基础设施项目建设。比如，中国银行就一贯支持上海市的基础设施建设。"九五"期间，中国银行上海分行每年向上海市城市基础设施投资开发总公司提供了 3 亿美元的浦东开发专项贷款，有力支持了浦东新区的开发建设。1995 年以来，中国银行上海分行为上海基础设施投入的资金累计已超过 40 亿美元。"十五"期间，随着上海市政府对基础设施投资力度的加大，中国银行继续增加支持上海市城市建设的资金，2001 年中国银行上海分行与上海城市建设投资开发总公司签订了 100 亿元的银企合作协议。根据该协议，这 100 亿元人民币授信额度用于支持"十五"期间上海新一轮的重大市政工程建设。中国银行除为上海城市建设投资开发总公司的公路等项目提供资金支持外，还发挥自身优势，为该公司提供外汇、人民币的保值增值等业务服务。2000 年 10 月，中国工商银行北京市分行与北京市首都公路发展有限公司签署银企合作协议，从 2001 年起，中国工商银行为北京公路建设项目提供 100 亿元的基本建设贷款，为首都的公路建设提供从短期贷款、央行承兑汇票、外汇信贷、票据贴现到资金监理、财务结算等全方位的金融服务。

目前商业银行可以向基础设施建设项目提供以下服务：（1）贷款意向书。比如上海市的招商项目中，大部分要求投资者在投标时提交"银行贷款意向书"。而且一般要求以各银行上海市分行的名义出具。这是非实质性贷款承诺，大多数银行予以积极配合。（2）投标保函。按照招商惯例，招标方通常要求投标人随同投标文件提供投标保证金或银行投标保函。投标保函担保的金额通常为投标额的 1%—5%。（3）履约保函。投资者中标后，项目发标人要求中标者按照招标文件格式提交一份银行履约保函，担保责任为保证投资者按质按量完成项目建设，并按规定进行运营管理。履约保函时间一般与特许经营期一致，担保金额一般为中标总投资的 5%—10%。（4）过桥贷款。项目长期融资确定主办银行、谈判融资条件都需要较长时间，所以在项目建设前期，投资者或项目业主一般向主办银行方借贷过桥贷款支持。（5）长期信贷支持。长期贷款金额一般为项目总投资的65%—70%，期限一般在10—15年，其中包括若干年的贷款宽限期。

国内商业银行贷款融资方式的适应性分析：商业银行贷款以其资金来源稳定、手续简便、灵活性强的特点，已经成为地方政府进行基础设施建设的最主要融资模式之一。但国内商业银行融资贷款也有其自身局限性，目前主要存在以下几方面问题：一是商业银行贷款具有短期性，大多期限较短，多数不超过五年，而农村公路属于基础设施建设项目，一般具有投资规模较大、投资回收期长的特点，往往需要长期资金。因此，商业银行贷款与农村公路建设等基础设施建设资金需要在时间上不匹配，投资者往往在项目尚未产生效益时，就面临偿还贷款的压力。二是偿债机制不健全，还贷款难现象较普遍。原因是多方面的，城市基础设施建设领域主要是经营性项目与非经营性项目部分，投融资主体及承担经营性项目，又承担非经营性项目，且有些投资主体还存在非经营性项目比重过大的问题，银行贷款应用于收益有保证的经营性项目，而不能用于非经营性项目；在其他投融资项目中，还贷款难产生的原因则更加复杂，主要有可行性研究不够、投资效益不高、投资资金损失浪费、项目管理不善等。上述问题的存在一定程度制约了银行贷款在公路建设等基础设施建设项目中的积极作用，解决上述问题的办法是：对于贷款期限问题，可以通过多次滚动贷款，解决长期资金需求；对于还贷款难问题应分类指导，具体问题具体分析，针对经营性与非经营性项目不分问题，首先是将性质不同的投资项目严格区分开来，可以通过成立多家基础实施项目投资公司，负责经营性项目的公司不得承担非经营性项目，令其各司其职，银行贷款只能用于有经济效益经营性项目，非经营性项目不宜采用银行贷款融资模式；其他公路建设项目的还贷问题，则根据其产生原因采用不同解决办法，比如加强投资项目的可行性研究，政府相关部门（财政、交通、发改委等）严格项目审批管理，加强对公路建设项目监督管理，建立健全建设资金全程跟踪调查机制、绩效审计制度、责任追究制度等，保证公路建设资金的安全高效，防范和杜绝建设资金的损失浪费现象。

（三）委托贷款

所谓委托贷款，就是委托人委托金融机构，按照委托人指定的对象、用途和额度发放贷款。该项业务仅限于经中国人民银行批准的金融机构。这也是地方政府融资载体可以利用的一种融资模式。地方政府可以充分利用委托贷款形式吸引民间资金进行基础设施建设。从目前来看，农村公路建设由于其自身的公共产品特点（外部性、非排他性、非竞争性），委托贷款筹资模式难以成为农村公路建设的主要资金来源，经济等欠发达地区更是如此。

二　国内银团贷款

国内银团贷款，通常是指由一家或几家银行牵头，若干家银行共同参加，组建责任义务与权利共同体，签署共同贷款协议，为一个项目或公司提供融资服务的银行业务。

（一）国内银团贷款融资方式概述

国内银团贷款是由多家国内银行或其他金融机构采用同一贷款协议，向一家企业或一个项目提供一笔融资额度的贷款。其优点是资金需求者能在较短时间内筹措较大金额的资金，一次性获得长期稳定的资金。因此，许多大型项目（如公路等基础设施项目）都是采用银团贷款的模式。当前银团贷款已经成为地方政府进行大型基础设施建设项目的重要筹资渠道。1987 年，中国银行作为牵头行在国内办理了第一笔银团贷款。

当前国内银团贷款具有如下特征：一是利益共享。贷款银行按照融资协议规定的份额比例分配贷款利息，以及其他保证、抵押、质押或担保等权利。二是风险共担。按照贷款协议，银团内部各成员银行按照提供的贷款份额，承担贷款风险（可能出现的因贷款本息无法清偿造成的损失）。三是统一管理。在贷款银团组建完成（银团贷款协议签署）前，由牵头行负责组建，并与借款人（投资公司）谈判。贷款银团组建完成后，由贷款行代理负责审查并管理借款人是否满足事先约定的贷款条件、是否存在违约事项、是否提款或还款、是否已取消贷款、是否提前还款或付息等，并负责召集银团会议，也可由牵头行召集，代表银团向借款人索取违约金等。四是份额表决。银团内部各贷款银行根据各自承诺的贷款额首次提款前在银团贷款总额的比例，或者按照银团内部各成员银行各自承诺的贷款余额（首次提款后、全部清偿前）占银团贷款余额总量中所占份额，对银团重大事宜进行表决。对个别特殊事宜，如果银团贷款协议有事先约定，则允许单个银行行使否决权。各成员银行必须服从银团表决结果，放弃绝对的独立判断及行为能力。

此外，银团贷款还可衍生出其他形式，比如俱乐部贷款（Club Deal）。这是一种小型的银团贷款，参与贷款的银行通常在2—5件之间，各贷款银行的贷款份额可以完全相等，也可以不等。与标准银团贷款的主要区别是，俱乐部贷款的成员银行同时参与银团贷款的条件、文本的谈判工作，没有牵头行和参加行之分，银团的结构相对简单，比较容易组建，主要适应于金额相对较小的项目贷款，如乡村公路建设项目就比较适用俱乐部贷款这种融资模式。

（二）国内银团贷款成本及风险分析

对于地方政府而言，利用国内银团贷款具有以下融资优势：（1）筹资额度大，贷款期限长。由于银团贷款由多家国内银行或金融机构共同承担，不像一般的银行贷款那样由独家银行承担，因而受到贷款规模的限制。银团贷款能够对大型项目（如公路、铁路等）提供足够的信贷保证。（2）分散贷款风险。相对于普通商业银行贷款由某一家银行承担，银团贷款由多家银行共同承担，其风险要小得多。（3）可以避免同业竞争，因而将利率稳定在同一水平上。（4）筹资时间短，费用合理。地方政府与牵头银行进行贷款协商，不需要同多家银行进行协商谈判，既节约时间，又能够节约贷款过程中的各种费用，减少融资成本。

银团贷款的利息率因所提供资金的币种不同而有所区别。美元贷款以（通常为6个月）伦敦银行间同业拆放利率（LIBOR）加贷款利差（Margin）；人民币按照目前中国人民银行规定的基准利率及浮动范围执行。银团贷款费用由银团贷款收费和其他费用两部分组成。银团贷款收费通常包括牵头安排费、管理费、承诺费、代理费等，其他费用主要是律师费、会计师费、工程顾问（税务顾问、商业顾问、环境顾问、保险顾问、技术顾问）费等中介机构收费。银团贷款利差和费用的确定，主要受几个因素的制约：贷款市场整体资金供求状况和利率水平；投资项目所处行业的风险状况；项目本身的贷款结构、担保结构的风险状况；借贷双方之间的谈判策略。如果项目公司非常熟悉银行的管理和银团贷款业务，或者项目公司聘请专业的融资顾问协助进行贷款结构设计和贷款谈判，其贷款的综合成本（ALL – IN COST）会有所节约。

贷款期限与偿还模式。银团贷款期限包括偿还期和宽限期。在宽限期内，只支付贷款利息，而不归还贷款本金，宽限期一般安排到项目建设期之后。借款期限主要根据项目的实际需要、建设周期及获得收益的时间、偿还能力来确定。一般情况下，建设期项目还没有投资收益时，希望建设期为宽限期，此期间只付息不还本。贷款的本金偿还模式主要有一次偿还和分次偿还两种。到期一次偿还，是按每次贷款的支用日算起，到偿还期年末，将贷款一次还清，这种方法适用于贷款金额相对不大、贷款期限较短的中期贷款。而分次偿还，是在整个贷款期内，商定一个宽限期，在宽限期内，借款人只支付贷款利率而不用偿还贷款本金，每半年按实际贷款额付息一次。宽限期满后，每半年还本付息一次，每次等额还本，也可以安排成不等额还本，如逐年递增的模式，也就是项目营运前期现金流量少，还本额度也较少；此后随着现金流量的增加，逐年加大还款额度。

国内银团贷款模式有两种：一是直接银团贷款，二是间接银团贷款。直接银团贷款是由银团各成员银行委托贷款银行向借款人发放、回收、统一管理贷款。间接银团贷款由牵头银行直接向借款人发放贷款，然后再由牵头银行将参加贷款权（即贷款份额）分别转售给其他银行。全部贷款管理、发放贷款、收回贷款均由牵头银行负责。2002 年 6 月，中国人民银行批准国家开发银行开办间接银团贷款业务，国家开发银行成为国内第一家开办此项业务的银行。从国内实践来看，目前以间接银团贷款为主。

国内银团贷款具有筹资额度大、贷款期限长、贷款风险较低、避免同业竞争以及筹资时间短、费用合理等融资优势，但贷款手续较复杂、贷款银行要求较高，农村公路项目大多规模不大，且多为公益性项目，国内银团贷款的适应性不高。农村公路项目中规模较大的收费公路可考虑采用国内银团贷筹资方式。

三　国际银行贷款

（一）国际银行贷款筹资方式概述

国际银行贷款，是指为进行某一项目，借款人在各级金融市场上向外国银行贷款的一种融资模式。国际银行贷款具有如下特征：

一是贷款利率按国际金融市场利率计算，利率水平较高。比如欧洲货币市场的伦敦银行间同业拆借利率是市场利率，其利率水平是通过贷款资本的供求状况自发形成的。伦敦银行间同业拆借利率可以用以下四种方法确定：借贷双方以伦敦市场主要银行的报价协商确定；指定两家或三家不参与此项贷款业务的主要银行的同业拆借利率的平均利率计算；由贷款银行与非此项贷款参与者的另一家主要银行报价的平均数计算；由贷款银行确定。

二是可以自由使用，一般不受贷款银行限制。支付贷款有时对采购的商品加以限制；出口信贷必须与购买出口设备项目紧密结合在一起；项目借款需要与特定的项目相联系；国际金融机构贷款有专款专用的限制。而国际银行贷款则无须受贷款银行的任何限制，可以由借款人根据自己的需要自由支配使用。

三是贷款模式灵活，手续简便。政府贷款不仅手续烦琐，而且每笔贷款金额有限；国际金融机构贷款，用于贷款多与工程项目联系，借款手续也比较烦琐；出口信贷受许多条件限制。相比之下，国际银行贷款比较灵活，每笔贷款可多可少，借款手续简便。

四是资金供应充沛，币种选择余地大。国际金融市场上有大量闲置资金，只要借款人资信可靠，就可以筹措到自己所需要的资金，不像国际金融机构和外国政府贷款那样只能满足工程项目的部分资金需要。

国际银行贷款按贷款期限长短可以分为短期、中期和长期信贷三种类型。其划分标准与国内银行贷款相同，一年以内为短期，一年以上、五年以下为中期，五年以上为长期。对于农村公路建设项目而言，因建设周期较长一般不需要短期贷款。在国际金融市场上，中期贷款由借贷双方银行签订贷款协议。用于期限较长、金额大，有时贷款银行还要求借款人所属国家的政府提供担保。中期贷款利率比短期贷款利率高，一般要在市场利率基础上再加一定的附加利率。长期贷款通常由几家银行组成银团共同带给某一客户，银团贷款的当事人一方面是借款人（如银行、政府、公司等），另一方面是参加银团贷款的各家银行（包括牵头行、经理行、代理行等）。

（二）国际银行贷款筹资方式的成本

在国际金融市场上，借款人筹集中、长期资金，除需要支付利息外，还要支付各种费用，费用多少视信贷资金专款、贷款规模和期限不同而有所不同。银行中长期贷款费用主要有管理费、代理费、承诺费、杂费。

管理费的性质近似于手续费，按贷款总额的一定比例计算，一次或分次支付。费用率一般为贷款总额的 0.1%—0.5%，管理费的支付时间可采用签订贷款协议时一次付清，亦可采用其他办法，如第一次支用贷款时支付、在每次支用贷款时按支用比例支付等办法。

代理费是由借款人向国内银团代理支付的一种费用。因为代理行在联系业务中会发生各种费用开支，如差旅费、电话费、办公费等。代理费属于签订贷款协议后发生的费用，通常在整个贷款期内（从第一笔贷款拨付到贷款全部还清以前），每年支付一次。有时一笔贷款的最高代理费高达6万美元之多。

承诺费是借款人未按贷款协议使用贷款而支付的违约成本。借贷双方在签订贷款协议后，贷款银行就承担了全部贷款资金的义务。如借款人未能按期使用贷款，根据国际惯例，借款人就要支付承诺费。承诺费率一般为0.125%—0.25%。承诺费按未支用金额和实际未支用天数计算，每季度或每半年支付一次。

杂费也是中长期银团贷款模式下发生的费用，主要指签订贷款协议前所发生的费用，包括牵头银行的车马费、律师费，签订贷款协议后的宴请费等费用。这些费用均由借款人承担。杂费按牵头银行提出的账单一次付清。杂费收费标准不完全相同，多者可达10万美元。

（三）我国对国际银行贷款的管理办法

我国对国际银行贷款的管理因贷款期限的不同而异，具体来说，我国对短期贷款和中长期贷款采用两种不同的管理办法。对短期贷款采取余额管理法，即由国家主管部门向经批准的金融机构下达短期国际银行贷款的年度余额，由金融机构据此调整本单位的债务水平和资金运用。对中期国际银行贷款的宏观管理，则采取指标控制的方法，主要包括规模控制、项目审批管理、对外贷款窗口管理和外债统计四个方面。所谓规模控制，就是国家通过两类计划对中长期国际银行贷款实行规模控制：一类是中长期国际银行贷款计划，它与国家国民经济和社会发展五年规划、十年规划相衔接，确定全国计划期内借用国际银行贷款的总规模和分地区、分部门规模以及主要建设项目规模；另一类是年度借用国外贷款计划，主要确定全国年度借用国外贷款总规模，并下达正式签约生效的大中型项目当年支付的国外贷款数额。项目审批管理的程序是：各级地方政府发展改革委员会将本地区、本部门批准使用国外贷款项目初审后报国家发展改革委员会审批。送审的文件包括项目建议书、可行性研究报告、利用外资方案。其主要内容必须包括借用国际银行贷款的具体形式和数额、国内配套资金安排落实情况、贷款主要用途、项目经济效益初步测算及外汇平衡情况、贷款的偿还模式和偿还责任（还款人和担保人）等项内容。各级地方政府发展改革委员会与相关部门及国家发展改革委员会对借用国际银行贷款的项目执行情况进行跟踪检查，并逐步实行项目后评价制度，从而为后续同类项目提供经验。对外贷款的"窗口管理",是指筹措国际银行贷款需要提供国家指定的或者经批准的国内金融机构进行。未经批准的企业或金融机构不得从境外取得贷款;擅自筹措国外贷款的,国家将不允许对外偿还本息。外债的统计、监测、监督制度是国家对外债进行有效管理的重要一环。使用各类国际银行贷款的单位在贷款签约后,必须及时到国家主管部门进行外债登记。每次偿付贷款本息前,借款人应提前向主管部门报送贷款偿还计划,并在主管部门同意后,及时偿还贷款本息。

(四) 国际银行贷款程序和风险防范

我国地方政府借用国际银行贷款需要遵循以下程序:首先要取得利用贷款项目批复。国内项目使用国际银行贷款,首先要根据项目的规模取得国家或地方政府、企业计划管理部门的批准,在批复中明确项目建设部分资金来源为国际银行贷款。其次是取得国际银行贷款指标。各地方、各企业计划管理部门将准备使用国际银行贷款的项目初审后,报国家发展改革委员会审批。对于符合国际银行贷款条件的项目,国家发展改革委员会将同意该项目使用一定数量的国际银行贷款,即取得国际银行贷款指标。再次是委托金融机构对外筹资。目前我国筹措国际银行贷款主要通过中国银行、交通银行、中国建设银行、中国工商银行、中国农业银行、中信银行以及经国家批准的省市级国际信托投资公司等银行和非银行金融机构对外筹措。最后是金融条件核准。国家为了避免各筹资窗口在市场、时机和条件等方面发生冲突,在筹资窗口筹措国际银行贷款前,由国家主管部门对其贷款条件(贷款期限、利率、筹资市场、筹资模式等)进行审核和协调。筹资窗口在国家主管部门正式批准贷款条件后,才能与国际银行签订贷款协议。

应该注意的是,国际银行贷款具有较大风险,因此,必须做好风险防范工作。其风险主要表现在以下几个方面:一是利率风险。国际银行贷款有浮动利率和固定利率两种形式,其中浮动利率贷款所占比例较大。一定国际金融市场利率出现大幅上升,借款人的债务负担将突然加重。二是汇率风险。国家银行贷款的借入和归还一般是以外币来计量的,一旦汇率变动,汇率风险要由借款人承担。在借款人未采取规避汇率风险措施情况下,贷款到期时借款人若没有足够的外汇资金,或者由于本币汇率下跌导致偿债负担增加,借款人就可能因此而蒙受损失,甚至引起债务危机。因此,借用国家银行贷款一定要统筹考虑量力而行,切勿过度依赖国际银行贷款。随着我国经济实力的不断增强，当前人民币正处于不断升值的过程中，在可预见的未来人民币贬值的可能性很小，所以适度利用国家银行贷款进行农村公路建设是可行的。三是与投资项目的关联不十分紧密。从国际银行贷款所筹措的资金，一般来说不限定用途。如果这笔资金直接用于国内投资，最终可以通过经济增长增强未来的偿债能力。但是，国内投资的增加可能意味着需要从外国进口相应的设备或商品，导致经常性项目赤字上升。这样，通过国际银行贷款形式流入的国际资本就会导致总需求的扩张，形成或增大国内通货膨胀和汇率升值的压力。四是偿债没有弹性。偿还贷款的时间表一般预先确定，约定还款期临近后，无论投资项目是否盈利，也不管借款人的财务状况如何，借款人都必须无条件地按时偿付贷款；国际银行贷款通常不允许订立提前偿还的条款，偿债时间弹性小，借款人享有的自由度低，无疑风险较大。

四　国际银团贷款筹资方式

（一）国际银团贷款筹资方式评析

国际银团贷款，是指由一家或几家银行牵头，多家国际商业银行参加，共同向一国政府、企业或项目提供资金数额较大、期限较长的一种国际贷款。

20 世纪中叶，由于东西方"冷战"以及石油资金回流等原因形成了庞大的欧洲美元市场。与此同时，作为第二次世界大战后有别于股票、债券等传统金融工具的银团贷款这一崭新的金融产品应运而生。20 世纪 60 年代末期，国际银团贷款市场随着欧洲美元市场的不断膨胀也迅速扩大。第一次对国际银团贷款做出详细记载的是 1972 年的《欧洲研究》，当时全球每年国际银团贷款为 110 亿美元。在国际银团贷款模式诞生的短短三十多年的时间里，年贷款总量已经突破 2 万亿美元。

综观全球，国际银团贷款的分布主要集中在西方工业化国家，特别是美国。相比之下，亚洲利用国际银团贷款的规模不大，中国更是少之又少。然而近年来情况发生了变化。从 1997 年开始国际银团贷款在我国的应用有了较大增长，主要原因在于：受东南亚金融危机影响，1997 年以后流入中国的国际直接投资增幅趋缓，国内许多项目建设单位和经营企业开始把目光投向属于国际投资的国际银团贷款；再者，国际银团贷款占国际资本市场借款总额的一半以上，占发展中国家长期借款的 85% 以上，具有极为广阔的融资潜力。2001 年外来直接投资连续下降，但中国却因加入世界贸易组织，进一步对外开放，加快产业结构调整，传统上的现代服务业允许外资进入，使得外来投资急速增加，从占全球的6%上升到9%。从目前来看，中国的外来投资仍然主要集中在制造业，服务业吸纳外资的比例不大，只有25%左右，农业更低，只占3%。但是，这一状况正在迅速改变，金融、保险、电信等第三产业领域已经受到外资的青睐，可以预见，随着我国经济发展，受我国产业结构不断调整优化以及人民币升值等因素的影响，外来投资将在相当长的时期内呈现稳定增长的态势，国际银团贷款也有广泛的发展空间。

（二）国际银团贷款程序

作为商业贷款的国际银团贷款，与国际银行贷款一样，具有成本和风险较大的特点。因此，在利用这一融资模式时，应特别注意遵循国际银团贷款的运作程序。一般而言，一个完整的国际银团贷款至少包括审批登记、选择经理行、贷款情况备忘录、选取融资放贷模式等诸多环节。

1. 审批登记

在国际商业银行贷款业务中，贷款银行要先提供贷款，借款人偿还本息一般要延后较长一段时期。为此，贷款银行为了维护自身利益，需要在贷款协议中订立一些先决条件。而借款人所属国政府对借款人筹资行为的批准文件，就是国际贷款协议生效的先决条件之一。目前我国利用国外贷款的管理工作是按照分工负责、归口管理模式进行的。中国人民银行是国际商业贷款的审批机关，中国人民银行授权国家外汇管理局及其分局具体负责审批、监督和管理。我国管理境内机构借用国际商业贷款的主要法律文件是经过中国人民银行批准国家外汇管理局公布的《境内机构借用国际商业银行贷款管理办法》。因为所借贷的国际银团贷款通常都是一年（不含）期以上的中长期贷款，所以，在《境内机构借用国际商业银行贷款管理办法》中规定：境内机构借用中长期国际商业贷款必须列入我国利用外资计划，并符合我国利用外资政策。同时，借款人必须向国家外汇管理局申请，未经批准的，其对外签订的贷款协议将不能生效，外汇管理部门不予办理外债登记，银行不得为其开立外汇账户，借款本息不准汇出。可见，我国不允许不经政府批准而借用国际商业贷款。

在利用国际银团贷款时，地方政府首先应向国家外汇管理局提出申请。申请一般应具备以下内容：对外借款纳入国家利用外资计划的证明文件；借款项目立项批准文件，包括借款用途、配套人民币资金落实情况；

贷款条件意向书；还款资金来源及还款计划、外汇担保情况；外汇管理部门认为需要提供的其他有关材料。

我国对外债实行登记管理制度，贷款的申请经批准后，在执行过程中还应当向外汇管理局登记备案。国家外汇管理局 1987 年颁布的《外债统计监测暂行规定》和 1989 年颁布的《外债登记实施细则》，对国际商业贷款的登记做出了明确规定。我国的外债登记分为定期登记和逐笔登记两种。逐笔登记的手续为：借款单位在借款合同签署后的 15 天内，持借款合同副本和对外借款批件办理登记手续，领取逐笔登记的《外债登记证》，然后凭证到指定的银行开立外债专户。债务到期还本付息时，借款单位持《外债登记证》和还本付息通知单，提前到登记部门领取还本付息核准件，凭核准件和《外债登记证》到开户银行办理从外债专户汇出本息的手续。《外债登记实施细则》规定：未取得外债登记证的单位，其借款不得开立外债专用现汇账户，或还本付息外债专用现汇账户，也不得存入该企业原有账户，借款本息不得汇出境外。因此，如不做好贷款的登记工作，贷款将难以实施。

2. 选择经理行

银团贷款通常是由借款人委托一家银行充当经理银行，代之物色愿意贷款的银行，安排银团贷款。对于巨额贷款经理银行可由数家银行构成。经理银行是联系借款人和贷款银行促成信用关系的中间人，通过接受借款人的委托书，以向借款人出具义务承担书的形式行使组建银团贷款的职责。经理银行向可能参加贷款银团的其他银行或金融机构介绍借款人的资信状况，进而组成银团。

经理银行在银团贷款实施过程中扮演重要角色，经理银行的现代实力和公众信誉对贷款银团的组建影响甚大。在利用国际银团贷款筹资时，地方政府应慎重选择经理银行。

资本充足率是衡量银行实力和经营管理是否稳健的重要指标，银行资本对其存款的比率保持在 10% 以上是对经理银行的基本要求。银团贷款采取充分承保、部分承保和部分争取信贷等模式。通常要求充任经理银行的银行至少应有包揽承保份额 50%—70% 的信用实力，经理银行实际提供的贷款应至少同银团其他成员银行一样多。我国地方政府在利用国际银团贷款时，要根据项目所需要的贷款额，按上述关于银行资信实力的要求选定经理银行。另外，因公路建设项目工程都比较大，可行性分析涉及内容广泛，我国银行业对外开放程度还不高，再加上我国管理制度与国际惯例又有较大差异，国外银行要想全面了解我国公路建设项目及其经营管理都比较困难，它们通常都是依赖经理银行所做的情况介绍、解释和说明，来对贷款项目做出判断和决策。经理银行的经济实力、信誉，及其对我国开发项目的认识程度都将直接影响外国银行的贷款热情。因此，在利用国际银团贷款为农村公路建设筹资时，最好选择中国银行、中国人民建设银行以及在中国境内设有分支机构的外国银行作为经理银行，或选择国内银行与国外银行共同分任经理银行的形式，以利于经理银行自身对开发项目及其投资经营者的了解，同时也有利于减少筹资成本、节约筹资时间。

3. 贷款情况备忘录

贷款情况备忘录是由经理银行分发给有可能参加银团贷款的银行，邀其参加贷款银团的一份重要文件。可以说，它是银团参与银行了解借款人和借款项目的首要信息源。为了让可能参与贷款的银行完整了解贷款项目及项目单位（借款人）的情况，地方政府与经理银行应合作制订贷款情况备忘录，首先必须保证其内容的全面性。一般银团贷款情况备忘录包括三方面内容：拟取得贷款的主要条件、借款人情况、拟使用贷款资金的项目情况。拟取得贷款的主要条件需说明拟借贷款的数额、资金用途、经理银行名称、对贷款银行的要求、贷款期限、提款期、还款模式、利率、司法管辖以及拟聘请的贷款律师等内容；借款人情况包括借款人的企业属性、借款人成立时间及经营历史、借款人的内部组织结构及附属机构、业务范围等。在制订情况备忘录时，除了应保证内容全面外，还必须使订立贷款情况备忘录所列内容真实可靠、表达客观。情况备忘录中所包括的资料和对未来前景的预测，全部是由借款人提供的；情况备忘录中有任何错误和不客观的说明而导致的后果都由借款人承担，为此，借款人与经理银行共同制定贷款情况备忘录时，必须使其内容尽可能做到准确清楚、可信可靠，以保证内容表达的客观性，避免因表达不准确或错误说明引起筹资风险。

4. 选取筹资放贷模式

国际银团贷款通常有直接参与和间接参与两种融资放贷模式。直接参与性融资放贷模式是由借款人与若干个贷款银行分别签署独立的贷款协议，这些贷款银行统称为银团的参与银行；间接参与型融资放贷模式一般涉及借款人、贷款银行（或牵头银行）和参与银行三方。借款人是使用贷款的人，贷款银行（牵头银行）是直接发放贷款的人，而参与银行是贷款银行将其向借款人发放贷款的义务与利益转让的第三人。间接参与型放贷模式的主要特征是参与银行一般不与借款人直接订立贷款协议，而是与银团牵头银行订立贷款权益的转让协议。国际银团贷款的融资模式直接影响筹资的时间和成本，正确选择融资模式能有效地降低筹资成本和风险。一般来说，间接参与型融资放贷模式较直接参与型融资放贷模式为优。

5. 相关纳税事宜

在国际借贷活动中，有关国家要向借款人和贷款人征税。主要有利息所得税、印花税、资本税等。利用国际银团贷款时，应对贷款所涉及的纳税事宜予以充分全面考虑，特别是利息所得的预提所得税的承担责任一定要在贷款协议中列明。

五　外国政府贷款筹资方式

（一）外国政府贷款及其适用性评价

外国政府贷款，是指贷款国用国家财政资金直接与借款国发生借贷关系，即某国政府将国家财政资金贷给其他国家政府或法人，是不同国家政府之间的援助措施之一，通常利率较低甚至是无息贷款。政府贷款多数是政府间的双边援助贷款，少数是多边援助贷款，也是发达国家资本输出的一种形式。政府贷款通常由相关国家政府有关部门出面洽谈，也有的是在政府首脑出国访问时，经双方共同商定，签订贷款协议。我国利用的外国政府贷款是指外国政府向中国提供的具有一定援助或部分捐资性质的优惠贷款。外国政府贷款最常见的是发达国家向发展中国家提供的长期优惠贷款，也有发展中国家之间相互提供的信贷，具有政府间开发或部分赠予的性质。其资金来源一般分两部分：软贷款和出口信贷。软贷款部分多为政府财政预算资金；出口信贷部分为金融信贷资金。双边政府贷款是政府之间的信贷关系。许多发达国家为了扩大本国资本和货物出口，增强本国出口商品的国际竞争力，还采用混合信贷模式，即为援助和用于资助贷款国向出口的政府贸易信贷相结合的贷款。利用外国政府贷款是我国引进外资的一个主要渠道，也是我国城市基础设施建设的重要融资模式，农村公路建设项目也可以考虑利用外国政府贷款。

外国政府贷款一般具有如下特征：一是贷款期限长、利率低。政府贷款通常具有经济援助性质，按照国际惯例，政府贷款一般都含有25%的赠予部分。二是大多规定购买限制性条款，即借款国必须以贷款的部分或全部资金购买提供贷款国的货物。三是规模有限。外国政府贷款一般规模不会很大，而且仅限于友好国家之间。四是贷款与专门的项目相联系，比如用于一国的交通、农业、卫生等大型开发项目。五是贷款具有政治色彩。政府贷款通常服务于国际政治和外交的需要，受贷款国外交政策、意识形态、价值观念、财政预算、国际收支等因素影响，具有较浓厚的政治色彩。此外，外国政府贷款虽然较国际商业贷款优惠，但也与国际筹资模式一样，客观上存在汇率风险，而且借款人不能自由选择币种，只能采用贷款国货币，一旦该外币升值（如日元）将承担汇率风险，筹资成本也会较大。

（二）地方政府申请外国政府贷款的程序

地方政府利用外国政府贷款为农村公路项目融资一般遵循以下程序：首先由国家发改委向各地方、各部门征集建设项目，其次由地方相关部门层层筛选汇总申报，由国家发改委确定利用外国政府贷款的项目，最终经批准的项目开始实施。

1. 征集项目

根据国家发展改革委员会利用外国政府贷款计划和财政部年度可用的外国政府贷款额度和条件，拟申请贷款的项目单位可编制"项目简介"，报省级发展改革委员会和财政部门；由省级财政部门汇总后征求财政部初步意见，探讨项目建设和利用外国政府贷款的可行性，根据财政部的反馈意见，通知项目单位是否进行下一步工作。项目简介应包括项目概况、拟使用贷款国别及金额等内容。

外国政府贷款的备选项目是根据各国政府贷款提供情况分批选择下达的，国家发展改革委员会在选择备选项目时一般遵循以下原则：项目要符合国家中长期发展规划、产业政策和技术具备政策，一般要求项目已批准立项；优先安排国家重点项目以及国家优先发展产业（农业、水利、交通、通信、能源、主要原材料等）的项目和增强出口创汇的项目；项目配套资金能够落实，并具有一定的经济效益和还贷能力；贷款偿还责任能够落到实处；各地方、部门已有的贷款项目实施情况和债务状况以及贷款偿还信誉；对中西部地区实行同等优惠政策；结合贷款的特征和要求，尽可能符合贷款国的有关规定和要求，对限制采购的贷款还要考虑贷款国的技术水平和供货能力。

政府贷款项目的执行程序中要注意以下几点：一是贷款备选项目是国内有关部门开展工作的依据，也是贷款国审查、选择项目的基础。各对外窗口部门、银行及外贸公司必须按照国家发展和改革委员会下达的备选项目对外开展工作，未经国家发展和改革委员会统一列入备选项目的不得对外提出。二是国家发展和改革委员会下达的备选项目不得随意变更。如因国内原因确需变更或撤销的，需由地方或部门按程序报国家发展和改革委员会，经其同意后由国家发展和改革委员和窗口部门同意办理。三是原本按限额以下（小于500万美元）办理的项目，在对外工作中变为限额以上（超过500万美元）项目，须由地方和部门报经国家发展和改革委员会批准后方可对外签约。四是由若干子项目组成的打捆项目，对外作为一个项目提出的，其贷款金额超过500万美元的，须按限额以上项目办理。

2. 必须做好知识申请前的准备工作

主要有以下几个方面：一是编制"项目建议书"。由项目单位自行编制或委托有资格的公司编制。二是立项审批。项目单位按项目性质和审批权限，分别报上级主管部门审批或报国家发展与改革委员会、商务部审批。三是取得还款承诺函。立项批准后，项目单位应向计划或财政部门等申请"还款承诺函"。如果是限制采购的外国政府贷款还要进行委托采购。限额以上项目，采购公司由财政部统一指定；限额以下项目，项目单位报主管部门同意后，可委托有资格的采购公司对外采购。

上述工作完成后，方可提出正式申请。项目单位向财政部门提出使用外国政府贷款申请时，应提交如下文件：一是申请报告；二是项目建议书或可行性研究报告；三是立项批复文件；四是还款承诺函；五是采购委托书。协议生效后，项目单位应及时向外事部门办理外债登记手续，最后项目开始实施。

（三）利用外国政府贷款应注意的问题

地方政府利用外国政府贷款方式为农村公路项目筹集资金，应注意以下问题：

一是项目能否列入国家利用外国政府贷款和备选项目至关重要，因此，地方政府要及时提出利用贷款计划和申请，并报送国家发改委和财政部。

二是贯彻产业和区域发展政策，提高贷款的社会经济效益。利用外国政府贷款必须纳入国民经济和社会发展计划；依照国家产业政策，外国政府贷款应投向农业、水利、能源、交通、通信、环保、城市基础设施建设等领域；依照国家区域发展政策和西部大开发战略，进一步提高贷款用于中西部地区的比重，加大支持西部开发的力度；利用外国政府贷款投资基础设施、公益性项目，要在注重社会效益的同时兼顾经济效益，而投资竞争性项目就必须把经济效益放在首位，同时项目选择要符合贷款国的政策要求和技术特征。

三是从实际出发，根据各地的财政状况以及产业和资源优势，既积极利用外国政府贷款，又要量力而行，防止和扭转那种不顾地方实际，片面追求贷款数量、忽视项目质量、重贷轻还的不良倾向。

四是强化债务管理，保证外债的还本付息。地方政府要加强外债管理，建立贷款的借、用、还责任制，明确和落实主管部门、地方政府、转贷机构和项目单位的偿债责任，建立健全对贷款资金运作的全程监控制度，提高决策和管理水平，确保贷款资金的安全，提高贷款资金的使用效益和效率，及时化解外国政府贷款偿还过程中可能出现的拖欠等问题；建立地方政府债务风险预警机制，防范和化解财政风险。

五是防范汇率风险。利用外国政府贷款一般使用贷款国货币，在市场经济条件下汇率是变动的，使用外汇必然存在汇率风险。因此，在利用外国政府贷款时，应充分考虑汇率因素，采取切实有效的措施防范和应对汇率风险。

六是竞争采购。日本、科威特采用国际竞争性招标模式对外采购，一般价格比较合理。但其他国家的政府贷款均为财政性贷款，物资采购只能在贷款国进行，而供货商报价又往往偏高。在这种情况下，要注意选择几家有实力的贷款国供应商参加竞争。同时，还要注意引进技术、设备的先进性及与国内配套设备、吸收和消化能力相适应；软件和硬件比例要适当，与设备配套的软件也是非常重要的，但在实际中却经常被忽视，人们关注的重点是硬件。因此，在利用外国政府贷款时，绝不能忽视软件的引进。

六　国际金融机构贷款筹资方式

国际金融机构贷款，是指国际金融机构作为贷款人向借款人政府机构以协议模式提供的优惠性贷款。国际金融机构包括全球性国际金融机构和地区性国际金融机构。目前与我国形成良好合作关系的包括国际复兴开发银行、国际开发协会、国际金融公司、亚洲开发银行等。①

农村公路项目利用国际金融机构贷款，必须与中央政府各相关机构保持良好关系。因为国际金融机构贷款的项目选择、贷款发放程序比较复杂，涉及多个部门，协调工作难度大。下面以世界银行贷款为例，简要地说明一下我国各相关政府部门及其职权。

世界银行贷款是我国利用国际金融机构贷款的最重要组成部分，其管理工作由我国多个机构负责，涉及的部门主要有财政部、国务院机电设备进口审查办、海关总署、国家审计署等。按照国务院利用国外贷款工作要实行"统一政策、分工负责、加强协调"的原则，财政部作为管理世界银行贷款的"对外窗口"单位，同国家发展和改革委员会、行业主管部门、外交部、国家外汇管理局、国务院机电设备进口审查办、海关总署、国家审计署等一道，对我国利用世界银行贷款的计划、准备、执行等工作进行管理和监督。

国家发展和改革委员会负责世界银行贷款业务的司局主要有国外资金利用司、外事司、经济贸易司等。其主要职责是：将世界银行贷款项目列入国家基建计划和国家利用外资计划；按照基建程序，审批项目建议书；会同财政部编制利用世界银行贷款规划，联合上报国务院；按照基建程序，会同财政部和有关行业主管部门审核项目可行性研究报告和评估报告，并报国务院批准；为部分项目安排配套资金；参加国家评标委员会；参与项目完工验收和后评价。

财政部负责世界银行贷款业务的司局是国际司。财政部是我国利用世界银行贷款的对外窗口单位，其主要职责是：与国家发展和改革委员会联合制定贷款规划，并一起与世界银行商谈该规划，然后报国务院批准；参与世界银行项目的准备和评估；同项目所属的地方政府或主管部门联合向国务院上报谈判请示，经国务院批准后组团赴美国与世界银行进行贷款谈判。谈判请示需会签国家发展和改革委员会，同时报送有关部门。谈判结束后，若谈判结果同谈判请示无大的差异，则代表中国政府确认谈判并达成贷款和开发信贷协定；项目贷款经世界银行执行董事会批准后，授权我国驻美大使或公使签署项目贷款协定或开发信贷协定。协定签署后，上报国务院批准。核准请示要抄送有关地方、部门，然后将贷款有关文件送外

---

① 邢恩深：《基础设施投融资项目实务》，同济大学出版社 2005 年版，第 34 页。

交部办理核准手续和法律证明手续，以便随后向世界银行提交贷款生效所需的法律文件；在贷款生效以前，与项目所属地方政府和主管部门或项目受益人签署贷款转贷协议。管理或授权世界银行贷款专用账户，办理或授权办理提款；检查、监督项目执行，负责项目执行过程中有关法律文件的修改；办理对世界银行的还本付息付费；参加国家评标委员会；审查项目完工报告，组织项目后评价；向世界银行提供我国外债报告；办理经世界银行安排的多边或双边援助的审批及执行；制定有关使用世界银行贷款的规章制度和管理办法。

项目所属行业主管部门负责世界银行贷款业务的司局是外事、财务、计划等部门，主要职责是：按照基建程序，对项目建议书、可行性研究报告提出审查意见，报国家发展和改革委员会，抄送财政部；对项目进行行业管理，提供协调、指导、监督和服务。为部分项目提供配套资金；执行部分项目并组织编写完工报告。

外交部负责世界银行贷款的司局是法律服务局，主要职责：驻美大使或公使根据国内授权，代表中国政府和地方政府或项目受益人同世界银行签署贷款或开发信贷协定和项目协定；根据国务院批准文件，向世界银行出具国务院对贷款或开发信贷协定的核准书及法律证明书。

国家外汇管理局主要负责：根据国务院批准的项目用汇和还贷方案，办理有关外汇手续；外债统计与检测。

国务院机电设备进口审核办的职责是：审批项目进口物资、设备、材料清单；审批招标采购文件；主持国家评标委员会；办理具体的进口批准手续。

海关总署主要负责：会同财政部门、国家税务总局制定世界银行贷款项目进口货物的关税征收管理办法；办理关税征管和减免手续。

审计署负责世界银行贷款的司局为外资运用审计司，主要负责：根据委托办理或委托地方审计机构对项目开展审计工作，向世界银行提供审计报告和审计意见书；参加项目完工验收和后评价。

（一）世界银行贷款

世界银行成立于 1945 年 12 月，当时的名称是国际复兴开发银行，其后，又相继成立了国际金融公司和国际开发协会等机构，形成了现在统称的"世界银行集团"。目前世界银行集团由国际复兴开发银行（LBRD）、国际开发协会（IDA）、国际金融公司（IFC）、多边投资担保机构（MI-

GA）等构成。而在我国由于资金使用情况等方面的原因，习惯上将世界银行统指国际复兴开发银行和国际开发协会，简称"世行"。世界银行的宗旨是促进可持续发展，提倡保护环境，支持和鼓励民营经济发展，保证政府提高服务质量和效率、增加透明度、推进改革，强调社会发展、全民参与、改善治理和机构建设，从而达到减少贫困和提高人民生活水平的目标。世界银行通过项目贷款、政策咨询和技术援助的模式，向发展中国家提供帮助。国际复兴开发银行是世界银行的主要贷款机构，其贷款占世界银行贷款的 3/4 左右。它向中等收入国家和信用好的低收入国家提供贷款和发展援助，也称"世行"硬贷款，主要用于支持教育、卫生、基础设施等领域的发展项目。其资金几乎全部从金融市场筹集；对贷款国的利率比其筹资成本高 3/4 个百分点，期限为 15—20 年，在开始偿还本金之前还有 3—5 年的宽限期。国际开发协会主要向收入最低的国家提供无息贷款，也称为世界银行软贷款。其宗旨也是为了促进增长和减少贫困，其采用的是无息贷款、技术援助和政策咨询的形式。国际开发协会贷款占世界银行贷款的 1/4，但需征收 0.75% 的手续费，且只有人均 GNP 低于 1445 美元的国家才能得到世界银行软贷款。

我国使用的世界银行硬贷款的条件是：还款期限为 20 年，含 5 年宽限期；承诺费为年率 0.75%；利率较国际资本市场低，利息按已拨付未偿还贷款余额计收。软贷款条件为：还款期限为 35 年，含 10 年宽限期，承诺费为年率 0.5%，征收办法与硬贷款相同，无息，但需征收 0.75% 的手续费，按已拨付未偿还的贷款余额征收。具体贷款条件如下：（1）贷款对象：会员国中低收入国家政府或经政府（中央银行）担保的公、私企业，只贷给确实不能以合理条件从其他来源获得资金的项目。世界银行根据各国情况确定贷款占项目总投资的比例，只提供项目建设总投资的 20%—50%（中国为 35%），其余部分由借款国自筹，借款国必须匹配足够的配套资金。世界银行严格审查贷款国的还贷能力，只贷给有偿还能力的成员国。人均国内生产总值低于 1445 美元的国家，可以得到国际复兴开发银行和国际开发协会的混合贷款，人均国内生产总值低于 5225 美元的国家，可以得到国际复兴开发银行的硬贷款，人均国民生产总值高于 5225 美元的国家，则不能再得到贷款。（2）贷款用途：目前世界银行贷款仍以农业、农村发展和能源、运输等基础项目，以及教育、环保等为重点方向。（3）贷款手续烦琐，要求严格，一般需要一年半到两年的时间。

此外，世界银行贷款到期归还，不得拖欠，不得改变还款日期，而且要承担汇率风险。

1998 年以后，世界银行贷款按项目所属行业分为三类，采取不同的转贷渠道和模式。公益性项目，包括卫生、教育、水利、环保、扶贫、市政设施等由财政部转贷给地方政府；基础性项目，包括能源、交通、通信、农业等由财政部转贷给国家开发银行，再由国家开发银行转贷给项目单位；属于非经营性的基础性项目贷款（主要是农林类项目）的转贷按公益性项目进行；竞争性项目（主要指工业项目）由财政部转贷给国有商业银行或非银行金融机构，再由其转贷给项目单位。

（二）国际金融公司贷款

国际金融公司是世界银行集团成员之一，其宗旨是对发展中国家（会员国）的私人企业的新建、改建、扩建提供贷款资金，促进发展中国家私营经济的增长和国内资本市场的发展，促进发展中国家私营部门的可持续发展，从而减少贫困，改善人民生活。其利用自有资源和在国际金融市场上筹集的资金为项目融资；同时还向政府和企业提供技术援助和咨询。国际金融公司是世界上为发展中国家提高股本金和贷款最多的多边金融机构，它提供长期商业信贷；其贷款无须政府担保，其资本金来自 175 个成员国，按商业原则运作并获取利润；与发起公司和融资伙伴共同承担风险，但不参与项目管理；在项目投资总额中，国际金融公司只承担部分融资，其每投入 1 美元，便能带来 5 美元的其他投资。

国际金融公司贷款期限一般为 5—7 年，还款时需用原借款国货币，贷款利率不统一，视投资对象风险和预期收益而定，一般要高于世界银行贷款。对于未提取的贷款金额，每年收取 1% 承诺费。

（三）亚洲开发银行贷款

亚洲开发银行（ADB）是亚洲、太平洋地区的一个区域性国际金融机构，于 1966 年 11 月成立，总部设在菲律宾马尼拉。1986 年 3 月我国成为其正式成员国。亚洲开发银行贷款的宗旨：不以营利为目的，而以提供援助为宗旨，向成员国提供贷款和技术援助，帮助协调成员国在经济、贸易和发展方面的政策，同联合国及其专门机构合作，促进亚太地区经济增长与发展。

亚洲开发银行贷款基本上分为四类：普通资金贷款（硬贷款）、亚洲开发基金贷款（软贷款）、技术援助基金、其他（日本特别基金和联合融资）。普通资金用于硬贷款业务，这是亚洲开发银行进行业务活动最主要的资金来源。普通资金来自股本、普通储备金、净收益和预交股本等。亚洲开发银行初建时法定股本为10亿美元，分为10万股，日本和美国是最大的出资国，认缴股本分别占总股本的15%和14.8%，中国排第三，占7.1%。亚洲开发银行用于向亚太地区贫困成员发放优惠贷款，即软贷款。资金来源主要由亚洲开发银行发达成员国捐赠，并从其他渠道取得部分赠款。技术援助特别基金主要来自各成员国的捐赠和亚洲开发银行业务收入的一部分，用于提高发展中国家或地区成员的人力资源素质和加强执行机构的建设。技术援助特别基金为成员国提供援助与其贷款项目结合起来，支持和帮助科技和经济方面比较落后的发展中国家成员，提高其科学技术能力。技术援助分为四部分：项目准备工作的技术援助；项目执行工作的技术援助；咨询性的技术援助和区域活动的技术援助。其资金来源主要是技术援助特别基金，分为贷款、捐款和两者结合三种形式。日本特别基金是由日本政府出资，主要用于：以赠款形式，资助成员国或地区成员的公营、私营部门中进行的技术援助活动；提供单独或联合的股本投资，支持私营部门的开发项目；以单独或联合赠款方式，对亚洲开发银行向公营部门开发项目进行贷款的技术援助部分予以资助。联合融资又称共同融资，是用来自亚洲开发银行资金和更多区域外经济实体资金共同为成员国的某一个发展项目融资的一种模式。

亚洲开发银行发放的贷款按条件划分有硬贷款、软贷款和赠款三类。硬贷款的利率为浮动利率，每半年调整一次，贷款期限为10—20年（2—7年宽限期），软贷款较优惠，只提供给人均国民收入低于670美元（1983年价格）且还款能力有限的会员国或地区成员，贷款期限为40年（10年宽限期），没有利息，仅有1%的手续费。赠款用于技术援助，赠款额没有限制。亚洲开发银行贷款重点领域为农业、能源、工业、开发金融机构、交通运输、通信、供水、城市发展、国家保护、教育、卫生等方面。其贷款程序主要是：项目确定、可行性研究、实地考察和预评估、评估、准备贷款文件、贷款谈判、董事会审核、签署贷款协议、贷款生效、项目执行、提款、终止贷款账户、项目完成和项目后评价。

申请亚洲开发银行贷款的国内程序与申请世界银行贷款的国内程序基本相同。具体程序如下：

（1）立项申请。选择项目并提出项目建议书。各地区、各部门根据国家经济发展长远规划及地区规划、经济建设方针、技术经济政策和建设任务，结合资源情况和生产力布局等条件，在调查研究、勘察建设地点、初步分析投资效果后，编制项目建议书。项目建议书应主要包括如下六个方面的内容：项目建设的必要性和利用亚洲开发银行贷款的理由；对产品方案、拟建项目规模及建设地点的初步设想；对资源状况、建设条件、引进设备或工艺水平以及未来市场走势的初步分析；有关投资估算和资金筹措的设想，说明利用亚洲开发银行贷款的可能性和除亚洲开发银行贷款以外的其他资金渠道，对偿还贷款的能力进行初步测算并明确还贷方案；项目的进度安排；对项目经济和社会效益的初步估算。

（2）可行性研究。项目建议书获批准后，计划部门即可将项目纳入各自前期工作计划，开展可行性研究的各项工作。可行性研究工作按下列程序进行：争取列入国家利用亚洲开发银行贷款三年滚动计划。1995 年以来，国家发展和改革委员会和财政部在每年年初，都要根据国家的发展规划和有关地区和部门所提项目建议，制定我国未来三年利用亚洲开发银行贷款的初步方案，并与亚洲开发银行商谈该计划，然后，根据同亚洲开发银行商谈贷款计划的结果，报国务院审批，并执行批准后的正式计划。由于该计划是安排未来三年的贷款内容，并且每隔一年就对计划向前调整一次，故称其为三年滚动计划。拟利用亚洲开发银行贷款的项目，在准备阶段的初期就必须首先列入国家的三年滚动计划，否则就不能开展利用外资的可行性研究。

（四）国际金融机构贷款筹资方式的适用性分析

我国作为世界银行创始国之一，于 1980 年 5 月 15 日恢复了在世界银行的合法席位。世界银行作为我国在国际资本市场融资的一个主要来源，对于帮助我国发展国内资本市场、支持我国经济和社会发展作用十分明显。改革开放初期，世界银行贷款在我国利用外资总额中占有较高比重，此后，随着各种来源外资的不断增长，所占比例有所下降，但仍是重要来源。1981—2002 年，世界银行共向中国提供贷款约 360 亿美元，支持了 240 多个项目，其中约有 100 个项目还在实施，使中国迄今保持着世界银行最大借款国的地位。世界银行贷款项目涉及国民经济各个部门，遍及中国的大多数省、自治区、直辖市，其中，能源、交通、工业、城市建设等基础设施项目占贷款总额的一半以上，其余资金投向农业、环保、教育、卫生、供水等项目。20 世纪 90 年代以来，世界银行对中国的软贷款（无息贷款）在逐年减少，至 2000 年已完全停止了对中国的软贷款。

亚洲开发银行从 1986 年 3 月开始开展对华贷款和技术援助业务，所用的贷款主要是亚洲开发银行硬贷款。这些贷款涉及多个领域和行业，主要用于交通、能源、环保等基础设施项目，对缓解基础设施不足导致的"瓶颈"约束、加快国家经济建设起到了重要作用。目前中国是亚洲开发银行的第二大借款国和技术援助赠款第一大使用国。亚洲开发银行也是第一家安排国外商业财团联合融资在华投资的机构。

我国农村公路建设符合世界银行和亚洲开发银行贷款要求，而且具有贷款期限长、成本低、具有"税盾"与财务杠杆的双重功效等优势，符合公路建设项目的特点。从目前情况看，我国农村公路较少采用国际金融机构贷款融资方式。因此，在当前农村公路建设资金普遍紧缺的情况下，应挖掘其巨大潜力，充分利用国际金融机构贷款为农村公路融资。

七　债券融资方式

债券融资是指由地方政府设立的投融资载体授权代理机构发行的，用于当地基础设施建设和社会公益性项目建设的有价证券，也称市政债券。在西方发达国家，市政债券是公债市场的重要组成部分，也是地方政府筹措建设资金的重要融资渠道。我国从 1995 年实施的《中华人民共和国预算法》第二十八条规定："除法律和国务院另有规定外，地方政府不得发行地方政府债券。"由于这一法律限制，目前地方政府不允许自主发行地方公债。但是由于地方经济发展需要与当前财政收入不足的矛盾将在相当长时期普遍存在，一些地区发行了城市基础设施建设债券，采取通过地方政府投融资载体发行债券融资，以此解决基础设施建设项目的资金问题，对改善地方投资环境、推动地方经济发展起到了重要作用，并收得了很好的经济效益和社会效益。如大连市、上海市、南宁市、威海市、太原市等都相继成立了国有全资的城市建设投资开发总公司，政府授权其对城市建设和维护资金进行筹措、使用和管理。但是，这些城市利用投融资载体发行债券实际上是借用企业债券的名义发行的。根据《企业债券管理条例》，许多公用事业项目不符合发行企业债券的要求，就农村公路而言，只有级别较高的收费公路（主要是县级公路）可以采用债券融资，更多级别较低的乡村公路由于不具备收费条件，不能利用债券融资。所以，债券融资并不能从根本上解决地方基础设施建设资金短缺问题。从形式上看，这些市政债券大体相当于美国的收入债券，即能够以项目产生的收益来偿还债务本息。这种债券不会给地方政府带来很大的偿债压力，因而很适合我国地方政府借鉴。而一般责任债券由于其是以地方政府的征税权作担保的，在目前我国财政体制有待改革与完善以及地方政府的软预算约束普遍存在情况下，应慎重研究。

八　债务融资的资金成本

（一）债务融资的资金成本评析

1. 信贷融资方式的资金成本分析

从 20 世纪 80 年代以来，我国公路基础设施建设资金来源发生了很大变化，突出一点就是国家预算内投资比重逐年下降，银行贷款比例逐年上升，并成为主要资金来源。信贷融资就是"贷款修路、收费还贷"，具有资金量大、一次到位率高的特点，是多年来我国公路建设的主要融资方式。

国内银行贷款中的长期贷款，银行通常将贷款中的一定比例（一般为 10%—20%）作为存款保证金，因此，实际贷款等于银行贷款减去必需的最低存款保证金金额，从而加大了实际贷款成本。另外，按照现行税法和财务制度规定，贷款利息和费用可以列入财务费用在所得税前列支，使企业少缴所得税，因而使企业的实际费用支出相应减少，起到税收挡板的作用，降低了部分资金成本。总体而言，现阶段我国的整体利率仍不高，但不排除国家进一步提高贷款利率的可能性，因此，应注意防范利率风险。

国外商业贷款一般利率较高，且要求较严格；国际金融机构贷款和外国政府贷款具有资金成本低、期限较长的优势，但手续费较高，附加条件多，获得贷款后用款的审批程序严格，无形中增加了项目成本。而且，国际金融机构、外国政府、外国银行、外国银团提供的贷款均构成国家外债，国家不仅需要承担偿债义务，而且要承担全部汇率风险。因此，出于外债管理的需要，国家在这类贷款项目的审批时，即使是资金成本较低的国际金融机构贷款和外国政府贷款也是慎之又慎，外债规模控制较严，审批立项难度大、周期较长。同时贷款的利率风险和汇率风险均较高。随着我国经济的持续增长，经济实力不断增强，很多外国政府和国际金融组织已经或正在减少对我国的优惠贷款计划（如世界银行和亚洲开发银行均已停止对我国的软贷款），这将增大我国今后公路建设项目争取此类贷款的难度。

2. 债券融资方式的资金成本评析

按照现行政策，地方政府不得发行地方公债，这里所说的债券融资是指由地方政府设立的投融资载体授权代理机构发行的，用于当地基础设施建设和社会公益性项目建设的有价证券，也称为市政债券，实际上是公司债券。在西方发达国家，市政债券是公债市场的重要组成部分，也是地方政府筹措建设资金的重要融资渠道。发行公司债券要发生一些筹资费用，因此，发行的公司债券票面价值减去发行费用之后的余额才是实际取得的资金。债券融资的资金成本包括发行费用（包括发行手续费、印刷费、制版费等）和利息两部分。按照现行税制和财务制度规定，企业债券的利息支出可以在所得税前列支，因此，债券融资与银行贷款一样也具有"税盾"的作用。

现阶段农村公路采用债券融资与银行贷款相比，其融资成本相对较低。特别是其中的利息支出明显低于银行贷款。考虑通货膨胀率较高的实际情况，现阶段我国整体利率水平（尤其是中长期贷款利率水平）仍处于新中国成立以来的较低点。我国《证券法》及《企业债券管理条例》规定，企业债券利率水平不得高于同期银行存款利率水平的40%。相比之下，发行债券比同期银行贷款资金成本略高。但在当前负利率的背景下，考虑农村公路建设周期较长，所需要的资金多为长期资金，而且资金需求量大，在银行收紧银根的背景下，仅仅依靠银行贷款难以满足资金需要。而当前城乡居民储蓄存款一直居高不下，民间有足够的闲置资本需要寻找投资出路。因此，适度发行公路债券，既可以为资金紧缺的农村公路建设解燃眉之急，又可以为投资者提供更多的投资机会，增强资本的流动性，提高资源配置效率，可谓一举多得。

综上所述，与股票融资等资本融资方式相比，债务融资具有"税盾"和财务杠杆的双重功效。由于利息作为财务费用可以在所得税前扣除，债务性融资具有税盾的作用。同时，适宜的负债率可以充分利用企业财务杠杆作用，在最大限度为股东创造价值的同时，不会影响企业的控制权。

（二）债务融资在农村公路中的适用性评析

1. 信贷融资的适用性评析

要实现农村公路建设的可持续发展，必须要有足够的资金投入。"十一五"期间，平均每年用于农村公路建设的资金将高达770亿元，远远超过目前年投资 500 亿元的水平。因此，在现有的资金条件下，如何筹集农村公路建设资金是"十一五"农村公路建设的主要问题。长期以来，我国农村公路建设一直都没有固定的资金来源，农村公路建设的资金投入与农村公路在不同时期的发展历程有着紧密关系。政府财政投融资一直是农村公路建设的主要融资方式，但其在农村公路资金来源中的比重有逐年下降趋势，与此相对应，银行贷款比例呈上升态势，并成为主要资金来源。"谁受益，谁投资"的原则仍然贯穿每一条农村公路的建设。但要发展农村公路建设，单靠政府投入和老百姓自己掏口袋犹如杯水车薪，远远不能满足资金需求。

信贷融资，即向金融机构贷款是农村公路建设筹集资金常用的一种方式。在信贷融资中，农村公路建设主要依赖国内银行贷款，利用外资所占比重很少。农村公路融资之所以在很大程度上依赖银行贷款，一是因为城乡居民储蓄存款一直居高不下，公路建设的巨额资金需求为银行信贷资金找到了出路；二是银行（特别是国有商业银行）因其国家所有性质更青睐于政府主导的公路建设项目，且手续相对简便，资金到位较快。

总体而言，农村公路建设利用银行贷款具有如下优势：一是随着国家公路交通网络的形成，以及农村经济的发展，农村公路车流量上升的潜力较大，通行费收入增速会加快；即使是非收费公路，养路费（或燃油税）收入将呈稳步增长态势，还贷能力将稳步提高。二是随着农村公路建设进程的加快，"十一五"以后农村公路建设任务将呈递减态势，资金需求会逐步减少，还贷将更有保证。三是地方公路公司的组建和有效运作，可通过公司实施资本运作，有利于盘活公路资产，加快资产变现，从而进一步提供还贷能力。

目前，我国农村公路融资中引进外资所占比重很小，也就是说来自国外的信贷资金在农村公路建设资金中的作用微乎其微。因此，农村公路融资利用外国政府贷款、外国银行贷款以及国际金融机构贷款潜力较大，可以考虑充分利用较优惠的国际金融机构贷款和外国政府贷款，同时注意防范汇率风险。至于外国商业贷款应慎重，因为目前人民币升值较快而且仍处于升值时期，汇率风险和利率风险均比较高。

也应看到，农村公路不同于高速公路，农村公路建设不同于城市公路、高等级公路建设：城市公路和高速公路项目盈利率远高于农村公路项目，投资回收期虽长，却是有保障的，而农村公路车辆通行率低，就某一农村公路项目而言，仅仅依靠公路收费或提取燃税收回项目投资是不可能的。因此，农村公路（特别是车流量很小的乡村公路）项目很难从金融机构获得贷款，这就需要给贷款提供更多的保障，如政府出面借款或作担保，每年从该项目所在地经济收入中提取一定比例作为偿款资金；地方政府对公路项目实行统贷统还的政策，对效益好和效益差的公路项目进行捆绑式结合，宏观调控和安排其公路建设项目的贷款、还款计划，并统筹安排还贷资金来源。

从以上分析不难看出，大规模依靠信贷资金建设农村公路只能是权宜之计，当全国公路网形成以后，信贷这种高负债高发展的融资模式应逐渐淡出。一方面，信贷资金数量有限，国内银行当年新增信贷资金中用于固定资产投资方面的贷款约占1/3，其中只有一小部分能用于公路基础设施的建设。① 另外，商业银行的市场化运作已进入"快车道"，由于公路基础设施项目具有建设周期长的特点，从避免流动性风险角度出发，商业银行更青睐于提供期限较短的贷款；同时，大部分农村公路项目存在着低利性、公益性特点，难以进入商业贷款程序；即使进入贷款程序，商业银行对贷款对象的资本金要求较高，公路建设项目未达到一定比例的资本金很难贷到款，而农村公路建设项目资本金（特别是地方配套资金）到位率低的现象非常普遍。而国外信贷资金不仅要求高而且审批严格，比国内信贷资金更难以获得。因此，尽管目前和将来信贷资金仍是农村公路融资的一种来源，由于农村公路项目自身特点制约其对信贷资金的利用，必须在此之外需求新的出路，拓宽直接融资渠道。目前公路建设资金开通直接融资渠道潜力巨大，直接融资方式主要有债券、股票（股权证）、资源融资等。开拓直接融资渠道筹集公路基础设施建设资金，不仅有利于分散银行风险，充分利用社会闲置资金，为投资者提过多元投资渠道，增加流动性和营利性，而且对改善资源配置、实现帕累托最优以及繁荣发展资本市场具有积极的推动作用。

2. 债券融资的适用性分析

债券融资，即通过一定的审批手续，向社会发行约定在一定期限内还本付息的债券。债券融资与银行借贷相比：融资成本较低；投资主体较为广泛，可以包括众多投资者，如个人、企业与金融机构、机关团体、事业

---

① 陈靓：《湖南省公路融资问题研究》，硕士学位论文，长沙理工大学，2005 年。

单位等；融资结构灵活，规模可以很大；融资期限也较长。这些融资特点与农村公路建设需要中小规模较长期建设资金的要求十分吻合。因此，发行公路建设债券是较为理想的融资方式之一。

债券市场是资本市场的主要组成部分，其发展规模和结构是衡量一国资本市场成熟与否的重要标志之一。在成熟的资本市场上，企业债券作为一种融资手段，无论在数量还是发行次数上都远远超过股票融资。我国公路债券融资方式起步较晚，1998 年国家为保证公路建设资金及时到位，才运行地方交通厅和高速公路公司发行公路建设债券。随着我国资本市场的日益成熟和相关政策的日渐完善，目前社会各界包括管理层对企业债券市场的功能有了比较充分的认识，巨额的居民储蓄存款和股市、楼市的低迷，为企业债券市场发展积累了足够的市场，信用评级体系和担保体系等配套条件也已经成熟。可以预见，我国企业债券市场将会更快发展，这对农村公路建设发展债券融资十分有利。

债券融资符合农村公路项目的特点，具有很大的可操作空间。但目前债券融资并未成为农村公路融资的主渠道，债券融资渠道在农村公路建设中的拓展，还需要从政策上大力扶持，通过政策的倾斜来推动，2015 年开始实施的预算法修正案，有条件地放开地方政府发行公债的限制，允许地方政府发行地方市政建设债券。根据《国务院关于深化预算管理制度改革的决定》（国发〔2014〕45 号）规定，"经国务院批准，地方一般公共预算为没有收益的公益性事业发展可编列赤字，通过举借一般债务予以弥补，地方政府一般债务规模纳入限额管理，由国务院确定并报全国人大或其常委会批准。加强政府性基金预算编制管理。政府性基金预算按照以收定支的原则，根据政府性基金项目的收入情况和实际支出需要编制；经国务院批准，地方政府性基金预算为有一定收益的公益性事业发展可举借专项债务，地方政府专项债务规模纳入限额管理，由国务院确定并报全国人大或其常委会批准。财政部在全国人大或其常委会批准的地方政府债务规模内，根据各地区债务风险、财力状况等因素测算分地区债务限额，并报国务院批准。各省、自治区、直辖市在分地区债务限额内举借债务，报省级人大或其常委会批准"。从长期看，农村公路建设利用债券融资的前景十分广阔。

第二节　项目融资模式

项目融资是国际上为某些大型工程项目筹措资金的一种方式，是国际中长期贷款的一种形式。这类项目往往需要巨额投资，因此举办这类项目的公司和政府越来越感到难以完全承担巨额的资本要求和投资风险。针对这种情况，世界金融市场发展了项目融资方法，先后出现了产品支付、融资租赁、BOT 等方式，近几年又出现了 ABS 项目融资方式。

一　BOT 项目融资模式及其适用性分析

BOT 是英文 Build – Operate – Transfer 的缩写，即建设—经营—转让。BOT 项目融资是政府将一个基础设施项目的特许权授予承包商，由承包商在一定期限内负责项目设计、投资、建设、运营，并收回成本、赚取利润，到期后将项目所有权移交给政府。它是代表国际项目融资发展趋势的一种新型融资模式。目前 BOT 项目融资模式已被广泛运用于各国基础设施建设。如横贯英法之间的欧洲隧道、澳大利亚悉尼港口隧道、马来西亚的南北公路、中国九龙—香港东部海底隧道及九龙新界隧道项目等。BOT 项目融资作为基础设施项目优先选用的模式已被各国广泛采用。

（一）BOT 项目融资概述

BOT 项目融资具有如下特征：（1）BOT 项目融资是一种无追索权的融资。承包商收回项目投资的唯一途径是利用项目建成后在授权期内运营项目收费或销售项目产品，并往往以该项目收费权或产品销售权作抵押取得建设项目贷款。这种贷款是一种无追索权或有限追索权融资，在项目本身无力补偿投资时，承包商无权要求政府补偿。（2）项目的设计、建设、运营以及建设资金的筹措等均由政府授权，承包商必须接受政府或其委托部门的监督和支持。（3）政府拥有项目的终极所有权。在授权期结束后政府不仅保持项目所有权，而且拥有正常运营项目的使用权和收益权。（4）BOT 项目融资建设工程一般都是大型资本、技术密集型项目，主要集中在市政、道路、交通、电力、通信、环保等方面。（5）与传统模式相比，BOT 融资项目设计、建设、运营效率一般较高，因此用户可以得到较高质量的服务。BOT 项目融资模式经过不断实践和发展，在其基本形式的基础上衍生出多种变通形式。

（二）BOT 项目融资方式的适用性评析

BOT 项目融资运作包括六个阶段，即项目确定、招标、开发、建设、运营、移交。我国交通等基础产业一直是制约经济发展的"瓶颈"。随着我国投资环境的改善，国际一些拥有巨额资本的大财团、金融公司把投资重点转向我国基础产业。BOT 正是在这种情况下开始应用于我国的。1995 年 5 月 10 日，国家发展计划委员会正式批准第一个 BOT 试点项目广西来宾电厂，标志着我国投融资模式开始正式应用于我国基础设施建设。

BOT 融资模式对于我国农村公路建设有重大意义。一是有利于缓解资金压力，解决单一政府投资模式带来的资金供求矛盾。二是有利于分散投资风险，提高我国的经济安全。BOT 融资模式不影响政府对项目的终极所有权，又可以使投资者、使用者和其他相关方面共同承担公路投资建设风险。同时，这种融资模式所涉及的当事人各方（授权方和承包商）利益不一致，因而对项目评判的出发点和依据都会有所不同，项目选择要经过各方充分论证，从而可以减少决策失误，降低投资风险。三是在制度安排上有利于对重大项目实行宏观管理。采用 BOT 融资，项目的投资决策、签约都由政府直接负责，政府必须对项目投融资进行充分可行性论证会，反复比较后才能做出决策。四是有利于提高项目建设效率，减少监管成本。在农村公路等基础设施项目中引入 BOT 融资模式，有利于国际商业资本和私人资本参与项目建设和管理，项目运营状况直接影响投资者利益，投资者有加强管理、提高效率的激励。一般而言，较政府直接投资效率高，有利于带动国有企业管理水平的提高，还可以减轻政府的监管成本。

二　ABS 项目融资及其适用性分析

（一）ABS 融资方式概述

ABS 是 Asset – Backed Securitization 的缩写，即以资产担保的证券化。它是指以项目所属的资产为基础，以该项目资产所能带来的预期收益为保证，通过在资本市场发行证券来筹集资金的一种项目融资方式。ABS 融资模式，由于能够以较低的资本成本筹集到期限较长、规模较大的项目建设资金，因此对于投资规模大、周期长、资金回报慢的城市基金设施项目来说，是一种理想的融资方式。在电信、电力、供水、排污、环保、大型工业项目、资源开发型项目等领域的基本建设、维护、更新改造扩建项目中，ABS 将会得到广泛应用。

ABS 是以目标项目所拥有的资产为基础，以该项目资产的未来收益为保证，通过在国际资本市场发行债券筹集资金的一种项目融资方式。ABS 方式的目的在于，通过其特有的提高信用等级方式，使原本信用等级较低的项目照样可以进入高等级证券市场，利用该市场信用等级高、债券安全性和流动性高、债券利率低的特点，大幅度降低发行债券筹集资金的成本。

ABS 是由于在资本市场发行债券筹集资金的，按照规范化的证券市场运作方式，在证券市场发行债券，必须对发债主体进行信用评级，以揭示债券的投资风险和信用水平。债券的筹集成本和信用等级密切相关，信用等级越高，表明债券的安全性越高，债券的利率越低，从而使通过发行债券筹集资金的成本越低。因此利用证券市场筹集资金，一般都希望进入高档投资级证券市场。ABS 运作的独到之处就在于，通过信用增级计划，使得没有获得信用等级或信用等级较低的机构，照样可以进入高档投资机构市场，通过资产证券化来筹集资金。

（二）ABS 融资方式的适用性分析

ABS 融资由于能够以较低的资金成本筹集到期限较长、规模较大的项目建设资金，因此对于投资规模大、周期长、资金回报慢的城市基础设施项目来说，是一种理想的融资方式，在电信、电力、供水、排污、环保等领域的基本建设、维护、更新改造以及扩建项目中，ABS 得到了广泛的应用。这种有效的新型融资方式，在我国同样具有广阔的发展前景。

ABS 融资方式的可行性主要表现在如下几个方面：第一，我国公路等基础设施建设资金需求巨大。第二，我国已经初步具备了 ABS 融资的法律环境。长期以来，由于我国有关金融方面的法律不健全，国际资本市场成熟的融资工具和融资模式在我国无法运作，丧失了许多利用国际资本的机会。随着《担保法》、《票据法》、《保险法》、《信托法》、《证券法》等法律的相继出台，标志着我国投资法律环境不断得到改善，也为开展 ABS 融资构筑了必要的法律框架。第三，ABS 融资摆脱了信用评级限制，拓宽了现有融资渠道。第四，利用 ABS 进行融资，有利于我国尽快进入高档次项目融资领域，将极大拓展我国项目融资的活动空间，加快我国项目融资与国外资本市场融合步伐，促进我国外向型经济的发展。

ABS 作为一种新型的项目融资方式虽然开展时间不长，但已被实践证明是有效的，它在美国、西欧和日本等国都获得了比较好的发展。从我国目前的实际看，开展 ABS 融资方式还存在一些限制因素。为了促进 ABS 融资活动的开展，应对以下问题加以重视并解决。

第一，SPC 的组建问题。前面已经谈到，成功组建 SPC 是 ABS 能够成功运作的基本条件和关键因素。但组建 SPC 只有在国家主权信用级别较高的国家，如美国、日本、西欧等经济发达国家注册，并具有雄厚的经济实力和良好的资产质量，才能获得国际权威资信评估机构授予的较高资信等级。因此，我国应该选择一些有实力的金融机构、投资咨询机构，通过合资、合作等方式进入国外专门为开展 ABS 融资而设立的信用担保机构、投资保险公司、信托投资公司，成为 SPC 股东或发起人，为我国在国际市场大规模开展 ABS 融资奠定基础。

第二，法律、政策限制的问题。虽然我们形成了 ABS 融资的基本法律框架，但由于 ABS 属于高档投资级的证券融资，原始权益人、投资者和项目的其他参与者的权益和责任是通过法律合同详细规定的，因此现有法律法规远远不能适应 ABS 融资的要求。为此，要根据我国的国情和国际惯例，加快相关立法，制定一套适合 ABS 融资的法律法规。同时，我国目前对资本项目还实行管制，国家对 ABS 债券融资方式不可能一下子放开，只能逐步试点，取得经验，再一点点普及，为我国经济发展提供较低成本的资金。

第三，税收问题。ABS 融资方式是以项目资产的未来收益偿还发行债券的本息的，而我国的增值税、营业税、印花税、所得税等税目、税率都与国际惯例有区别，从而影响 ABS 融资在我国的发展。我们要按照国际惯例进行税制改革。

第四，人民币汇兑问题。我们要利用当前我国外汇储备充足的有利时机，保证 ABS 项目的外汇兑换，以增强外商对我国进行 ABS 方式投资的信心。

第五，人才培养问题。目前我国缺少 ABS 研究、管理专门人员，也缺少这方面的法律人才。因此，必须加快有关 ABS 方面的人才培养，深入研究 ABS 融资方式的方法和经验，以促进我国更好利用这一方式，促进我国经济更快发展。[1]

---

① 贾辉艳：《ABS——项目融资新方式》，《吉林省经济管理干部学院学报》2001 年第 15 卷第 5 期。

　　ABS 融资方式是由原始权益人将其特定资产产生的、未来一定时期内稳定的可预期收入转让给专业公司（SPC），由专业公司将这部分可预期收入证券化后，在国际或国内资本市场进行融资。这种融资方式的关键在于是否存在稳定的可预期收入。

　　改革开放以来，我国经济的高速发展带动了公路交通事业的发展。根据我国国情，公路建成后可征收公路通行费，这笔收费具备作为这种特定收入的特点。根据我国的投资政策，ABS 融资方式可运用于一些效益较好的公路建设项目。公路建设所需资金庞大，仅依靠传统的筹资方式已不能满足建设的需要，更不能解决建设资金不足问题。新型的融资方式如BOT、股票融资、债券融资等都各有其不足之处。因此，利用 ABS 方式来筹集公路建设资金成为弥补资金不足和解决资金问题的较好方式。但是，ABS 融资方式在我国还是个新事物，还有许多问题需要进一步研究，主要有 SPC 的组建问题、外汇平衡问题、法律、法规问题、试点问题和人才培养问题等。

三　项目融资方式在农村公路中的适用性分析

　　项目融资是相对传统融资而言的新型融资模式，它以被融资项目本身的经济强度作为决定是否提供贷款的首要因素，投资方始终着眼于控制和积极影响项目运行的全过程，是以项目自身的未来现金流量为担保条件而进行的融资，其中以 BOT 和 ABS 项目融资模式最为典型。

（一）BOT 和 ABS 的融资特征

　　BOT（Build - Operate - Transfer）是 20 世纪 80 年代由土耳其前总理正式提出的。当时，发展中国家有大量基础设施项目在寻找资金，但由于全球性的经济衰退和第三世界债务危机所造成的巨大负面影响，如何增强项目抵御政治风险、市场风险和债务风险的能力，如何提高项目的投资收益和经营管理水平，成为银行、投资人、东道国政府在融资时必须解决的问题，由此产生了 BOT。BOT 以政府和私人机构之间达成的协议为前提，由政府向私人机构颁发特许，允许其在一定时期内筹集资金建设某一基础设施并管理经营该设施及其相应的产品和服务。政府对该机构提供的公共产品或服务的数量和价格可以有所限制，但保证私人资本具有获取利润的机会。当特许期限结束时，私人机构按约定将该设施移交政府，转由政府指定部门经营管理。

　　ABS（Asset - Backed Securitization），即资产证券化，20 世纪 70 年代

产生于美国，最早起源于住房抵押贷款证券化，目前欧美国家的资产证券化市场仍然以住房按揭抵押贷款、企业应收账款等金融资产证券化为主。ABS 模式的实质是将基于基础设施或资产的现金流收入与原始权益人完全剥离，过户给特设信托机构（Special PurposeVehicle，SPV），SPV 通过金融担保、保险及超额抵押等方式取得较高的信用评级，然后以债券方式发售给资本市场的投资者，融取项目建设所需资金，并以设施的未来收入流作为投资者收益的保证，不需要以发行者自身的信用做债券的偿还担保。

从融资特征看，BOT 和 ABS 具有如下共同点：

第一，两者都将归还贷款的资金来源限定在所融资项目的收益和资产范围之内，具有项目导向性和有限追索性，保证了项目投资者在项目失败时不至于危及投资方其他财产；提供资金方对于项目资金的追索权被限制在项目公司资产和现金流量中，不会对发起人的资产负债率带来影响，所以有条件成为项目发起人资产负债表外的业务，构成表外融资。

第二，两者都具有项目信用的多样性。将多样化的信用支持分配到项目未来的各个风险点，从而规避和化解不确定项目风险。如要求项目"产品"的购买者以合理价格签订长期购买协议，原材料供应商提供供货保证等，以确保强有力的信用支持。

第三，两者融资程序复杂、融资数额大、期限长、涉及方多，涵盖融资方案的总体设计及运作的各个环节，需要的法律性文件也多，且前期费用占融资总额的比例与项目规模成反比，其融资成本高于一般商业贷款。

第四，两者都能减少政府的直接财政负担，减轻政府的借款负债义务，对于基础设施和能源、交通运输等大型建设项目具有很大的吸引力和运作空间。

（二）BOT 和 ABS 融资模式的差异比较

BOT 和 ABS 两种融资模式虽然具有很多相同点，但两者还是存在很多差异。

1. BOT 融资模式的限制条件

考虑大型基础设施由外方承建并运营的政治影响和对此承诺的过多条件，对一些虽具备采用 BOT 但关系国计民生的重大项目，不宜采用 BOT 融资。我国法规规定港口、码头等设施不允许外商独资，铁路、公路、电力等设施须由中方控股。由于在债券发行期内项目资产的运营和决策权依然归原始权益人所有，因此，不必担心项目是关系国计民生的重要项目而被外商所控制。不宜采用 BOT 方式的重要铁路干线、大型发电厂等重大基础设施，可以采用 ABS 方式。

2. 正面影响

能减少政府直接财政负担和负债义务，政府无须保证或承诺支付项目的借款，从而也不会影响东道国或发起人为其他项目融资的信用。避免了项目被投资者控制，保证了运营利润不会大幅外流。政府无须为项目的投资回报、外汇平衡问题做出承诺和安排，不必为吸引资金而承诺在项目经营期内固定收费标准，并可有效避免外汇市场风险。

3. 负面影响

引进外资的 BOT 会给东道国带来掠夺性经营、税收流失等负面效应，国家要承担政治、经济、法律等多种风险。由于项目的经营决策权仍归原始权益人，在融资的同时无法引进国外先进的技术和管理，不利于项目建设及经营效率的提高。风险分配 BOT 项目的资金提供者数量有限，每个投资者要承担的风险大。以债券形式发售给国际资本市场上数量众多的投资者，且债券可转让、变现能力强，每个投资者承担的风险小。融资成本采用 BOT 方式环节多，牵扯的范围广，涉及方多，操作复杂，融资成本高。主要通过民间的非政府的途径运作，涉及机构相对少，从而减少了酬金、差价等中间费用，使融资费用相对较低。

4. 在我国的应用

1984 年签署合资协议的深圳沙角 B 电厂是我国第一个 BOT 项目。而后又有来宾电厂、日照电厂、外高桥电厂、泉州刺桐大桥、沪甬高速公路、广州轻轨等多个 BOT 项目。1995 年，国家计委下发《关于试办外商投资特许权项目审批管理有关问题的通知》。1997 年 5 月，重庆市政府与亚洲担保及豪升 ABS（中国）控股公司签订了我国第一个 ABS 计划合作协议。在我国境内大规模推行 ABS 融资还面临资本市场不健全，中介服务机构发展相对滞后，法律制度、税收政策、会计准则等方面不完善等一些约束条件。而在境外发行 ABS 债券操作复杂，使得 ABS 融资方式目前在我国应用尚少。

（三）我国实施 BOT 和 ABS 融资需解决的问题

尽管我国基础设施建设的投融资体制改革已经取得很大成效，目前在能源、交通、水利等基础设施领域方面的投资已经部分或完全地对私营资本（包括内资和外资）放开，而且我国已经取得了一些基础设施建设的 BOT 融资经验，在 ABS 项目融资方面也有所发展，但我国目前实施 BOT 和 ABS 融资仍需要解决以下问题：

1. 建立 BOT 和 ABS 融资模式运行所需的经济和法律环境

当前我国的市场经济环境和法律环境正逐步规范，有关经济立法，如银行法、担保法、抵押法、保险法已经颁布，随着金融改革的进一步深入，相应法规还将陆续出台，为 BOT 和 ABS 融资的开展创造了条件。但是对于具体项目融资的立法，仍有一些亟待解决的问题。我国目前关于项目融资的法规文件主要包括《关于以 BOT 方式吸收外商投资有关问题的通知》、《关于试办外商投资特许权项目审批管理有关问题的通知》、《关于借用长期国外贷款实行总量控制下的全口径管理的范围和办法》等八部法规文件，这些规章制度曾对我国项目融资的发展起到了很大促进作用，但也存在一些问题。这些问题的存在不利于 BOT 和 ABS 项目融资在我国的发展。因此，首先必须完善我国的项目融资立法体系。立法宗旨要从过去的"限制"为主改为"积极支持"；要提高项目融资的立法层次和法律权威；构建起以"基本法"为主干，以配套法律文件为系列的项目融资法律框架；法律文件的制定要以世贸组织原则和我国"入世"的承诺为依据；法律条款内容要详细具体，具有可操作性。通过制订一整套符合我国国情、专门性、可操作的项目融资法律法规体系推动 BOT 和 ABS 项目融资在我国的发展。

2. 制订鼓励内资和民营资本参与 BOT 和 ABS 融资的措施

过去，我国项目融资主要针对的是外资，实际上内资和民营资本也是 BOT 和 ABS 项目融资的重要来源。相对我国数以万亿的民营资本，政府投资对经济的拉动力是有限的，吸引民营资本投资是发展基础领域建设的新途径。我国在推广 BOT 的过程中，应优先吸引国内资本，特别是私营经济资本，避免一味吸引外资对国内资金产生"挤出效应"，使国内资金丧失投资的良机。而且大型基础设施由外国公司承建并经营，在丧失本国经济成分发展机会的同时，也会产生不利的政治影响。对于 ABS 方式，现在我国主要用来吸引国际资本进行投资建设，随着我国金融市场的不断发展，应加快实现 ABS 方式应用于国内资本市场进行操作。因此，政府应发挥服务功能，制订配套政策，鼓励、引导国内和民营资本积极参与项目融资。政府服务包括：第一，信息服务，为投资者提供及时、可靠、准确的投资信息和投资决策的机会;第二,政策引导,对民营资本投资者在税收、项目信息、土地使用、人才与技术引进、公用配套条件等方面提供政策支持;第三,发展公共部门与私人企业共同参与公共基础设施的建设与运营的合作模式,形成公私互利的长期目标,使民营资本与政府投资形成合力,投资风险共担,并增强投资信用度和投资吸引力;第四,采用利益诱导的经济杠杆手段,通过授予基础设施特许经营权,保障民营资本的投资收益。

3. 努力实现市场化运营

长期以来,国内外都存在政府经营性基础设施建设及资源开发低效率问题。建设阶段工期、成本失控,质量差强人意,建成后效益低下。在项目融资中,对整个融资、建设、经营、维护过程必须有严格明确的规范约束,应努力实现市场化方式运营,通过项目法人对项目的策划、资金筹措、建设实施、生产经营、债务偿还和资产的保值增值实行全过程负责,体现经营活动的公开性、公正性、竞争性和效率性,防止因政府过度干预扭曲市场。

4. 加快培养熟悉 BOT 和 ABS 项目融资的人才

必须加快 BOT 和 ABS 项目融资方面的人才培养,以更好地服务于基础设施建设的项目融资。[①]

第三节 民间资本融资方式

一 民间资本融资的理论分析

民间资本融资,是指地方政府将社会闲置资金转化为投资,将其吸引到当地基础设施建设中的一种融资模式。

西方公共产品理论认为,许多公共品具有双重性,属于准公共品。以公路产品为例,在对公路的使用人数不多而未达到饱和点时,其具有非排他性和非竞争性,新增的消费者对公路的使用对其他人的使用无明显影响,而且也不会引起明显的成本增加;随着使用者的增加,当公路使用者达到饱和点以后,就会产生拥挤性,表现为交通拥堵;同时,由于过度使

---

① 赵振宇:《BOT 与 ABS 项目融资模式比较及实施初探》,《建筑经济》2006 年第 12 期。

用也会造成公路维修费上升、公路使用寿命缩短等一系列问题，从而产生竞争性。也就是说，这些产品的消费在达到饱和点之后，具有显著的私人产品属性。另外，随着社会科技进步与生产发展，使排他性成为可能，从而将基础设施的外部性降至最低。价格排他性为民间资本参与基础设施建设提供了可能。

虽然各种基础设施的建设表现出不同程度的公共产品、自然垄断、很高的沉淀成本等特征，但其运用却一般不会发生很高的沉淀成本，因此是可竞争的。基础设施的商业化和竞争程度要比人们通常想象的更加广泛，这就为民间资本融资提供了理论依据。

二　民间资本融资模式选择

中央政府已出台了一系列鼓励和支持民营经济发展的法律法规，2001年12月国家计委引发的《关于促进和引导民间投资的若干意见》，在市场准入、优惠政策、参与形式等方面做出了原则性规定。2005年2月国务院颁布了《关于鼓励支持和引导个体私营等非公有制经济发展的若干意见》，要求进一步解放思想，深化改革，消除影响非公有制经济发展的体制性障碍，确立平等的市场主体地位，实行公平竞争；进一步加强和改进政府监督管理和服务，为非公有制经济发展创造良好环境；放宽非公有制经济市场准入，允许非公有资本进入法律法规禁止的行业和领域，允许外资进入的行业和领域，也允许国内非公资本进入。这些文件确立了民间资本参与基础设施建设市场准入的政策框架。

我国鼓励民间资本进入农村公路等基础设施和公用事业的方向已定，但具体实施办法还没有出台。我国可以尝试借鉴其他国家的普遍做法。世界银行总结了各国民间资本参与基础设施的经验，提出民间资本进入基础设施有经营业绩协议、服务合同、管理合同、租赁合同、特许经营、BOT合同、国有企业改革、PPP等具体模式选择。就农村公路建设而言，资本性融资方式主要指公路建设权益资金的融资方式。权益资金融资对公路行业面临的经营风险和市场风险具有较强的承受能力，对公路企业而言是"风险资本"。资本性融资方式主要包括股票融资、转让公路收费权融资。

三　民间资本融资的风险分析

（一）民间资本融资方式风险分析

从我国目前的经济形势及长远观点来看，高等级公路建设应以直接融资方式为主。与债务融资方式相比，资本性融资方式所筹集的资金无须偿还本金，可减轻公路行业还本压力，降低公路行业的债务风险，有利于扩大自有资本金的比例。

1. 股权融资风险

高速公路股份公司的股票除具有一般公司股票特点外，另具有公路行业的特征。由于高速公路股份公司所经营的高速公路是国家重要的基础设施，受行业政策的保护，政府授予高速公路公司特许收费权，因此，高速公路公司的股票在二级市场表现比较稳定，风险相对较小，且收益稳定，增长潜力较大，很受投资者关注。

2. 转让收费权融资风险

通过转让公路收费权筹措的公路项目资金与间接融资相比具有许多优越性。转让方可省去考虑诸如投资效益和还贷能力、债务负担等复杂因素，不需提供财产担保和项目配套资金，还不需以项目作抵押，不存在还本付息等融资风险。

（二）民间资本融资方式的成本分析

发行股票的审批时间较长，手续复杂，融资过程中发生的手续费、评估费、律师费、公证费及担保费等一次性融资费用较高，而其资金占用费即股息和债务资金相比不具有"税收挡板"功能，不能在税前扣除，因此总体而言资金成本较债务资金高。

转让收费权的关键是合理预测公路资产未来的现金流量现值，从而合理拟定转让价格。若对未来现金流量预测低于实际产生的现金净流入，则会产生较高的机会成本。目前，转让收费权一般采取成立合资公司的方式，投资通常会要求较高的投资收益率，因而转让收费权的成本较高[①]。

（三）民间资本融资方式的适用性评析

1. 股权融资方式的适用性分析

20世纪90年代初，我国一些省市开始探索利用股份制筹集高速公路建设资金。1993年四川省按"一路一公司"形式率先组建了川北、川南、川西、川西南、南方5家定向募集的高等级公路股份有限公司，筹集股本金5.07亿元。同一时期，广东、江苏、海南等省也积极探索。这一阶段的股份公司处于试行摸索阶段，主要为筹资建设高速公路设立，股份发行

---

① 陈靓：《湖南省公路建设项目融资问题研究》，硕士学位论文，长沙理工大学，2005年，第38页。

范围窄，筹资量很小，也不很规范，交通部门的投资仍占很大比例，社会资金很少。近年来随着我国证券市场和高速公路的迅速发展，高速公路以其发展潜力大、投资收益稳定、盈利增长快、受国家产业政策支持等优势，吸引了众多境内外投资者，成为境内外发行股票上市的好题材。截至2003年8月，我国公路上市公司已发展到18家，通过新发、增发等方式，共募集资金近300亿元①，为公路基础设施建设提供了强有力的资金支持，极大适应了公路建设大发展的形势需要。

高速公路经过10多年的发展，2004年中国新增公路通车里程4.6万公里，总里程达185.6万公里；高速公路里程新增4400公里，到2004年底，我国高速公路通车里程已超过3.4万公里，继续保持世界第二。高速公路及其他高等级公路的建设，改善了我国公路的技术等级结构，改变了我国公路事业的落后面貌，缩短了我国同发达国家之间的差距，刺激了高速公路附近地区的经济繁荣和发展。高速公路作为特殊的商品，具有投资大、回收期长以及准公益性特点。只有通过加强成本控制，努力减少费用支出，才能使利润最大化。高速公路类上市公司因其资产质量较高，抗风险能力强而表现较好，其营业收入增长率、毛利率都明显比非高速公路类上市公司表现要好。影响高速公路建设的主要因素有国民经济的发展形势、国家交通建设规划和政策导向、建设法规等。我们用弹性系数法，在合理发展速度的前提下结合影响因素，对高速公路建设今后几年的发展进行了预测。未来高速公路建设存在着很大的资金缺口，如果单靠国家投资发展高速公路是不现实的，也是不可行的。组建高速公路公司发行股票上市和发行企业债券，是我国公路投融资体制改革的一项重大举措。目前资本市场上外资及社会闲置资金充足，有效利用这些外资和民间资本，将为高速公路建设发挥积极作用。根据产业生命周期分析，高速公路建设产业处于成长上升期。根据产业发展的波动性分析，高速公路公路建设行业处于2000年以来的很好扩张时期，行业相关投资风险相对较小，已经展现出巨大的投资价值，对于投资者来说，有很好的投资机会。高速公路建设行业发展起伏波动较小，属于投资风险中等的行业。②

随着公路交通投融资体制改革的不断深入，国家明确鼓励支持交通、

---

① 《上市融资助推高速公路腾飞》，he360慧聪网，2003年11月。
② 《2006年中国高速公路投资与发展分析报告》，http://www.ccmnet.com/B7/200602/9155.asp2008 - 10 - 1。

能源等基础设施项目采用股份制方式发行股票筹集资金，为公路行业股票市场融资提供了良好的政策环境。再加上单一的银行贷款方式导致公路行业负债率过高，债务风险过大，给银行和公路企业均造成巨大的压力，因此，股票市场融资将在未来公路建设尤其是高速公路建设资金的筹措过程中占有一席之地。

农村公路利用股权融资存在的障碍：除股权融资成本高外，公路行业利用股票融资存在的问题在于现行制度因素制约了股票市场融资功能的发挥。首先，从市场体系制度安排看，中国自推行股份制度以来，对股票市场体系一直实施如下制度安排：国有股不能上市流通，法人股只局限于两个单独的法人股市场交易。国有股不能上市流通，使国有资产无法变现，从而使国家融资无法实现；有关国有资产和法人资产的并购活动无法通过股市进行，因而，股票作为"支配证券"的功能几乎丧失，上述投资者也就不愿进入股市。其次，从资金准入制度来看，银行资本、保险基金、养老基金不得进入股市的制度约束也弱化了股市融资功能。

2. 转让收费权融资方式的适用性分析

1994年十四届三中全会提出"产权交易"问题后，一些省市开始探索以公路基础设施从事产权交易活动，对部分公路实行商品化管理以筹集公路建设资金，"转让收费权"方式应运而生。2004年11月国务院《收费公路管理条例》规定，公路收费权转让范围具体包括连续里程30公里以上的高速公路（城市市区至本地机场的高速公路除外）、连续里程50公里以上的一级公路、长度800米以上二车道的独立桥梁和隧道、长度500米以上四车道的独立桥梁及隧道的收费权、广告经营权、服务设施经营权。公路收费权转让采取向社会招标投标方式选择经营管理者，并依法订立转让协议。转让的具体办法由交通部会同发改委、财政部制定。

转让公路收费权是在特定历史条件下深化公路投融资体制改革的产物。通过对公路收费权有偿转让，能有效盘活存量公路资产，筹措公路建设资金，特别是筹措落实项目资本金，在一定程度上缓解公路建设资金短缺的矛盾，有效利用市场机制吸收社会资金和外资公路建设。除融资成本低、融资风险小外，转让收费权融资还具有以下优势：

首先，转让公路收费权是一个转让方与受让方互惠互利的行为。受让方获得了公路部门优良的存量资产，能收到较好的投资效益；转让方通过转让已建成的公路收费权，可提前从受让方收回对该项目的投资，偿还银行借款，从而化解项目的还贷融资风险。同时，可将转让获得的资金作为资本金投资新的公路建设项目，实现存量资产的重组和流动，为公路建设注入新的资金。

其次，通过转让公路收费权，有利于发展我国公路项目的技术管理水平。收费权转让打破了国家对公路项目的垄断经营，有利于逐步建立开放、有序、公平竞争的公路经营市场。同时，也可以学习国内其他行业和国外公路经营的先进管理经验和运行机制。

（四）河北省公路收费权转让情况分析

从河北省的实际工作情况来看，在公路收费权转让中还存在以下问题：（1）收费权的资产评估中，由于车辆数量预测、收费标准、折贴率等相关经济指标没有具体指南，使得公路收费权转让评估缺乏统一性。（2）由于转让公路收费权是个新生事物，目前全国尚无统一的合同文本格式，有的签订合同，有的签订的是一个与合同同等效力的合作协议书，对国家交通主管部门加强与规范行业管理极为不利。

在今后的收费权转让工作中，要针对以上问题采取有针对性的解决对策和办法，才能更好地利用该项政策，促进公路建设事业的发展。

综上所述，就农村公路项目而言，股票融资的难点还在于：农村公路项目规模小，具备条件的农村公路建设项目数量太少，而公路建设的资金需求量太大，二者差距悬殊，大量安排农村公路项目上市融资在现阶段不现实；从长期看有较长的投资回收期，且收益不稳定、风险大，对追求短期利益的投资者缺乏吸引力，因此单靠股票融资难以满足需要。由于车流量小等先天不足因素的影响，农村公路大多属于不具有排他性的准公共品，特别是大量乡村公路根本不具备收费公路的条件，不适用收费权转让融资方式；而具备收费条件的县级公路可以考虑采用公路收费权转让融资方式；就目前的现实情况来看，即使是等级较高的县级公路，由于公路收费权转让工作中存在的诸多问题，依靠公路收费权转让融资也存在诸多困难。总之，农村公路主要依靠公路收费权转让融资显然是不可能的。因此，股权融资（无论是股票融资还是公路收费权转让融资）都不可能作为农村公路建设的主要融资渠道而广泛加以采用，只能是农村公路融资的必要补充。

第四节　资源融资模式

一　无形资源融资

（一）基本概念界定

所谓无形资源融资，就是地方政府利用自身掌握的规划权、经营权、管理权、开发权、许可权、冠名权等无形资产，通过公开挂牌交易为农村公路等基础设施筹集资金的一种新型融资模式。

无形资源是指特定的主体控制的不具有独立实体，但对生产经营能持续发挥作用并带来一定经济效益的一切经济资源。我国的《企业会计准则》界定的无形资产是指企业长期使用但没有实物形态的资产，包括专利权、商标权、著作权、土地使用权、非专利技术和商誉等。无形资源种类繁多、形态各异，但都具有明显的排他性，能够给拥有者带来持续的经济效益，但无形资源带来的未来经济效益具有一定的不确定性，除了人们近年来熟悉的买卖道路、桥梁、街道的冠名权外，公路沿线广告牌、公交线路的运营以及公交站牌的广告经营权等均可以市场化，成为农村公路建设与维护的资金筹集渠道。

（二）我国部分地区的无形资源融资

当前我国部分城市成功运用无形资源融资模式，并取得良好的经济效益。如大连的环境经营模式、青岛的名牌经营模式、山东曲阜的城市文化特色模式、杭州的土地储备模式等。他山之石，可以攻玉，这些城市无形资源融资的成功经验值得地方政府政府在地方公路等基础设施建设管理中借鉴。

二　路产路权融资

路产路权融资，是指地方政府交通主管部门根据国家有关法律规定，将可利用的道路沿线两旁若干区域内的土地及路产（如护路树木等）资源，进行规划开发、有偿使用、挂牌交易，为农村公路管理养护筹措资金的一种新型融资模式。在这方面新疆的经验值得借鉴。新疆不少地方在乡村公路两旁栽种葡萄，在干旱的西北地区形成葡萄长廊，这种独特的"绿色长城"起到了对公路保护、绿化、美化的作用，同时又增添了当地的自然景观，带动了旅游业的发展，获得了可观的经济效益、生态效益和社会效益。最著名的当属"葡萄长廊",即和田县巴格其镇的农民为节省耕地,利用农田道路,将葡萄种在道路边上,枝蔓架在道路上方,多占天少占地,取得了明显的社会效益和经济效益。20 世纪 80 年代初,和田县将这一创举大力推行,并进行了统一规划,以后逐年扩大,到目前为止,全县葡萄长廊达 1500 多公里。利用农田道路建成千里葡萄长廊,创造了葡萄栽培史上的奇迹,受到中外来宾的高度评价。葡萄长廊的建设:一是节约了土地。二是经济效益显著。三是生态环境得到改善和保护。改善了农田小气候,美化了农村环境,已成为戈壁绿洲的一大景观。四是具有广阔的旅游开发前景。① 除新疆外,其他地区也进行了这方面的尝试。比如,河北省承德市交通局也提出了在做好县级公路绿化的同时,协助当地政府做好乡村公路的绿化美化工作。②

三　整合资源融资

除上述融资手段之外,农村公路建设还可以考虑整合资源融资,即地方政府利益当地的自然资源,进行优化配置。同时,借助外部力量多方融合,为农村公路等基础设施融通资金。整合资源就是在对自身资源充分认识的基础上,对外界资源吸收、消化,对现有资源进一步优化组合,使之发挥更大的经济效益和社会效益。整合资源的重点是经济社会发展资源的整合,在基础设施领域重点是路网、港口、物流资源整合、路桥收费站的撤并以及交通运输资源与邮电资源整合,形成运送快捷、转接方便、集散顺畅的交通运输体系,为经济发展提供低成本、高效率的物流服务。

就农村公路而言,整合资源融资主要是通过整合开发公路沿线地产资源融资。公路的发展改变了交通产业带内城市的职能和地位:一是刺激一些新型中小城市的快速发展;二是大城市郊区化趋势明显,工作、居住和消费空间逐渐分离;三是公路为产业的空间扩散创造了条件,大城市内部由于地价、交通和环境问题,带来企业生产成本的提高,许多企业开始向周边卫星城市转移,从而依托公路产生了独具特色的沿线产业经济带。公路通车后,由于沿线独特的区位优势和便利的交通条件,吸引了大量的投资项目,从而形成了产业经济带。投资项目的大量增

---

① 《新疆葡萄长廊》:http://www.cts.com.cn200503/1841.html2008 - 04 - 03。
② 承德市地方道路管理处:《2008 年承德市农村公路工作会议资料汇编》。

加，改变了土地的供求状况，从而导致了地价的上涨。由此可见，公路的建成是沿线土地增值的直接原因。虽然土地增值反映在产业带形成所带来的效益中，但与公路的建成通车是密不可分的。因此，公路建设应该与沿线土地开发实现风险共担、效益共享，而实现开发效益的主要形式是沿线土地的整合开发。

沿线地产开发策略。通过对公路经济带发展规律的研究得出，公路建成通车后若干年内，公路沿线的产业发展将会产生结构化调整，能有效提高沿线土地资源的利用率，快速促进沿线土地资源增值，而公路投资经营公司在建设过程中具备低价获得沿线土地资源的优势，介入公路沿线地产业务开发将对公路投资公司的多元发展具有重要价值。

有学者以高速公路为例提出公路沿线地产开发业务发展策略。其总体思路是：对房地产业务与公路业务进行整合，开发公路沿线地产经营业务，以及依托公路和沿线地产开发相关联的物流、物流园区等业务。总体流程可分为：投资收益与管理几个阶段。

土地获取阶段：根据全省公路空间布局规划和建设进度规划，集团投资部适时提出地块获取方案，充分利用集团规划优势，获取沿线出入口周边土地。

项目规划阶段：集团投资部和规划设计部负责所取地块的开发规划设计，重点做好周边经济环境和产业结构调研、全省公路沿线整体布局规划、未来10—20年区域经济发展预测，进行充分论证比较后确定地块开发产品定位，并进行项目投资收益分析，确定项目具体开发模式和盈利模式规划。

项目建设阶段：项目公司负责项目具体建设实施，集团工程部负责项目建设过程监督管理，确保项目建设实施过程不偏离方向，协助处理建设过程中可能出现的影响投资收益的突发性事件；项目公司重点要做好建设过程中的进度管理、质量管理和成本管理，确保项目按规划方案落实。

经营维护阶段：项目公司负责所建设项目的经营维护管理。根据项目开发规划设计方案，项目公司进行自主经营，或租赁经营、委托经营，原则上由项目公司进行管理；若完成建设任务后项目公司解散，则由集团公司接受委托管理。

根据对国际成熟交通经济带发展演化规律研究，结合企业实际，公路沿线土地整合开发可能选择开发的物业类型有：服务业，即大型公路服务区和停车区；物流业，主要位于公路出入口附近，以及当地工业发达的地块，可以考虑与大型物流公司合作开发；客运业，选择位于公路出入集合处、邻近人口密集的中小城镇的地块作为对各交通要道下来的大量客流进行分流的换乘中心站；工业园区，位于公路相对较远、地块面积较大、交通运输便利的地块，与当地政府合作开发工业园区；商品房开发，位于城镇、周边自然环境优美的地块进行房地产开发。

要处理好与各公路公司的关系。部分公路公司原来已有经营房地产业务，集团进行业务重新组合过程中不可避免地会涉及相关利益的重新调整，可能会有一定的阻力。集团需要做好相关准备工作：既要充分考虑各方既得利益，在不损害现有股东利益的基础上整合房地产业务，又要从集团整体利益最大化出发，做好统一思想工作，协调步调，适当运用行政手段，确保地产业务的统一经营，以利于集团风险控制和统一规划，使之尽快实现集团新的经济增长点。①

---

① 应政：《高速公路沿线地产整合开发策略研究》，《交通企业管理》2007 年第 2 期。

第六章 中国农村公路财政投融资问题成因分析

第一节 财政"缺位"是导致农村公路资金匮乏的直接原因

新中国成立后，我国通过工农产品价格剪刀差、征收农业税费等方式汲取农业剩余，长期为工业化提供原始积累。进入 21 世纪以来，我国实施一系列强农惠农政策，包括粮食直补、良种补贴、农机具补贴等在内的农业生产支持政策，农村道路、农村人畜饮水、农村水利等基础设施建设的扶持政策日益形成规模，农村合作医疗和农村最低社会保障等农村居民的社会保障制度建设已经启动，全面实现由对农业征税向反哺农业的政策转型，初步建立新时期农业补贴的制度框架。在工业化、城镇化、市场化和全球化等外力作用下，我国农村社会转型悄然进行，大多数农村地区已经出现了"空心化"，城市文化和消费文化几乎渗透到农村的每一个角落；从播种到收获，中国的农业机械化已经达到了空前的水平，农村土地使用权的流转和农业商品化已经成为一种常态。但令人遗憾的是，尽管市场化改革进行了 30 多年，我国的宏观经济政策尤其是公共财政政策已经发生了很大变化（至少在理论上是如此），但农民（包括在城市谋生的农民）仍然是共和国的二等公民，纳税人应该享有的各种权利——"国民待遇"对他们仍很遥远，城乡居民收入和福利水平的差距依然在拉大；"空心化"的农村伴随着新生的社会问题，基础设施的薄弱和环境污染，使得农村依然破败；小农经济为主的小规模农业生产方式，在政策强力打压下依然顽强上涨的农产品价格，国内消费的主要农产品一半依靠进口的现实都提醒我们，农业依旧危险。

一 我国财政支农政策的制度变迁

我国财政农业政策大体可分为三个历史阶段：工业化起步阶段的农业负保护政策，工业化进入快速发展时期的农业取予平衡政策以及工业化中期阶段农业支持政策的全面转型。[①]

（一）工业化起步时期的财政农业负保护政策

新中国成立初期，我国实行优先发展重工业的工业化战略。但由于西方国家在经济、政治上的严酷封锁，我国实施进口替代的工业化战略不得不依靠国内资源动员和资金积累。而当时我国工商业受战争的严重破坏，发展迟缓，几近停顿甚至倒退。因此，工业化原始积累只能依赖农业这一传统部门。从 20 世纪 50—90 年代，国家工业化的基本政策取向是农业支持工业、农村支持城市，农业剩余是工业化的基本源泉。

在改革开放前的计划经济时代，农业补贴制度有以下特征：

第一，对粮食等重要农产品实行计划管理，通过低价垄断收购汲取农业剩余。1953 年，对粮食等主要农产品实行统购统销政策。如要求农民按国家规定的收购品种、收购价格和收购计划的分配数量将粮食交售国家；对城市居民和农村缺粮人口实行计划供应；由国家严格控制粮食市场，严禁所有私营粮食工商业、加工厂等私自经营粮食。

第二，对农业部门征税成为国家财政支持工业化建设资金的重要来源。1950—1956 年，我国按农业人口平年收入水平，实行全额累进税率（3%—30% 不等）对农业课征税负。1956 年以后，按土地性质征收不同税率的农业税，其中国有土地的农业税率为 6%，集体土地仍按 1955 年的税率计征，约 10%。1958 年，我国制定了《农业税条例》，实行比例税率，税率约为 10%—15%。虽然 1961 年调减至 10% 以下，随后在 1964 年又恢复至原税率。统计数据表明，1950 年全国农业各税收入 19.1 亿元，占当年全国总税收的 39%；自此到 1978 年，农业各税基本维持在每年 30 亿元左右，但其在总税收中的比重逐步下降至 6.5%。这一阶段，农业部门累计为国家提供税收达 821 亿元。

第三，农业生产资料低价销售及亏损补贴，是这一阶段支持农业的主要方式。1950—1978 年，农资销售价格不断降低，中央统一定价的化肥出厂价格降低 7 次，降价总额达 26 亿元；农药出厂价格降低 6 次，

---

① 程国强：《我国农业补贴的制度变迁与政策转型》，《国研视点》2011 年 9 月 10 日。

降价 10 亿元，销售价格降低 9 次，降价总额 6.5 亿元；农机产品价格降低 10 次（1959—1979），降价幅度超过 40%；农用柴油、农用薄膜也多次降价（宋洪远，2000）。始于 20 世纪 50 年代对国营拖拉机站实施的机耕定额亏损补贴，后来逐渐扩展到柴油、农业用电等农用生产资料的价格补贴等方面。进入 70 年代，农资价格补贴大幅增加，仅 1978 年就达到 23.9 亿元。政府财政用于农业的支出从 1950 年的 2.7 亿元增加到 1978 年的 150.7 亿元，占财政支出的比重相应从 4% 提高至 13.4%。但是，这 20 多年间，政府财政用于农业的支出总额仅 1577 亿元，年均 78.9 亿元。

1978 年开始的以市场化取向的农村改革，是我国农业发展的历史性转折点，不仅突破传统体制的束缚，推动农村经济快速发展，而且带动和促进了我国经济体制改革的全面展开，有力支持了我国经济的高速增长。[1] 这一时期农业补贴政策的主要特点：

一是通过提高粮食收购价格方式调动农民的生产积极性。比如 1979 年国家将粮食统购价格提高 20%，超购加价幅度由原来的按统购价加 30%，提高到新的统购价加 50%，六种粮食（小麦、稻谷、谷子、玉米、高粱、大豆）国家统购价格平均每 50 公斤由 10.64 元提高到 12.68 元，提高幅度达 20.9%，1980 年再次提高到 13.08 元，1981 年增加到 13.49 元，3 年累计增幅达 26.8%。[2]

1985 年，国家将粮食统购改革为合同定购，定购品种为稻谷、小麦、玉米和大豆，定购价格按"倒三七"比例定价，即三成按统购价格，七成按超购价格。定购外的粮食品种实行市场价格，但若市场价格低于统购价格，国家仍按照统购价格敞开收购。1986—1989 年，国家调减粮食合同定购数量，扩大农民议价和市场价销售数量，分地区、分品种每年小幅度提高粮食的合同定购价格，并将合同定购与平价化肥、柴油和预购资金挂钩，给予农民一定经济补偿。与 1985 年相比，1989 年籼稻、小麦、玉米的合同定购价格分别提高 43.3%、14.2%、21.8%。

二是财政用于农业的支出逐步增加。1979—1985 年，由于粮食收购价格提高而销售价格不变，价格倒挂使补贴支出急剧增长，粮棉油价格补

---

① 程国强：《农业保护与经济发展》，《经济研究》2005 年第 4 期。
② 程漱兰：《中国农村发展：理论和实践》，中国人民大学出版社 1998 年版。

贴支出从 1978 年的 11.1 亿元快速上升到 1980 年的 102.8 亿元，1985 年已经达到 198.7 亿元。在此背景下，用于农业的支出占财政支出比重出现持续下降态势，从 1979 年的 13.6% 持续下降至 1985 年的 7.7%；支农支出、农业基本建设支出等甚至出现了绝对量下降。但从 1986 年开始，国家积极调整农业投入政策，通过规定农业投入比重和增长幅度、建立农业发展专项基金、扩大对农业信贷支持等，增加大型水利工程、重要农业生产和农产品流通基础设施建设等资金的投入。国家财政用于农业基本建设的支出和支农支出分别从 1985 年的 37.7 亿元、101 亿元增加至 1990 年的 66.7 亿元、221.8 亿元，用于农业的支出占财政支出比重逐步回升到 1982 年水平。

三是农业税收仍呈增长趋势。农业各税从 1978 年的 28.4 亿元、1985 年的 42.5 亿元持续增长到 1990 年的 87.9 亿元，增加 2.1 倍，年均增长幅度达 9.9%。其中，自 1985 年开始，农业各税占总税收收入比重从 2.06% 回升至 1990 年的 3.11%。

综合而言，在工业化起步阶段，政府主要通过行政手段配置资源，直接或间接地从农业部门抽取资源，为工业化提供积累。据有关专家测算，1952—1990 年间，我国农业部门为工业化建设提供净资金贡献达 9530 亿元。其中，通过工农产品价格"剪刀差"流入工业部门的资金约 6990 亿元，占 73.4%；通过农业税收流入工业部门的资金为 1850 亿元，占 19.4%；通过农村储蓄流入工业部门的资金为 676 亿元，占 7.1%。

（二）工业化快速发展时期的财政农业政策

20 世纪 90 年代，我国进入工业化快速发展阶段，农业政策逐步由歧视、剥夺向支持、补贴转型，对农业的取予政策趋于平衡。主要特点有：

第一，推进粮食流通体制改革，实施粮食保护价制度。1990 年为解决粮食连续丰收后农民卖粮难问题，国家对粮食收购实行保护价制度，建立"收购余粮、稳定生产、丰歉调剂、稳定市场"的粮食专项储备制度。保护价制度和粮食专项储备制度在一定程度保护了农民的生产积极性，为国家加强粮食市场宏观调控提供重要保障。随后，国家先后提高城镇居民粮食销售价格和定购价格，基本实现了购销同价，为进一步改革粮食购销体系创造重要条件。1993 年实行保量放价政策，即保留定购数量，收购价格随行就市，粮食价格开始由市场供求决定。与此同时，国家建立粮食风险基金和粮食储备体系。

1993 年年底，粮食市场价格出现异常波动，国家从 1994 年起，恢复并加强了对粮食购销、价格、市场方面的控制和干预，且连续三年提高粮食定购价格，四种粮食（稻谷、小麦、玉米、大豆）平均定购价格从 0.52 元/斤提高到 0.82 元/斤，还允许地方以此为基准价，可以在上浮不超过 10% 的范围内确定具体的收购价格。1997 年，实行按保护价全面敞开收购农民余粮政策。在"米袋子"省长负责制和保护价收购的双重作用下，粮食连续丰收、市场粮价持续下降，国有粮食企业购销价格倒挂，加上企业经营不善，亏损挂账严重，国家用于粮棉油的价格补贴从 1990 年的 267.6 亿元增加至 1997 年的 413.7 亿元，到 2000 年达到 758.7 亿元，国家财政不堪重负。为此，迫切要求进一步深化粮食流通体制改革，加快粮食购销政策的改革完善。

第二，增加财政支农资金，主要用于农业基础设施建设。20 世纪 90 年代初，国家出台诸多政策文件，从投入比重和增长幅度上要求加大对农业的投入，并明确提出财政投资和银行信贷等要向农业部门"倾斜"。如 1993 年《农业法》要求，"国家财政每年对农业总投入的增长幅度应高于国家财政性收入的增长幅度"。

以 1998 年积极财政政策为契机，国家出台一系列向农业倾斜的支农惠农政策，当年增发的 1000 亿元国债中，35% 用于农林水利和生态工程建设。财政用于农业的支出达到 1154.8 亿元，比上一年增加 388.4 亿元，其中农业基本建设支出增加 319 亿元，占增量部分的 82.2%。到 2003 年，财政用于农业的支出持续增长到 1754.5 亿元，年均增长 13.2%。1998—2004 年，农业部门累计利用国债项目资金达 2596 亿元，占国债长期建设资金的 30%。[①] 主要用于江河治理骨干工程、大型水利工程、大型粮棉油生产基地建设、生态综合治理、以工代赈等支出。

第三，农民负担日益加重。农业各税从 1991 年的 90.7 亿元增加至 2001 年的 481.7 亿元，2003 年已经达到了 871.8 亿元，平均每年增加 60 亿元，年均增长 20.8%。1999 年，全国农民直接承担的税费总额达 1450

---

① 贾康、张鹏、程瑜：《60 年来中国财政发展历程与若干重要节点》，《改革》2009 年第 10 期。

亿元，其中纳税额仅336亿元，占税费总额比重不足25%，"三提五统"①高达620亿元，占42.8%。根据农业部统计，2000年，农民缴纳的税费总额为1259.6亿元，人均承担141.4元，相当于上一年农民人均纯收入的6.5%。其中，人均纳税46.3元，"三提五统"73.5元，教育集资及附加21.7元。②

总体而言，这一时期尽管国家仍然通过征收税费等方式汲取农业资源，但财政用于农业的转移支付也快速增加，农业取予政策趋于平衡。

（三）工业化中期阶段的农业政策

进入21世纪以来，中央提出了把解决好"三农"问题作为全党全国全部工作"重中之重"的战略思想，做出了"两个趋向"③的重要论断和"我国总体上已到了以工促农、以城带乡发展阶段"的重大判断，制定了工业反哺农业、城市支持农村和多予少取放活的基本方针，明确了走中国特色农业现代化道路的基本方向、推进社会主义新农村建设的战略任务、加快形成城乡经济社会发展一体化新格局的根本要求。自2004年起，连续出台8个事关"农业、农村、农民"的"中央一号文件"，以及《中共中央关于推进农村改革发展若干重大问题的决定》④，共同构成新时期我国农业政策的制度框架，实施了粮食最低收购价、临时收储、粮食直补、农资综合补贴、良种补贴、农机具购置补贴等一系列强农惠农、补贴支持农业的政策措施。由此意味着我国农业政策的全面转型，基本特征如下：

第一，价格支持政策成为补贴支持农业的基础性措施。2004年，我国全面放开粮食购销市场和价格。为保证粮食市场供应、保护种粮农民利益，国家对重点粮食品种（稻谷和小麦）实施最低收购价政策，并于

① "三提五统"是指村级三项提留和乡（镇）五项统筹的简称。村级三项提留，即村级集体经济组织按规定从农民生产收入中提取的用于村一级维持或扩大生产、兴办公益事业和日常管理开支费用，包括公积金、公益金和管理费。乡镇五项统筹，即乡镇政府向所属单位（包括乡镇、村办企业、联户企业）和农民收取的用于乡村两级办学（即农村教育事业费附加）、计划生育、优抚、民兵训练、乡村道路建设等民办公益事业的款项。

② 谢旭人：《中国农村税费改革》，中国财政经济出版社2008年版。

③ 两个趋向：是指2004年，胡锦涛同志在党的十六届四中全会上指出："纵观一些工业化国家发展的历程，在工业化初始阶段，农业支持工业、为工业提供积累是带有普遍性的趋向；但在工业化达到相当程度以后，工业反哺农业、城市支持农村，实现工业与农业、城市与农村协调发展，也是带有普遍性的趋向。"

④ 2008年中国共产党第十七届三中全会文件。

2005 年率先在南方稻谷主产区启动稻谷（包括早籼稻、中晚籼稻和粳稻）最低收购价预案，至今已多次实施最低收购价收购；小麦自 2006 年开始已经连续 5 年在主产区实施最低收购价收购。

自 2008 年起国家连续提高粮食最低收购价水平，白小麦、红小麦、混合麦（国标三等）分别从 2007 年的每斤 0.72 元、0.69 元、0.69 元提高至 2011 年的 0.95 元、0.93 元、0.93 元，增长 31.9%、34.8%、34.8%；早籼稻、中晚籼稻和粳稻（国标三等）从每斤 0.70 元、0.72 元、0.75 元提高到 1.02 元、1.07 元、1.28 元，增长 46.7%、48.6%、70.7%。实践表明，持续提高最低收购价格，保护和调动了农民种粮积极性，有效促进了粮食生产的稳定发展。

2008 年，针对部分农产品价格下跌和"卖难"问题，国家适时出台临时收储措施，在主产区对玉米、大豆、油菜籽等实施临时收储措施。除 2010 年玉米市场价格持续走高而未实施临时收储以外，对大豆和油菜籽的临时收储措施逐步常态化。与最低收购价格类似，国家也逐步提高农产品的临时收储价格。

第二，政策性补贴由流通环节转向生产环节，对农民直接补贴逐步成为支持农业的重要方式。2002 年，国家启动大豆良种补贴政策试点，经过 8 年实施，良种补贴品种已逐步扩大到水稻、小麦、玉米、油菜、棉花、马铃薯、花生、青稞、生猪、奶牛等，其中水稻、小麦、玉米和棉花的良种补贴实现全面覆盖。2004 年，为加快农业机械化进程，建立农机具购置补贴，对农民购置先进适用的农机具给予补贴，并不断增加品种目录，加大补贴力度。同年，中央从粮食风险基金中拿出部分资金用于对种粮农民直接补贴（粮食直补）；为减轻化肥、柴油等农资价格上涨对粮食生产的影响，2006 年中央又出台农资综合补贴政策。这四项针对农民的直接补贴措施，成为现阶段我国农业补贴政策的重要组成部分。

第三，农业补贴总额和支持水平大幅提高。上述四项直接补贴，从 2002 年的 1 亿元、2004 年的 146.2 亿元，快速增长到 2009 年的 1274.5 亿元，2010 年财政预算安排的补贴资金达 1344.9 亿元。2007 年开始实施农业保险保费补贴，亦从 21.5 亿元上涨到 59.7 亿元，2010 年预算安排补贴资金达 103.2 亿元，比上一年增加了 43.5 亿元，增长 75%。随着直接补贴项目不断增多、补贴范围逐步扩大、补贴强度持续增加，国家财政对农民的直接补贴持续增长。

第四，农民负担大幅减轻。为切实减轻农民负担，2000年中央启动农村税费改革试点。从2004年开始，农业税税率每年降低1个百分点，并在5年内全部停止征收；农业税附加随之降低，除烟叶以外的农业特产税全部取消。2005年全面取消牧业税，同时加快降低农业税税率的步伐。2006年1月1日，《农业税条例》正式废除，标志着我国全面取消农业税。与农村税费改革前相比，取消农业税每年可减轻农民负担达1250亿元，平均每个农民减负140元。

第五，对农业综合服务支持持续增加。为调动地方政府抓好粮油生产的积极性、鼓励粮油产业发展，中央对粮食生产大县、油料生产大县、生猪调出大县、奶牛养殖大县实行奖励措施；中央财政加大对大中型灌区等水利骨干工程、小型农田水利等田间工程、农业科研创新能力、良种繁育与技术推广体系、农技服务与农业病虫害防控、农业生态环境保护体系等建设的支持。

由此可见，我国农业补贴政策已经由过去补贴流通环节向补贴生产环节、补贴消费者向补贴生产者全面转型，初步形成价格支持、直接补贴和一般服务支持等功能互补、综合补贴和专项补贴相结合的农业补贴政策框架。

从政策结构看，实施了长达50多年的农业负保护政策，主要通过工农产品价格"剪刀差"和农业税收实现。对负保护政策的调整，以提高农产品收购价格、实行农产品价格支持以及不断增加财政支农资金投入为标志。21世纪以来全面取消农业税，探索实施农产品价格支持措施和直接补贴政策等，则意味着我国已经初步建立农业补贴制度的基本框架。

二 公共财政"缺位"直接导致农村公路投资主体"错位"

在当代公共产品理论中，公共产品（即纯公共产品）包含两大特征：非排他性和非竞争性。所谓的非排他性是指一个人无法维持对一件物品使用的控制，不可能阻止不付费者对公共产品的消费；非竞争性是指一个人对公共产品的消费不会导致其他人对此产品的消费。由于公共产品的非竞争性和非排他性，使得公共物品还具有不可分割性特征，即公共产品的产权难以界定，或者界定产权的交易成本很高。

根据公共产品理论，纯公共产品由于具有非排他性、非竞争性，会产生"搭便车"现象，消费者不愿意为这类产品付费，从而导致休谟所指出的"公地悲剧"，难以实现全体社会成员的公共利益最大化。市场机制对这些产品的供给调节作用失去了前提和基础，这类物品应该由政府提供，否则，可能会造成社会福利损失。大部分农村公路具有纯公共产品性质，决定了各级政府应该成为这些公路的供给主体。

对农村公路的公共产品属性则应该具体分析。拥挤性是准公共产品的一个重要特点，拥挤临界点对于产品公共性质的界定有重要作用。所谓拥挤临界点，对运输线路来说，是指通行能力或交通流量。在达到拥挤临界点之前，运输系统的非排他性、非竞争性很强；在达到拥挤临界点之后，增加单位消费的边际成本急剧上升，非排他性减弱，相应的私人产品特征开始加强。对大多数农村公路来说，由于交通流量较小而且大多是不收费的，农村公路的非排他性和非竞争性程度很高，接近于纯公共产品。而在经济发达地区，由于部分农村公路尤其是县道的交通流量比较大，当交通流量超过拥挤临界点时，农村公路的公共性会逐步减弱，私人性逐步增强，有可能导致使用排他性技术是经济可行的，从而使拥挤性的公共物品转变为拥挤状态的收费准公共物品。

按照世界银行的观点，农村公路是属于非排他性、非竞争性以及外部性都很高的纯公共产品，并且市场化指数为1，属于不适宜在市场上出售的产品，从公平角度考虑的公共服务责任比较高。我国一些学者则认为农村公路属于俱乐部公共产品，应该由各级地方政府承担供给主体的责任。

长期以来，我国一直把农村公路建设和养护看作农民自己的事，主要依靠农民投资投劳解决，公共财政"缺位"直接导致农村公路投资主体"错位"。因此，要想切实解决农村公路发展的资金约束问题，从根本上说，有赖于公共财政制度的建设。以实现城乡公共服务均等化为目标，各级财政均应采取一系列措施加大对农村公路的投入力度，逐步消除二元经济社会所遗留下来的城乡巨大差异。

第二节　现行体制是农村公路投资
不足的深层次原因

根据中华人民共和国交通部令2006年第3号《农村公路建设管理办法》的规定，农村公路建设应当遵循统筹规划、分级负责、因地制宜、经济实用、注重环保、确保质量的原则。农村公路建设应当由地方人民政府负责。其中，乡道由所在乡（镇）人民政府负责建设；在当地人民政府的指导下，村道由村民委员会按照村民自愿、民主决策、一事一议方式组织建设。

农村公路是农村经济发展的重要基础设施和前提，长期以来，我国农村公路建设一直没有固定的资金来源，县、乡两级政府承担了农村公路建设的主要投资任务。我国县乡两级财政普遍比较困难，投入农村公路建设的资金能力有限，导致农村公路发展滞后，已经成为农村经济发展的"瓶颈"。由于农村公路的公共品属性，政府投资是农村公路建设资金的主要来源，政府是农村公路建设投资的主体。但是否就意味着应由县乡政府承担起农村公路建设投资的主要责任，则要结合实际情况进行分析。

农村公路的公共产品性质决定了农村公路投资应由政府从强制性的税收中通过预算进行安排，政府公共财政支出成了农村公路建设资金的重要甚至是唯一来源。但是，到底由哪一级政府来承担则需要考虑政府财政收支的现实状况。1994 年推行的财政体制改革导致财权上收、责任下移，中央和省级财力集中度大为提高，市县政府财力与事权不相匹配，导致我国县乡财政普遍困难，全国一半以上的县属于"吃饭财政"，贫困地区甚至是"要饭财政"，根本无力投资农村公路。而随着体制的调整（所得税共享、增值税改营业税等）这一矛盾非但没有缓解反而不断加剧。由此可以看出，现行的农村公路建设和管理养护体制的弊端以及财政体制的缺陷，是导致农村公路建设和管理养护资金严重匮乏的深层次原因。

这一困境决定了中央政府或者省级公共财政应成为农村公路建设资金的主要来源。为此，必须改变以往认为农村公路建设仅仅和所在县、乡、村有关的认识，明确农村公路建设的投资主体，可行的办法是将农村公路建设的责任主体上移。加强农村公路建设应该考虑国家财政现实状况，在法律上明确中央政府和省级政府为主要投资主体，从而在制度上为农村公路建设资金来源提供保证。

第三节 "二元"社会是农村公路资源匮乏的重要原因

农业是安天下、稳民心的战略产业，是国家自立、经济繁荣和社会安定的基础。对我国这样一个拥有 13 亿人口，农业资源严重短缺，正处于工业化、城镇化加速发展关键时期的发展中大国而言，建立和完善农业补贴制度，加大对农业的支持保护，确保农业继续发挥基础支撑和关键保障作用，事关整个现代化事业全局。必须从我国基本国情出发，以保障粮食基本供给、促进农民持续增收为目标，以重点产品、重点地区和关键环节为核心，建立指向明确、重点突出、市场导向、操作简便、协调高效、受益直接的农业补贴制度。

长期以来我国实行城乡分治的"二元"经济社会制度，导致长期的城乡分割、对立甚至对抗，试图以牺牲农业、农村为代价，快速实现工业化和城市化。结果欲速则不达。这一制度导致我国交通建设的非农化倾向由来已久，交通建设"重城市、轻农村"、"重高速路、主干道，轻农村公路"的现象十分普遍，有限的资源极少投入农村公路。农村居民为了生存与发展，只能依靠自身力量建设农村公路，这是导致农村公路先天不足的重要原因。因此应转变观念，牢固树立均等化理念，改变以往交通建设"重城市、轻农村"、"重高速路、主干道，轻农村公路"的现象，财政支出向农村公路建设倾斜，加大公共财政支出中农村公路建设支出比例。政府交通主管部门应将公路建设融资总额作为一个整体，将不低于一定比例的数额分配到农村公路建设中去。

此外，原材料价格和人工费上涨较快，而中央和省级政府补助标准并未相应上调，直接导致农村公路建设资金缺口不断加大；农村公路建设在项目安排上采用先易后难原则，建设难度逐年加大，也是导致资金紧缺的原因之一；有些地区处于高原、山区地质条件复杂，需要修建排水和防护设施等，而且农村公路建设里程长，任务大，因此需要更多的配套资金。可这些地区大多经济欠发达，地方政府和农村居民负担能力较低，地方配套资金筹措困难，配套资金没有着落，修建通村公路困难重重。这些因素不仅导致农村公路资金不足，也直接导致资金到位率低。

第四节　手续简便是国内信贷融资比重过大的直接原因

要实现农村公路建设的可持续发展，必须有足够的资金投入。"十一五"期间，平均每年用于农村公路建设的资金高达770亿元，远远超过之前年投资 500 亿元的水平。因此，在现有的资金条件下，如何筹集农村公路建设资金是"十一五"农村公路建设的主要问题。政府公共财政投入直至今天仍然是农村公路建设的主要融资方式，但其在农村公路资金来源中的比重逐年下降，银行贷款比例呈上升态势，并成为主要资金来源；"谁受益，谁投资"的原则仍然贯穿每一条农村公路的建设。但要发展农村公路建设，单靠政府投入和老百姓自己掏口袋如杯水车薪，远远不能满足资金需求。

从 20 世纪 80 年代以来，我国公路基础设施建设资金来源发生了很大变化，突出一点就是国家预算内投资比重逐年下降，银行贷款比例逐年上升，并成为主要的资金来源。信贷融资就是"贷款修路、收费还贷"，具有资金量大、一次到位率高的特点，是多年来我国公路建设的主要融资方式。

国内银行信贷融资是我国地方政府实现经济职能、加快地方经济建设，特别是进行基础设施建设的主要融资渠道。从当前来看，公路建设的国内银行贷款主要是用于交通量较大、能够实现"贷款修路，收费还贷"的农村公路建设。也有的国内银行贷款是由地方交通部门统借统还，投入农村公路建设的贷款用交通费（包括过路过桥费）收入来统一偿还。从目前情况来看，我国国内银行信贷融资是农村公路的重要资金来源，在农村公路发展中具有举足轻重的作用。

在信贷融资中，农村公路建设主要依赖的是国内银行贷款，利用外资所占比重很少。农村公路融资之所以在很大程度上依赖银行贷款，一是因为城乡居民储蓄存款一直居高不下，公路建设的巨额资金需求为银行信贷资金找到了出路；二是银行（特别是国有商业银行）因其国家所有的性质更青睐于政府主导的公路建设项目，且手续相对简便，资金到位较快。

总体而言，农村公路建设利用银行贷款具有如下优势：

一是随着国家公路交通网络的形成，以及农村经济的发展，农村公路车流量上升潜力较大，通行费收入增速会加快；即使是非收费公路，养路费（或燃油税）收入将呈稳步增长态势，还贷能力将稳步提高。

二是随着农村公路建设进程的加快，"十一五"以后农村公路建设任务将呈递减态势，资金需求会逐步减少，还贷将更有保证。

三是地方公路公司的组建和有效运作，可通过公司实施资本运作，有利于盘活公路资产，加快资产变现，从而进一步提高还贷能力。

第五节　审批制度是外资投入不足的重要原因

目前，我国农村公路融资中引进外资所占比重很小，农村公路融资利用外国政府贷款、外国银行贷款以及国际金融机构贷款潜力较大，可以考虑充分利用较优惠的国际金融机构贷款和外国政府贷款，同时注意防范汇率风险。对外国商业贷款应慎重，因为目前人民币处于升值时期，汇率风险和利率风险比较高。

外国政府贷款，多数是政府间的双边援助贷款，少数是多边援助贷款，也是发达国家资本输出的一种形式。我国利用的外国政府贷款是指外国政府向中国提供的具有一定援助或部分捐资性质的优惠贷款。利用外国政府贷款是我国引进外资的一个主要渠道，也是我国城市基础设施建设的重要融资模式，农村公路建设项目也可以考虑利用外国政府贷款。外国政府贷款虽然较国际商业贷款优惠，但也与国际筹资模式一样，客观上存在汇率风险，而且借款人不能自由选择币种，只能采用贷款国货币，一旦该外币升值（如日元）将承担汇率风险，筹资成本也会较大。因此，在利用外国政府贷款时，应充分考虑汇率因素，采取切实有效措施防范和应对汇率风险。

我国使用的国际金融机构贷款主要包括世界银行贷款、亚洲开发银行贷款。世界银行贷款到期归还，不得拖欠，不得改变还款日期，而且要承担汇率风险。

亚洲开发银行所发放的贷款按条件划分为硬贷款、软贷款和赠款三类。硬贷款的利率为浮动利率，软贷款较优惠，但其只提供给人均国民收入低于670美元（1983年价格）且还款能力有限的会员国或地区成员，贷款期限为40年（10年宽限期），没有利息，仅有1%的手续费。

世界银行作为我国在国际资本市场融资的一个主要来源，对于帮助我国发展国内资本市场、支持我国经济和社会发展的作用十分明显。改革开放初期，世界银行贷款在我国利用外资总额中占有较高比重，此后，随着各种来源外资的不断增长，所占比例有所下降，但仍是重要来源。20世纪90年代以来，世界银行对中国的软贷款（无息贷款）在逐年减少，至2000年已完全停止了对中国的软贷款。

亚洲开发银行从 1986 年 3 月开始开展对华贷款和技术援助业务，所用贷款主要是亚洲开发银行硬贷款。这些贷款涉及多个领域和行业。目前中国是亚洲开发银行的第二大借款国和技术援助赠款的第一大使用国。亚洲开发银行也是第一家安排国外商业财团联合融资在华投资的机构。

我国农村公路建设符合世界银行和亚洲开发银行贷款的要求，而世界银行和亚洲开发银行贷款期限长、成本低、具有"税盾"与财务杠杆双重功效等优势，符合公路建设项目的特点。从目前情况看，我国农村公路较少采用国际金融机构贷款融资方式。因此，在当前农村公路建设资金普遍紧缺的情况下，应挖掘其巨大潜力，充分利用国际金融机构贷款为农村公路融资。

国外商业贷款一般利率较高，且要求较严格；国际金融机构贷款和外国政府贷款具有资金成本低、期限较长的优势，但手续费较高，附加条件多，获得贷款后用款审批程序严格，无形中增加了项目成本。而且，国际金融机构、外国政府、外国银行、外国银团提供的贷款均构成国家外债，国家不仅需要承担偿债义务，而且要承担全部汇率风险。因此，出于外债管理的需要，国家在这类贷款项目的审批时，即使是资金成本较低的国际金融机构贷款和外国政府贷款也是慎之又慎，外债规模控制较严，审批立项难度大、周期较长。同时贷款的利率风险和汇率风险均较高。随着我国经济的持续增长，经济实力不断增强，很多外国政府和国际金融机构已经或正在减少对我国的优惠贷款计划（如世界银行和亚洲开发银行均已停止对我国的软贷款），这将增大我国今后公路建设项目争取此类贷款的难度。

第六节　现行政策是制约农村公路债券融资的主要因素

债券融资是指由地方政府设立的投融资载体授权代理机构发行的，用于当地基础设施建设和社会公益性项目建设的有价证券，也称为市政债券。在西方发达国家，市政债券是公债市场的重要组成部分，也是地方政府筹措建设资金的重要融资渠道。原预算法规定，"地方各级预算按照量入为出、收支平衡的原则编制，不列赤字"。但实际上，地方政府出于发展需要，采取多种方式融资，已经形成较大规模的地方政府债务。这些债务多数未纳入政府预算管理，脱离中央和同级人大监督，存在一定的风险隐患。为规范地方政府债务管理，按照疏堵结合、"开前门、堵后门、筑围墙"的改革思路，2015年实施的新预算法增加了允许地方政府举借债务的规定，同时从五个方面作出限制性规定：一是限制主体，经国务院批准的省级政府可以举借债务；二是限制用途，举借债务只能用于公益性资本支出，不得用于经常性支出；三是限制规模，举借债务的规模，由国务院报全国人大或者全国人大常委会批准，省级政府在国务院下达的限额内举借的债务，列入本级预算调整方案，报本级人大常委会批准；四是限制方式，举借债务只能采取发行地方政府债券的方式，不得采取其他方式筹措，除法律另有规定外，不得为任何单位和个人的债务以任何方式提供担保；五是控制风险，举借债务应当有偿还计划和稳定的偿还资金来源，国务院建立地方政府债务风险评估和预警机制、应急处置机制以及责任追究制度。这样，既坚持了从严控制地方政府债务的原则，又适应了地方经济社会发展的需要，从法律上解决了地方政府债务怎么借、怎么管、怎么还的问题，有利于把地方政府融资引导到阳光下，建立起规范合理的地方政府举债融资机制；有利于人大和社会监督，防范和化解债务风险。

债券融资符合农村公路项目特点，具有很大的可操作空间。但目前债券融资并未向银行贷款那样成为农村公路融资的主渠道，主要是由于政策方面还存在一些障碍，主要有：一是债券发行主体资格条件的制约。根据《企业债券管理条例》规定，"企业经济效益良好，发行债券前连续三年盈利"是企业发行债券的必备条件。由于农村公路大多属于公益性基础设施项目，基本实行监管分离的投资管理体制。尽管近年来公路建设项目根据国家发展和改革委员会的要求实行建设项目法人制，组建项目公司负责建设资金筹集、项目建设管理、生产经营管理等。但是，就项目公司而言，虽然项目投产产生的现金流足以偿还债券本息，但从其成立到项目建成投产这一阶段是没有营运收入的，这就无法达到该条款的要求。而农村公路中一些级别较低的乡村公路项目即使建成投产后也难以收回投资，难以达到"企业经济效益良好，发行债券前连续三年盈利"的要求。由于债券融资要求发行人具备相应的资信度，而农村公路项目税费收入微薄，不符合政策要求，发行债券的申请难获批准，致使债券融资这一低风险的融资方式在农村公路建设中未被普遍采用，迫使项目公司更多依靠从银行贷款，这无疑加大了项目公司的财务费用和所得税支出，使公司运转更加困难。可见，我国现行债券发行主体资格条件规定是影响制约农村公路建设债券融资的主要制约因素。如果以一般企业要求来审查公路建设项目发行债券的条件，即使是高等级公路建设债券发行也是十分困难的。二是债券融资还本付息刚性的约束。与银行贷款相比，发行债券融资还本付息弹性小，容易引发财务风险。由于投资公路债券的多为社会投资者，而其中又以中小投资者居多，对债券还本付息具有硬约束，即必须按发行条件的约定如期还本付息。一旦公路建设项目投产后车流量不够理想，没有达到设计预期，项目本身的收益不足以偿付本息，必然引发财务风险，只能依赖交通主管部门弥补资金缺口。相比之下，银行贷款的偿付弹性较大，债券融资的财务风险更大。

　　基于以上分析，虽然债券融资具有资金成本低、税收挡板、财务杠杆的三重功效，但目前并未成为农村公路建设融资的首选方式而广泛加以采用。究其原因，根据《企业债券管理条例》，许多公用事业项目不符合发行企业债券要求，就农村公路而言，只有级别较高的收费公路（主要是县级公路）可以采用债券融资，更多级别较低的乡村公路由于不具备收费条件，不能利用债券融资。所以，债券融资并不能从根本上解决地方基础设施建设资金短缺问题。目前，可以依托地方公路建设公司发行企业债券，为农村公路筹资。从形式上看，这些市政债券大体上相当于美国的收入债券，即能够以项目产生的收益来偿还债务本息。这种债券不会给地方政府带来很大的偿债压力，因而很适合我国地方政府借鉴。而一般责任债券由于是以地方政府的征税权作担保，在目前我国财政体制有待改革与完善以及地方政府的软预算约束普遍存在情况下，应慎重研究。但是，从长期来看，公路建设利用债券融资的前景十分广阔。

第七节　农村公路的非营利性限制了项目融资

　　项目融资是国际上为某些大型工程项目筹措资金的一种方式，是国际中长期贷款的一种形式。这类项目往往需要巨额投资，因此举办这类项目的公司和政府越来越感到难以完全承担巨额的资本要求和投资风险。针对这种情况，世界金融市场发展了项目融资新方法，先后出现了产品支付、融资租赁、BOT 等方式，近几年又出现了 ABS 项目融资方式。

我国交通等基础产业一直是制约经济发展的"瓶颈"。随着我国投资环境的改善，国际上一些拥有巨额资本的大财团、金融公司把投资重点转向我的基础产业。BOT 正是在这种情况下开始应用于我国的。1995 年 5 月 10 日，国家发展计划委员会正式批准第一个 BOT 试点项目广西来宾电厂，标志着投融资模式开始正式应用于我国基础设施建设。BOT 融资模式对于我国农村公路建设有重大意义。一是有利于缓解资金压力，解决单一政府投资模式带来的资金供求矛盾。二是有利于分散投资风险，提高我国的经济安全。BOT 融资模式不影响政府对项目的终极所有权，又可以使投资者、使用者和其他相关方面共同承担公路投资建设风险。同时，这种融资模式所涉及的当事人各方（授权方和承包商）利益不一致，因而对项目评判的出发点和依据都会有所不同，项目选择要经过各方充分论证，从而可以减少决策失误，降低投资风险。三是在制度安排上有利于对重大项目实行宏观管理。采用 BOT 融资，项目的投资决策、签约都要由政府直接负责，政府必须对项目投融资进行充分的可行性论证，反复比较后才能做出决策。四是有利于提高项目建设效率，减少监管成本。在农村公路等基础设施项目引入 BOT 融资模式，有利于国际商业资本和私人资本参与项目建设和管理，项目运营状况直接影响投资者利益，投资者有加强管理、提高效率的激励。一般而言，比政府直接投资效率高，有利于带动国有企业管理水平的提高，还可以减轻政府的监管成本。

ABS 是以目标项目所拥有的资产为基础，以该项目资产的未来收益为保证，通过在国际资本市场上发行债券筹集资金的一种项目融资方式。ABS 融资方式在我国农村公路建设中的可行性主要表现在：第一，我国公路等基础设施建设资金需求巨大。第二，我国已经初步具备了 ABS 融资的法律环境。第三，ABS 融资摆脱了信用评级限制，拓宽了现有的融资渠道。进入国际高档级证券投资市场，必须获得国际认可的几家评级机构的信用等级。而 ABS 融资方式通过信用担保和信用增级计划，使我国企业和项目进入该市场成为可能。同时，ABS 融资方式又是一种通过民间的、非政府的途径，按照市场经济的规则运作的融资方式，随着我国金融市场的不断成熟，ABS 方式会得到人们广泛认可，从而拓宽现有的融资渠道。第四，利用 ABS 进行融资，有利于我国尽快进入高档次的项目融资领域。

改革开放以来，我国经济的高速发展带动了公路交通事业的发展。根据我国的国情，公路建成后可征收公路通行费，这笔收费具备作为这种特定收入的特点。根据我国的投资政策，ABS 融资方式可运用于一些效益较好的公路建设项目。公路建设所需资金庞大，仅依靠传统的筹资方式如国家筹资、国际银行贷款等，已不能满足建设的需要，更不能解决建设资金不足的问题。新型融资方式如 BOT、股票融资、债券融资等都各有不足之处。因此，利用 ABS 方式来筹集公路建设资金成为弥补资金不足和解决资金问题的较好方式。但是，我们也应看到，ABS 融资方式在我国还有许多问题需要进一步研究。

项目融资是相对传统融资而言的新型融资模式，它以被融资项目本身的经济强度作为决定是否提供贷款的首要因素，投资方始终着眼于控制和积极影响项目运行的全过程，是以项目自身的未来现金流量为担保条件而进行的融资，其中以 BOT 和 ABS 项目融资模式最为典型。从理论上讲，目前通过项目融资筹集公路建设资金可以弥补资金不足，是缓解农村公路资金问题的较好方式。但是，从我国的现实情况来看，由于农村公路自身的特点（公路等级低、交通流量小），不具备收费公路的条件，难以实现市场化运作，从而也就不具备利用项目融资方式的条件。特别是随着我国燃油税改革的推出，取消二级（含）以下公路收费政策的实施，项目融资方式在农村公路几乎无用武之地。

第八节　经验不足是影响资源融资的主要因素

所谓无形资源融资，就是地方政府利用自身掌握的规划权、经营权、管理权、开发权、许可权、冠名权等无形资产，通过公开挂牌交易为农村公路等基础设施筹集资金的一种新型融资模式。无形资源是指特定的主体控制的不具有独立实体但对生产经营能持续发挥作用并带来一定经济效益的一切经济资源。我国《企业会计准则》界定的无形资产是指企业长期使用但没有实物形态的资产，包括专利权、商标权、著作权、土地使用权、非专利技术和商誉等。无形资源种类繁多、形态各异，但都具有明显的排他性，能够给拥有者带来持续的经济效益，但无形资源带来的未来经济效益具有一定的不确定性。除了人们近年来熟悉的买卖道路、桥梁、街道的冠名权外，公路沿线广告牌、公交线路的运营以及公交站牌的广告经营权等均可以市场化，成为农村公路建设与维护的资金筹集渠道。

　　路产路权融资，是指地方政府交通主管部门根据国家有关法律规定，将可利用的道路沿线两旁若干区域内的土地及路产（如护路树木等）资源，通过规划开发、有偿使用、挂牌交易等方式，为农村公路管理养护筹措资金的一种新型融资模式。在这方面新疆的经验值得借鉴。新疆不少地方在乡村公路两旁栽种葡萄，在干旱的西北地区形成葡萄长廊，这种独特的"绿色长城"起到了对公路保护、绿化、美化的作用，同时又增添了当地的自然景观，带动了旅游业的发展，获得了可观的经济效益、生态效益和社会效益。除新疆之外，其他地区也进行了这方面的尝试。比如，河北省承德市交通局也提出了在做好县级公路绿化的同时，协助当地政府做好乡村公路的绿化美化工作。特别是已竣工的村级公路，要充分动员，积极发动，使自己的路绿起来，环境美起来。①

　　除上述融资手段之外，农村公路建设还可以考虑整合资源融资，即地方政府利用当地自然资源，进行优化配置，同时借助外部力量多方进行融合，为农村公路等基础设施融通资金。就农村公路而言，整合资源融资首先是通过整合开发公路沿线地产资源融资。公路的发展改变了交通产业带内区域的职能和地位：一是刺激一些新型中小城市的快速发展；二是大城市郊区化趋势明显，工作、居住和消费空间逐渐分离；三是公路为产业的空间扩散创造了条件，公路通车后，由于沿线独特的区位优势和便利的交通条件，吸引了大量投资项目，从而形成了产业经济带。投资项目的大量增加，改变了土地的供求状况，从而导致了地价的上涨。由此可见，公路的建成是沿线土地增值的直接原因。虽然土地增值反映在产业带形成所带来的效益中，但与公路的建成通车是密不可分的。因此，公路建设应该与沿线土地开发实现风险共担、效益共享，而实现开发效益的主要形式是沿线土地整合开发。

　　长期以来，政府只负责公路主干线、城市公路等基础设施建设和维护，将农村公路等基础设施建设看作是农民自己的事，政府极少关注。在理论界的强烈呼吁下，中央政府开始重视"三农"问题，将城乡统筹协调发展作为政策目标，直到2003年才开始农村公路建设，农村公路建设

---

　　①　承德市地方道路管理处：《2008年承德市农村公路工作会议资料汇编》。

和管理养护资金匮乏的矛盾近几年才开始显现。由于时间比较短，各级政府对解决这一问题的探索仍处于起步时期，普遍经验不足，这是导致资源融资未能有效运用的主要原因。

第九节 政府投资的效率困境与"奥尔森困境"是我国农村公路投资不足的重要原因

一 我国政府投资的效率困境

公共投资效率问题一直是我国财政支出中的一个重要问题。随着近几年我国经济财政政策的实施，财政收支规模逐步扩大，公共投资项目不断增加。1998—2005 年，来自财政预算内的固定资产投资平均每年增长达 27.38%。在公共投资规模不断扩大的同时，关于"形象工程"、"豆腐渣工程"、"烂尾工程"等报道也常见诸报端，公共投资效率问题凸显，关系社会民生的公共投资尤其受到社会公众的关注，人们不仅关注公共投资对社会产生的效果，也开始关注公共投资过程中的成本、效率问题。

殷强（2008）的实证结果表明，我国公共投资对经济增长存在显著促进作用，但其产出弹性小于非政府投资，即公共投资的产出效率低于非政府投资的产出效率，公共投资对经济增长的贡献小于非政府投资，公共投资挤出非政府投资因而存在效率损失。所以，从长期看，过度扩张公共投资不利于提高经济效率。①

我国投资的边际产出资本效率由 1988 年的 35.76% 下降至 1998 年的 23.18%，并降至 2009 年的 13.95%（见表 6-1）。我国各地出现的诸多政府投资失败案例，也是我国政府投资效率低下的有力证据。据世界银行估计，从"七五"到"九五"期间，中国政府投资决策失误率在 30% 左右，资金损失浪费为 4000 亿—5000 亿元。②

---

① 殷强：《中国公共投资效率研究》，经济科学出版社 2008 年版，第 51 页。
② 张晓晶：《我国 4 万亿投资收尾》，《调控需要再定位》，《半月谈》2010 年第 22 期。

表 6 - 1　　　　　1988—2008 年我国名义投资率和投资效率的比较

年份	GDP（亿元，当年价格）	GDP 指数（上年 = 100）	增长率（%）	全社会固定资产投资（亿元）	名义投资率（IGDP）（%）	边际产出资本比率（IOCR）（%）
1988	15042.8	111.3	11.3	4753.8	0.32	35.76
1990	18667.8	103.8	3.8	4517.0	0.24	15.70
1992	26923.5	114.2	14.2	8080.1	0.30	47.32
1994	48197.9	113.1	13.1	17042.1	0.35	37.05
1996	71176.6	110.0	10.1	22913.5	0.32	31.06
1998	84402.3	107.8	7.8	28406.2	0.34	23.18
2000	99214.6	108.4	8.4	32917.7	0.33	25.32
2001	109655.2	108.3	8.3	37213.5	0.34	24.46
2002	120332.7	109.1	9.1	43499.9	0.36	25.17
2003	135822.8	110.0	10.0	55566.6	0.41	24.44
2004	159878.3	110.1	10.1	70477.4	0.44	22.91
2005	183217.4	110.0	10.4	88773.6	0.48	21.46
2006	211923.5	111.6	11.6	109998.2	0.52	22.35
2007	257302.6	113.0	13.0	137323.9	0.53	24.36
2008	300670.0	109.0	9.	172828.4	0.57	15.66
2009	340506.9	109.1	9.2	224598.8	0.66	13.95

资料来源：转引自张雷宝《我国政府投资的效率困境及其化解路径》，《经济论丛》2012 年第 1 期。

投资结构不合理也是我国政府投资效率低下的主要原因。投资结构不合理主要表现在过多向竞争性领域倾斜，公益性投资相对不足。近年来，我国各级财政用于竞争性或以竞争性为主行业的投资一直占大头，甚至从 2004 年的 72.17% 扩大至 2009 年的 75.51%，而用于公益性行业的政府投资所占比重一直偏低且每况愈下，从 2004 年的 27.83% 一路降至 2009 年的 24.48%（见表 6 - 2）。这种带有强烈 GDP 导向的政府投资行为，与追求"执政为民"、"民生财政"的公共行政理念相悖，从而使各级政府背上沉重的道德压力和社会风险。[1]

---

① 张雷宝：《我国政府投资的效率困境及其化解路径》，《经济论丛》2012 年第 1 期。

表 6 - 2 政府投资行业结构

年份/项目	公益性行业政府投资（亿元）		竞争性或以竞争性为主行业政府投资	
	金额（亿元）	比重（%）	金额（亿元）	比重（%）
2004	16427.4	27.83	42600.9	72.17
2005	20469.9	27.26	54616.2	72.73
2006	25885.3	25.58	69483.4	74.42
2007	27510.4	23.43	89954.1	76.58
2008	34145.7	22.96	133774.8	77.04
2009	4748.31	24.48	146437.3	75.51

资料来源：转引自张雷宝《我国政府投资的效率困境及其化解路径》，《经济论丛》2012年第1期。

当前我国公共投资效率困境主要表现在公共投资宏观效率和微观效率都不高，表面上看，决策失误、权力"寻租"、分包转包等是导致公共投资效率低下的主要原因，但根本原因应归结于制度不健全。经过改革与发展，我国逐步形成公共投资管理理念，但公共投资体制依然对高度集中的传统投资体制存在路径依赖。这些路径依赖使政府部门掌握集中的权力，从而使社会成员对公共投资的参与度不高，公共投资不能有效反映社会公共需要，造成投资效率损失。这是我国公共投资宏观效率的最大损失。其主要原因在于我国公共投资领域存在的公共选择问题，社会公众缺乏参与公共投资的渠道，公民意愿不能有效表达，政府投资决策脱离社会公众，而且社会公众难以对公共投资进行有效监督，实际上是公民权利的丧失。公共投资微观上的效率损失主要源于公共投资中的委托代理问题，由于缺乏激励与约束机制，公共投资代理人（实际执行人）基本不承担公共投资失败的责任，也没有追求投资效率的动力。

当前我国农村公路领域同样存在政府投资效率困境，因工程质量问题造成的无效投资、重复建设、资金监管漏洞等造成的损失和浪费现象经常见诸媒体。政府投资效率低下使有限的资金未能发挥应有的作用，在一定程度上加剧了农村公路供给短缺。

二 我国农村公路投资的"奥尔森困境"

"十一五"期间，我国农村公路建设取得较大成就。总体看来，我国政府对于农村公路的投资力度进一步加大，其发展规模较以前得以扩大，通畅率也得到逐步上升，农村交通运输条件得到进一步改善。但仍然存在一些问题，具体表现在以下几个方面：

一是建制村内部通畅率仍然较低，且差异较大。据交通部统计数据显示，通公路的建制村比例达到 99.21%，通硬化路面的比率达 81.70%，但就单个建制村而言，或者说建制村内部，其通公路比率和硬化比例极低。由于经济发展的非均衡性，各地村级公路建设情况存在较大差异，发展极不均衡，与当地经济情况有着较强的关联关系，但就总体来看，农村建制村内部通畅率明显偏低，农村出行难问题没有得到实质性改善。

二是农村公路资金投入尚存较大缺口，供给较大程度依赖农民集资。2006 年国家开始实施"五年五千亿"工程，自这一政策实施以来，政府对于农村公路的投资力度明显加大，但仍存在较大的资金缺口。农村公路资金存在缺口的另外一个原因是市场资金难以进入。首先，农村公路隶属公共物品，具有非竞争性和非排他性，如果通过私人供给，容易出现"搭便车"现象，而"搭便车"现象的出现可能最终导致农村公路供给不足甚至"零供给"。其次，农村公路具有高度政治性特点，承担着沟通城乡交流、促进农村地区经济和社会发展，缩小城乡差距的重要功能，转交给私人承担不存在现实条件，通过市场供给模式需要收回投资成本，设站收费不可避免，而这在当前农村地区经济发展落后条件下，有悖于国家发展农村公路的初衷。最后，相对其他公路，尤其是高速公路而言，农村公路具有密度高、等级低、交通流量小、效益低、投资回收期长的特点，不具备设站收费融资的现实条件。

在国家投入资金存在缺口、市场资金难以进入的背景下，我国农村公路建设缺口资金主要通过乡镇政府以各种形式集资自筹，以及农村各级集体经济组织筹集获得。在财政拨款无法完全满足农村农路建设的情况下，许多乡镇政府和村级组织无钱修路，向农民集资便成了最现实的选择。但是伸手向农民要钱，对于大部分刚刚解决温饱的农村来讲，存在较大难度。即便是对于尚有余钱的村民而言，拿钱修路也有困难。修路可以获得收益，给村民生活带来方便，促进当地经济的发展，这种公共利益的存在显而易见，但是，如果建设和修缮农村公路靠农民集资的话，就要使每个农民付出成本，此时如果有村民认为筹资付出的成本大于其收益的话，就极有可能出现"搭便车"现象，出现"奥尔森困境"。

落后的交通条件已经严重制约农村经济发展和农村居民生活改善。农村居民已经饱受"晴天扬灰路、雨天水泥路"之苦。在土路上行走，晴天尘土飞扬，雨雪天又使土路变得泥泞不堪。相对于砂石路、土路、水泥路或者沥青路是村民更好的选择，在这方面，每个农村居民都是"理性的"。投资修建公路，作为一种全体村民追求集体利益的公共政策，农村居民只要缴纳一定的费用，就可以获得农村公路，避免土路的泥泞之苦。而这些村民缴纳一定的修路费用，可以被视为集体行动的逻辑理论中的集体中的个体分摊集体物品的成本，免受泥泞之苦可以认为是集体中的个人享受到的利益。基于自愿参加原则的农村居民集资修路遇到的困难与"奥尔森困境"论述是一致的——对于村民来说，修路可以获得收益，可以避免泥泞之苦，可以给村民生活带来方便，有利于当地交通运输的发展，也有利于当地经济的发展壮大，这种公共利益的存在显而易见，但是，如果修缮农村公路靠农民筹措资金集资，就要使每个农民付出成本，此时如果有村民认为筹资付出的成本大于其收益的话，就极有可能出现"搭便车"现象。

此外，农村基层组织的决策程序严重影响农村公路的供给。目前，我国农村内部的公共事务多由村民委员会负责，根据 1998 年的《中华人民共和国村民委员会组织法》规定："村民委员会是村民自我管理、自我教育、自我服务的基层群众性组织，实行民主选举、民主决策、民主管理、民主监督。乡、民族乡、镇的人民政府对村委会的工作给予指导、支持和帮助，但是不得干预依法属于村民自治范围的事项，村民委员会协助乡民族乡镇的人民政府开展工作。"村民与村民委员会之间形成了一种委托—代理关系，但是在实践中，由于缺乏必要的民主程序，或者民主程序无法有效贯彻，村委会成员往往进行幕后操作、拉选票，形成独断专行作风。由于行为主体间的信息不对称，一方面，村民的信息劣势地位往往造成村民对村委会的不信任，当面临村委会组织的集体行动时，村民的抵触情绪颇为强烈；另一方面，由于免费"搭便车"的心理，村委会也难以从居民手中得到真实的需求信息。在这种情况下，农村集体修路更加难以实现。①

---

① 曾献萍、宋佳：《"奥尔森困境"与我国农村公路供给》，《当代经济管理》2011 年第 12 期。

第七章　中国农村公路财政投融资改革的战略选择

农村公路是农村基础设施建设的重要内容，是支撑农业和农村经济发展的必要力量，是农村地区最主要甚至在某些地区是唯一的运输通道，其建设与养护情况关系农民群众的生产、生活，关系农村经济社会稳定与发展。而在农村公路财政拨款尚不能完全满足需要的情况下，部分乡镇政府和村级组织无钱修路，只有将手伸向农民，进行集体筹资，但是农民集资修路又存在"奥尔森困境"，不愿为增进总体福利采取集体行动。如何破解农村公路发展困境已成为亟待解决的现实问题。我们以为，要解决这一事关全国经济社会协调发展的重大问题，必须从统筹城乡经济社会发展战略的高度，统筹规划，科学设计，部门联动，形成合力。

第一节　重塑中央与地方财政对农村公路的分权模式

长期以来，我国农村公路建设一直没有固定的资金来源，县、乡两级政府承担了农村公路建设的主要投资任务。我国县乡两级财政普遍比较困难，投入农村公路建设的资金有限，导致农村公路发展滞后，已成为农村经济发展的"瓶颈"。由于农村公路的公共品经济属性，政府投资是农村公路建设资金的主要来源，政府是农村公路建设投资的责任主体。但是具体应由哪一级政府负责，则要结合具体情况进行分析。

一　我国现行交通财政体制

（一）现行国省干线公路管理事权及投资融资体制

以河北省为例，河北省国省干线公路实行的是省、市、县分工分级负责管理体制。

在公路建设方面。省级负责制定全省国省干线公路建设规划、建设标准，资金的筹集和拨付，竣工验收及竣工决算的批复；市县级受省级委托，负责国省干线公路建设的前期工作、工程招投标和工程施工管理。

在公路养护方面。省级负责全省公路养护的行业管理，制定国、省干线公路的养护规划和标准，资金筹集和拨付，指导监督检查公路养护目标的实施；市县级受省级委托负责辖区内国、省干线公路的养护管理和大、中修工程的招投标管理及施工管理。

（二）农村公路建设权责划分

根据《农村公路建设管理办法》（交通部令 2006 年第 3 号）的规定，农村公路建设应当遵循统筹规划、分级负责、因地制宜、经济实用、注重环保、确保质量的原则。农村公路建设应当由地方人民政府负责。其中，乡道由所在乡（镇）人民政府负责建设；在当地人民政府的指导下，村道由村民委员会按照村民自愿、民主决策、一事一议的方式组织建设。农村公路建设项目应当依据农村公路建设规划和分阶段建设重点，按照简便适用、切合实际的原则和国家规定的程序组织建设。农村公路建设应当保证质量，降低建设成本，节能降耗，节约用地，保护生态环境。国家鼓励农村公路建设应用新技术、新材料、新工艺。交通部负责全国农村公路建设的行业管理。省级人民政府交通主管部门依据职责负责本行政区域内农村公路建设的管理。设区的市和县级人民政府交通主管部门依据职责负责本行政区域内农村公路建设的组织和管理。

根据《农村公路建设管理办法》的规定，农村公路建设资金应当按照国家有关规定，列入地方人民政府的财政预算。农村公路建设逐步实行以政府投资为主、农村社区为辅、社会各界共同参与的多渠道筹资机制，鼓励农村公路沿线受益单位捐助农村公路建设；鼓励利用冠名权、路边资源开发权、绿化权等方式筹集社会资金投资农村公路建设，鼓励企业和个人捐款用于农村公路建设。农村公路建设不得增加农民负担，不得损害农民利益，不得采用强制手段向单位和个人集资，不得强行让农民出工、备料。确需农民出资、投入劳动力的，应当由村民委员会征得农民同意。中央政府对农村公路建设的补助资金应当全部用于农村公路建设工程项目，并严格执行国家对农村公路补助资金使用的有关规定，不得从中提取咨询、审查、管理、监督等费用。补助资金可以采用以奖代补的办法支付或者先预拨一部分，待工程验收合格后再全部支付。地方政府安排的建设资金应当按时到位，并按照工程进度分期支付。农村公路建设不得拖欠工程款和农民工工资，不得拖欠征地拆迁款。各级地方人民政府交通主管部门应当依据职责，建立健全农村公路建设资金管理制度，加强对资金使用情况的监管。农村公路建设资金使用应当接受审计、财政和上级财务部门审计检查。任何单位、组织和个人不得截留、挤占和挪用农村公路建设资金。各级人民政府和村民委员会应当将农村公路建设资金使用情况，向公路沿线乡（镇）、村定期公示，加强资金使用的社会监督。

（三）农村公路管理养护权责划分

农村公路（包括县道、乡道和村道，下同）是全国公路网的有机组成部分，是农村重要的公益性基础设施。改革开放以来，我国农村公路快速发展，但管理、养护滞后问题十分突出。为加强农村公路的管理和养护，确保公路完好畅通，更好地为农村经济社会发展服务，国务院办公厅2005年9月29日颁布的《农村公路管理养护体制改革方案》提出"明确职责，建立健全以县为主的农村公路管理养护体制"方案。此次农村公路管理养护体制改革的指导思想是：以"三个代表"重要思想为指导，全面贯彻落实科学发展观，按照加强政府公共服务职能的要求，坚持农村公路建设、管理、养护并重的原则，明确各级政府对农村公路管理养护的责任，强化各级交通主管部门的管理养护职能，建立健全以政府投入为主的稳定的养护资金渠道，加快公路养护市场化进程，促进农村公路持续健康发展。农村公路管理养护体制改革的目标是：力争用三年左右的时间，基本建立符合我国农村实际和社会主义市场经济要求的农村公路管理养护体制和运行机制，保障农村公路的日常养护和正常使用，实现农村公路管理养护的正常化和规范化。

按照现行体制，各级政府的权力和责任划分是：农村公路原则上以县级人民政府为主的负责管理养护工作，省级人民政府主要负责组织筹集农村公路养护资金，监督农村公路管理养护工作。各省、自治区、直辖市人民政府可结合当地实际，对有关地方政府及其交通主管部门管理养护农村公路的具体职责作出规定。

省级人民政府交通主管部门负责制订本地区农村公路建设规划，编制下达农村公路养护计划，监督检查养护计划执行情况和养护质量，统筹安排和监管农村公路养护资金，指导、监督农村公路管理工作。

县级人民政府是本地区农村公路管理养护的责任主体，其交通主管部门具体负责管理养护工作。主要职责是：负责组织实施农村公路建设规划，编制农村公路养护建议性计划，筹集和管理农村公路养护资金，监督公路管理机构的管理养护工作，检查养护质量，组织协调乡镇人民政府做好农村公路及其设施的保护工作。

县级人民政府交通主管部门所属的公路管理机构具体承担农村公路的日常管理和养护工作，拟订公路养护建议计划并按照批准的计划组织实施，组织养护工程的招投标和发包工作，对养护质量进行检查验收，负责公路路政管理和路权路产保护。县级人民政府交通主管部门没有设立专门的公路管理机构的，可委托省级或市级公路管理机构的派出（直属）机构承担具体管理工作，不宜另设机构。

乡镇人民政府有关农村公路管理、养护、保护以及养护资金筹措等方面的具体职责，由县级人民政府结合当地实际确定。经济条件比较好的乡镇要积极投入力量，共同做好农村公路管理养护工作。

保障农村公路可持续发展，一个最主要的因素就是要保障资金的可持续投入。全国交通运输工作会议报告指出，目前我国已初步建立了以政府投入为主的养护资金渠道和以县为主的养护管理体制。

二　交通财政体制存在的突出矛盾与问题

河北省自2010年起推行新办法，在实践中暴露出如下问题与缺陷：

（一）交通资金拨付迟滞

我国交通财务管理体制实行的是条块结合，以条为主的管理模式。交通系统征收的各项行政事业性收费全部上缴省财政，资金的拨付由省财政拨付省交通部门，省交通部门在系统内直接下拨。收支规模大、层次多、流程长。为解决这一问题，自2010年1月起，交通税费改革中央财政转移支付资金由省财政直接拨付市、直管县财政，市（县）财政部门下拨用款到位。交通资金管理不再经过交通部门，实行国库集中支付制度。理论上，改革后交通建设资金运营流程缩短了，资金拨付及时。但据调查，改革后资金拨付更加滞后。改革前，每年3月预拨资金，年底拨清。市县交通部门虽然每年1—2月基本无资金来源，但年底有部分款项未支付可作为资金周转，虽有部分欠款但在合理范围之内，基本可满足交通部门运转需要。新办法实施后，交通纳入地方（市、直管县）财政管理，省财政厅和省交通厅联合发文之后，资金到达地方财政，市（直管县）交通局申请，市（直管县）财政研究后批复、拨款。而"两厅"一般每年

4—5月才有计划（发文），而交通工作每日进行，交通部门账户"零存款"，资金拨付严重滞后。主要症结在市（县）财政，资金滞留在市县财政部门，没有及时拨付到施工企业，导致交通建设工程款被拖欠现象十分普遍。

（二）中央转移支付资金基数偏小

交通资金管理办法改革后，虽然财政部门按照保基数并适度增长原则安排交通资金，但实际交通部门资金紧缺的矛盾十分突出。改革前交通部门可以收费，财政拨款叫"补助经费"，税费改革后交通部门没有现金流量，完全依靠公共财政供给，以此为基数难以满足交通部门运转的需要，即使略有增长也是如此。

（三）地方配套资金不到位

公路建设中央、省级财政投资严重不足，地方配套资金难到位，交通部门处于"无米之炊"的境地。国省干线新改建采用"钓鱼"政策，即中央定额投资，地方配套资金，但实际上地方没有配套导致交通工程普遍赔钱、工程款拖欠严重。按照现行政策，省财政拨款标准为350万元/公里，不足实际投资额的一半，致使一些新改建一直处于停滞状态。即便已经开工的项目，地方财政也没有配套资金，省财政下拨的资金也没有到位，全部依靠施工企业垫资施工。

（四）交通部门人员超编，负担过重

调查发现，各地交通系统均不同程度存在人员超编问题，由于条块分割，财务管理与人事管理脱节，加上行政体制改革进展缓慢，各地交通部门人满为患，超编严重，导致交通系统机构扩张，行政效率低下，非生产性行政管理费用超支严重，造成大量交通建设资金不得不用于养人。而且交通税费改革后，编办不承认人事部门认可的增加人员，交通部门经费严重不足，难以为继。

（五）交通债务负担沉重

交通债务是"贷款修路，收费还贷"政策的产物，目前各市县均有额度不同的非收费公路贷款需偿还。自2009年二级公路停止收费，作为公益性基础设施运营。交通税费改革后，对历史遗留的非收费公路债务偿还问题凸显，交通部门已经没有现金流量，又缺乏可抵押财产，各家银行均不再提供贷款，市县交通部门还贷压力巨大。

（六）财政管理体制定位不明确

自 2010 年交通资金拨付渠道由交通系统内部自上而下拨付改为财政系统自上而下拨付，即中央财政转移支付资金由省财政直接拨付市、直管县财政，当地财政部门拨付交通部门。由此导致的问题：一是交通专项资金严重不足，市交通部门不能专款专用，只能综合使用；二是多头管理、程序复杂；三是财权与事权不匹配；四是农村公路资金严重不足，路政管理不善，损毁严重；五是市和直管县之间交通事权关系未理顺，管理体制定位不明确。

（七）日常养护和农村公路建设资金难以保证专款专用

交通税费改革后，国省干线养护资金和农村公路资金直接拨至直管县，在县级财政普遍困难的大背景下，可能导致如下后果：一方面公路养护质量难以保证。因为县级养护机构普遍存在人员严重超编，养护费用很可能用于养人，加之市交通部门技术监管乏力，养护质量难以保证。另一方面，在县级财政普遍困难背景下，直管县可能将养护资金和农村公路建设资金挪作他用。

三　交通财政体制问题成因分析

（一）交通资金短缺、拨付迟滞原因分析

造成当前交通建设和管理养护资金普遍匮乏，而且资金拨付迟滞的原因复杂，既有财政体制因素，也受制于经济发展水平，还有改革初期的阵痛，是多方面因素综合作用的结果。主要有如下几方面：一是市县财政部门缺乏交通资金管理经验。用于历史上我国交通财政财务采用省以下垂直管理模式，且资金规模大，市县财政部门缺乏相应的管理经验，拨款异常谨慎。二是管理办法的差异导致拨款延迟。交通资金管理模式的改变，也是影响资金及时拨付的主要原因。三是现行财政拨款机制造成款项到账迟滞。四是市县（特别是县级）财政普遍困难，一些市县可能未遵循专款专用原则，将交通专项资金综合安排、调剂使用。

（二）交通系统超编原因分析

交通系统人员严重超编在全国都具有普遍性，这是历史遗留问题。其形成原因主要有：一是交通财政财务体制与行政体制脱节。长期以来，河北省交通系统财务与人事管理模式有两种，一种是人员和经费均由交通部门管理；另一种是人员及公用经费主要由全省交通系统负担，而人员编制则由地方确定。调查发现，各市县交通系统均不同程度存在人员超编问题，特别是推行后一种模式的市县，由于条块分割，财务管理与人事管理脱节，地方劳动人事部门不断扩充交通系统人员。二是行政体制改革滞后。行政体制改革滞后，致使各地交通部门普遍人满为患，超编严重。三是单位性质导致人员超编。交通系统多属自收自支单位，这些单位的编制是刚成立时由编办核定的，以后进人无须编办批准，只需人事部门增加即可。这种人事管理制度使交通系统编制软约束，加剧了交通机构膨胀、人员超编。

2010 年，全国各地因地制宜，探索筹资渠道，创新融资模式，保障了农村公路在建设、管理、养护方面的资金投入，使农村公路得以健康、持续发展。河北省交通运输部门通过不断摸索和实践，总结出"六个一"的农村公路建设资金筹措策略。即交通部门补贴一点、各级财政安排一点、部门对口帮扶一点、争取社会捐助一点、一事一议筹措一点、市场化运作解决一点，成功破解了农村公路建设资金来源难题。对于养护资金不稳定，河北省政府专门下发文件，明确规定县级政府的主体责任，指出农村公路养护日常资金应由县政府负责解决，为农村公路养护资金的落实提供了强有力的支撑。

四 完善农村公路财政体制的对策建议

农村公路的公共产品性质决定了农村公路投资应由政府从强制性税收中通过预算进行安排，政府公共财政支出成了农村公路建设资金的重要甚至是唯一的来源。但是，说到底是由中央政府还是由地方政府来承担，则需要考虑政府财政收支的现实状况。按照现行体制，农村公路建设属地方事权，中央仅安排补助性资金，大量建设资金需要地方各级政府配套安排。贫困地区地方政府基本靠转移支付维持运转，县乡财政普遍无法从一般预算中专门安排农村公路建设资金。在实施成品油税费改革、取消养路费和政府还贷二级公路收费、规范地方政府融资平台等政策后，交通部门利用交通规费质押贷款，以及利用政府还贷收费公路统贷统还等筹集资金的融资方式出现新情况，地方政府资金配套能力下降。为了修路，有些村欠下了工程款，新增了村级债务。而且，由于中央部门按照计划管理的方式对农村公路建设项目进行层层审批，使得资金下达周期长。

当前我国县乡政府财政普遍困难，2009 年实施的成品油价税费改革又直接减少了作为农村公路建设重要资金来源的养路费收入，严重削弱了交通部门投资农村公路的能力，这一切决定了中央政府或者省级公共财政支出应成为农村公路建设资金的主要来源。为此，必须改变以往认为农村公路建设仅仅和所在县、乡、村有关的认识，明确农村公路建设的投资主体，可行的办法是将农村公路建设的责任主体上移。因为农村公路是国家公路网的重要组成部分，农村公路建设关系到农村经济发展、关系到城乡经济一体化发展，是国家全面、协调、可持续发展战略的重要组成部分。加强农村公路建设应该考虑国家财政现实状况，在法律上明确中央政府和省级政府为主要投资主体，从而在制度上为农村公路建设资金来源提供保证。

第二节　公共财政向农村公路倾斜

新中国成立以来，中国财政体制改革经历了供给财政、建设财政和公共财政三个阶段。供给财政是从战争时期财政演变而来的，总的方针是毛泽东提出的"一切为了前线"、"发展经济，保障供给"。建设财政大体上是从 1953 年开始的，一直到 1998 年前后。从建设财政到公共财政的转变，包括观念、制度和分配结构的改变，已经取得了长足进步，但尚未完成，仍是今后财政改革的方向。[1] "公共性"作为公共财政的典型特征，必然贯穿于公共财政全过程。因此，"公共性"是规则，是一种理念，更是公共财政的本质特征。公共财政包含两个层次——相对市场的公共性和相对民众的公共性[2]，后者为前者的原因，是最本质的东西。因此，人类社会实质上是社会公众的利益共同体。财政公共性关注的是公共利益问题，是一个关乎社会发展和进步的终极关怀问题。[3]

一　公共财政覆盖农村

公共财政覆盖农村在中国有其特殊的含义。1998 年提出建立公共财政以后，也并未涉及公共财政覆盖农村的问题。直到中国共产党第十六次全国代表大会提出统筹经济社会发展的理念，公共财政覆盖农村的提法才浮出水面。尽管目前在理论研究、媒体宣传、政策制定与实施等层面，公

① 项怀诚：《十思堂上思财政》，《中国财经报》2008 年 4 月 10 日。
② 刘尚希：《公共财政：公共化改革的一种转轨理论假说》，《财贸经济》2010 年第 8 期。
③ 张映芹：《民生本位时代的财政公共性——基于公共福利价值目标视角的分析》，《北京大学学报》（哲学与社会科学版）2009 年第 5 期。

共财政覆盖农村的提法已经随处可见，但仍有许多问题需要进一步研究和探讨。

提供公共产品是市场经济条件下政府的天职，作为政府的重要职能机构，公共财政需要为政府提供公共产品出资。其中，纯公共产品的提供需要公共财政负担全部成本，准公共产品的提供需要公共财政承担部分成本。由此不难看出，公共产品的形成与发展是公共财政履行职能的前提。丁学东按照是否具有非排他性和非竞争性特征的公共产品界定的一般原则，结合中国发展的实际和农村公共服务状况，可以把现阶段中国农村公共产品界定为纯公共品和准公共品两类。①

世界上几乎所有国家和地区都曾经历过或正在经历着从传统农耕与乡村文明社会向现代工业与城市文明社会转型的过程。与发达市场经济国家相比，中国的工业化、城市化转型很特殊，道路也很曲折，基本上是以牺牲消费和农民利益为代价的，加上现阶段市场机制不完善，城乡之间、区域之间发展不平衡矛盾加剧。中国经济社会转型与公共财政转型都是中国经济社会转型的一个方面，正是中国经济社会转型才导致"三农"领域的诸多问题。从某种意义上说，中国的"三农"问题就是农业在市场化转型中的适应性问题、农村在城市化转型中的定位问题和农民在市场化、城市化、工业化和信息化等转型过程中的出路问题。中国农村公共产品具有特殊性，现阶段中国农村公共产品的范围不能完全按照经典经济学理论或成熟的市场经济条件进行界定。一些在发达市场经济国家不作为公共品的领域和环节，在现阶段的中国仍有必要纳入公共产品范围，需要公共财政的支持，以解决历史欠债问题，最终消除城乡"二元"经济社会的影响。

农村公路是保障农民生产生活的基本条件，是农业和农村发展的先导性、基础性设施，在新农村建设中发挥着重要的支撑作用。农村公路具有交通流量小、不具备收费条件以及效益外溢性的特征，属于纯公共品，具有非排他性和非竞争性。农村公路的纯公共品属性决定了农村公路是政府财政的职责范围，应该采用公共提供方式，由公共财政埋单。

尽管我国农村公路建设得到了较快发展，但由于历史欠账较多，自然条件恶劣等诸多因素的影响，当前我国农村公路建设任务仍然较重，公路

---

①　丁学东：《公共财政覆盖农村的理论和实践》，《管理世界》2007 年第 10 期。

管理和养护资金短缺问题普遍存在且依然严重。

"重建轻养"是我国农村公路存在的普遍性问题。村道公路没有列入《中华人民共和国公路法》的范畴，也就没有了建设、养护职责的法律设定。2005 年出台的《农村公路管理养护体制改革方案》规定，县级人民政府是本地区农村公路管理养护的责任主体，其交通主管部门具体负责管理养护工作，但目前全国范围还没有建立起规范有效的管养体制和运行机制，农村公路特别是村级公路的养护责任主体还不明确。根据《农村公路管理养护体制改革方案》，农村公路管理养护资金主要由汽车、拖拉机和摩托车养路费补助以及各级人民政府财政预算内资金构成，但 2009 年国家实施成品油价税改革后，取消了公路养路费，用成品油消费税等新增税收替代养路费等收费。由于新增税收用于农村公路养护的转移支付资金管理办法还未明确，对养护资金来源产生重要影响。

要想切实解决农村公路发展的资金约束问题，从根本上说，有赖于公共财政制度的建设，以实现城乡公共服务均等化为目标，各级财政均应采取一系列措施加大对农村公路的投入力度，逐步消除二元经济社会所遗留下来的城乡巨大差异。

二 划清市场与政府的职责范围

关于政府经济行为的方式，西方学者有一个掌舵与划桨的比喻，即政府的职责是掌舵而不是划桨。直接提供服务是划桨，提高控制力、把握方向、修订政策是掌舵，航船掌舵的人对目标的影响力远比那些划桨的人大得多。因此，多掌舵少划桨的政府才是更有效、更富有生机和活力的政府。当然，用于政府的层级不同，经济行为方式也可能不一样。层级越高、决策权越大的政府，经济行为方式重在掌舵；层级越底、操作性工作越多的政府则需要一定的划桨服务。但不管怎样，掌舵（调控市场、调控经济社会）是根本。

关于政府经济作用，不同派别有不同观点，归纳起来，可以分为如下三类：

（1）市场优先说。政府只需充当"守夜人"即可。其最著名的代表人物是古典经济学派创始人亚当·斯密。他从自由放任的主张出发，认为人们在追求自己利益的同时，会有效地促进社会利益，因而给经济活动最大的自由是增加国民财富的最好办法。认为有了市场这只"看不见的手"，政府干预经济活动是弊大于利，政府只需像个守夜人，其职责只有三项："第一，保护社会，使之不受其他独立社会的侵犯；第二，尽可能保护社会上的每一个人，使之不受其他人的侵害或压迫，这就是说，要设立严正的司法机关；第三，建设并维护某些公共事业和设施。"①

（2）政府干预说。市场失灵必须有政府干预，其最著名的代表人物是凯恩斯。凯恩斯从经济危机中的有效需求不足出发进行研究，得出市场本身存在缺陷，而且这些缺陷还不能由市场自己去解决，只有政府通过财政税收政策和货币金融政策来增加支出，鼓励投资，刺激消费，才能实现社会经济发展的持续繁荣。凯恩斯的理论不仅成为现代宏观经济学的核心，而且为西方各国扩大政府经济职能、强化经济行为的实践提供了理论依据。

（3）市场机制与政府干预相结合说。这是当代学者的主流观点。他们的差异在于"度"的把握。有人主张政府行为多一点，有人主张政府行为少一点，这派学者以公共选择学派为代表。他们研究发现，不仅市场机制存在失灵问题，政府也会出现失灵。因此，他们在肯定政府干预经济必要性的同时，也强调政府的过度干预所带来的种种问题，主张政府应优化职能，将干预限制在适度的范围之内，并且政府在运作过程中应引进市场竞争机制和企业运行机制，通过政府市场化、政府企业化，达到消除"市场失灵"和"政府失灵"这一双重目标。

历经十余年的财政改革，我国"公共财政"理念已经深入人心，公共财政制度建设也取得了一定成效，但是，由于各种复杂的原因，当前我国财政转型的任务远未完成，公共财政"越位"、"缺位"、"错位"问题依然严重，突出表现为财政支出结构的扭曲。李扬认为，我国财政支出中仍存在着四种越位现象：一是有些企业本应由市场调节的挖潜改造资金、流动资金等由公共财政负担；二是各种补贴过多；三是各类事业费庞杂；四是行政机构和人员管理尚无法可依，致使行政支出负担过重。三种缺位表现在：一是对社会保障的支持不足；二是对社会公益事业供给乏力；三是对城镇公共设施建设投入偏少。② 当前我国公共财政缺位最突出的表现就是对农业、农村的投入严重不足，特别是农村道路等

---

① 亚当·斯密：《国民财富的性质和原因的研究》下卷，商务印书馆 1997 年版，第 252—253 页。

② 王君燕：《我国财政支出结构尚须优化》，《经济日报》2002 年 9 月 23 日。

基础设施、农村医疗卫生、教育等公益事业，以及农村社会保障供给不力。

财政支出中的"越位"，挤占了稀缺的财政资源，分散了财力，不利于快速推进经济体制的根本性转变。一方面使财政支出范围过宽，影响市场机制的及早到位；另一方面容易造成财政资金使用效率低下。财政支出中的缺位，不仅会使政府难以弥补市场失效的缺陷，影响经济发展后劲，而且可能扰乱国民经济分配秩序，增加企业和居民的非税负担，并会侵蚀税基和国家财政收入，从而削弱国家税收和财政的宏观调控能力。因此，为提高积极财政政策效率，增强财政的宏观调控能力，目前要针对财政支出中的越位和缺位现象，划清市场与政府的职责，科学界定财政的职能范围，切实解决财政"越位"和"缺位"问题。为此，应按照公共财政要求，采取如下措施：一是政府投资逐步退出竞争领域；二是取消国有企业亏损补贴；三是调整财政支出结构，当务之急是切实转变政府职能，将行政管理费规模过大、增长过快的势头遏制住、压下来。与此同时，建立权力制衡机制，健全各级政府信息披露制度，实现"阳光行政"；放松对新闻媒体的管制，保障言论自由，建立以新闻媒体为主的社会监督机制；从制度建设入手，消除滋生腐败的土壤，减少政府在投资领域的损失浪费；提高财政资金效率。通过建立健全公共财政制度体系，调整存量资源，将节约下来的部分资金用于增加农村公路投入。

三 建立健全公共财政制度体系

（一）建立新增财政资源优先保证农村公路的机制

长期以来，我国各级政府投资规模不断扩大，但投资结构问题依然严重，甚至愈演愈烈。近年来，我国各级财政用于竞争性或以竞争性为主的行业投资一直占大头，甚至从 2004 年的 72.17% 上升至 2009 年的 75.51%，而用于农村公路等公益性行业的政府投资比重一直偏低，从 2004 年的 27.83% 下降至 2009 年的 24.48%（见表 7 - 1）。这种强烈的 GDP 导向的政府投资行为，与追求"执政为民"、"民生财政"的公共行政理念有所违背，从而使各级政府背负沉重的道德压力和社会风险。①

---

① 张雷宝：《我国政府投资的效率困境及其化解路径》，《财经论丛》2012 年第 1 期。

表 7 - 1 政府投资行业结构

年份	公益性行业政府投资		竞争性或以竞争性为主行业的政府投资	
	金额（亿元）	比重（%）	金额（亿元）	比重（%）
2004	16427.4	27.83	42600.9	72.17
2005	20469.9	27.26	54616.2	72.73
2006	25885.3	25.58	69483.4	74.42
2007	27510.4	23.43	89954.1	76.58
2008	34145.7	22.96	133774.8	77.04
2009	47483.1	24.48	146437.3	75.51

2011 年，我国财政收入达 103740 万亿元，当年财政收入"超收"额就高达 14020 亿元，超收额占当年财政总收入和当年全国财政收入增收额的 13.5% 和 67.9%。[①] 我们认为，在近年来我国每年财政收入以上万亿元的速度大幅增收的大背景下，可以考虑将各级政府新增财力按一定比例用于农村公路，通过增量调整倾斜农村公路，以满足农村公路建设与养护的资金需要。

此外，还可以考虑通过国有股减持、国有资产变现、动用规模过大而运营效率又欠佳的外汇储备等，多渠道筹集资金用于农村公路建设，以服务新农村建设。

（二）改变交通建设的非农化倾向

当前，我国财政投资效率不高，投资领域损失浪费严重问题未得到有效遏制。我国投资的产出资本比率由 1988 年的 35.74% 下降至 1998 年的 23.18%，并进一步降至 2009 年的 13.95%（见表 7 - 3）。我国各地方出现的诸多政府投资失败案例也是投资效率低下的有力证据。据世界银行估计，从"七五"到"九五"期间，中国政府投资决策失误率 30% 左右，资金损失浪费了 4000 亿—5000 亿元。

这种低效率的投资驱动经济增长不良现象，让人不得不思考：中国能否继续依赖高投资率来保持经济高速增长，以及在投资效率下降情况下中国经济增长的长期源泉何在？这种高投资与低产出引致的巨大风险昭示了

---

① 高培勇：《当前经济形势与 2012 年财政政策》，《财贸经济》2012 年第 2 期。

表 7 - 2　　　　　1988—2009 年我国名义投资率和投资效率的比较

年份	GDP（亿元，当年价格）	GDP 指数（上年 = 100）	增长率（%）	全社会固定资产投资（亿元）	名义投资率（%）	边际产出效率（%）
1988	15042.8	111.3	11.3	4753.8	0.32	35.74
1990	18667.8	130.8	3.8	4517.0	0.24	15.70
1992	26923.5	114.2	14.2	8080.1	0.30	47.32
1994	48197.9	113.1	13.1	17042.1	0.35	27.05
1996	71176.6	110.0	10.1	22913.5	0.32	31.06
1998	84402.3	107.7	7.8	28406.2	0.34	23.18
2000	99214.6	108.4	8.4	32917.7	0.33	25.32
2001	109655.2	108.3	8.3	37213.5	0.34	24.46
2002	120332.7	109.1	9.1	43499.9	0.36	25.17
2003	135822.8	110.0	10.1	55566.6	0.41	24.44
2004	159878.3	110.1	10.1	70477.4	0.44	22.91
2005	183217.4	110.4	10.4	88773.6	0.48	21.46
2006	211923.5	111.6	11.6	109998.2	0.52	22.35
2007	257705.6	113.0	13.0	137323.9	0.52	24.36
2008	300670.0	109.0	9.0	172828.4	0.57	15.66
2009	340506.9	109.1	9.2	224598.8	0.66	13.95

经济增长方式由"投资驱动"向"消费驱动"转型的必要。①

　　因此，我们认为，当务之急是各级政府应转变观念，牢固树立均等化理念，加强对政府投资的监督管理，深化投融资领域改革，建立健全政府投资决策机制和管理制度，切实减少投资失误以及由此而造成的巨大浪费，提高政府投资效率；同时，改变以往交通建设"重城市、轻农村"、"重高速路、主干道，轻农村公路"的现象，财政支出向农村公路建设倾斜，加大公共财政支出中农村公路建设支出的比例。政府交通主管部门应将公路建设融资总额作为一个整体，将不低于一定比例的数额分配到农村公路建设。

　　（三）取消贫困地区农村公路建设配套费

　　国家实行财政转移支付制度，对于缩小地区间财力差距、推进基本公

---

① 张雷宝：《我国政府投资的效率困境及其化解路径》，《财经论丛》2012 年第 1 期。

共服务均等化、促进区域协调发展发挥了重要作用。但在执行中，也存在专项转移支付设置过多、配套资金压力过大、资金下达不及时等问题。为进一步规范和完善转移支付制度，2015年实施的新预算法规定：财政转移支付应当规范、公平、公开，以均衡地区间基本财力、由下级政府统筹安排使用的一般性转移支付为主体。建立健全专项转移支付定期评估和退出机制。市场竞争机制能够有效调节的事项不得设立专项转移支付。除按照国务院规定应当由上下级政府共同承担的事项外，上级政府在安排专项转移支付时不得要求下级政府承担配套资金。

新农村建设政策实施以来，我国推行了"村村通"过程，旨在解决农村公路的历史欠债问题。为鼓励地方政府增加农村公路投资，中央财政设立了农村公路专项转移支付项目，对农村公路建设实行奖补政策，但需要地方配套。而经济相对落后地区基础设施建设任务重，但囿于其自身的经济发展水平和财政能力的限制，难以筹集配套资金，进而难以获得上级政府的财力支持；与此相对应，来自上级政府的转移支付资金大多被经济基础较好的地区俘获，进而形成"马太效应"，加剧区域经济社会发展的非均衡性矛盾。

基于此，我们认为，应改变现行农村公路建设资金拨付政策，根据我国各地区经济发展水平的不同，灵活确定农村公路建设投资结构，中央财政和省财政应加大对落后地区的资金支持力度，取消贫困地区农村公路建设配套费。在这方面，云南省大理州的经验值得借鉴。

四　因地制宜服务新农村建设

随着生态环境保护和农业可持续发展需求的增长，农业多功能性理论（最先出现在20世纪80年代末日本政府提出的"稻米文化"中）认为，农业是一种多功能性的产业，这一理论突破了传统认识的局限，给予农业新的地位和作用。农业的多功能性是指农业除了具有提供粮食和植物纤维等农产品的商品生产功能外，还有土地占有、环境、粮食安全以及文化等功能。具体表现如下：从经济角度来说，农业是国民经济的基础；从文化角度来说，农业文化是传统文化的基础、是民族文化的源头；从政治角度来说，农业是社会政治稳定的基础，也是农民发展依托；从环境生态角度来说，农业保护了生物多样性，为环境生态创造了巨大价值。农业的多功能性决定了任何国家都要重视构筑农业产业体系间各个环节的互动，而非传统的单一的农产品商品生产功能。此外，长期以来，人类自身生活与生产等活动消耗环境质量的生态需求，都是免费获得满足的。随着资源的硬约束，人类不仅要遵循固有的自然生态规律，还要或多或少地投入人类劳动，改善农业生态条件。农业再生产的实现问题，基本上不能通过市场竞争在物质上和价值上得到补偿。因此，国家和社会必须给予农业必要的保护和支持，以增加农业生态再生产的自生能力和自净能力。

近年来，随着城市化快速推进，农村人口"空心化"作为城市化的并行趋势，不可逆转。这将对整个农村形态、村庄地域分布产生长期、动态影响，并将对连接农村区域末端节点的农村公路造成影响，直接导致目前大规模的以通村、通乡和村内公路为主要内容的农村公路建设面临建成公路服务对象日益减少，甚至举各方之合力修建的村内公路和通村公路，在建成后由于村庄合并搬迁或大量人口外移而被废弃的尴尬。因此，如何在农村人口"空心化"趋势下，合理布局农村公路，是当前我国农村公路建设面临和亟待研究解决的重大现实问题。

此外，对于一些边远山区和一些里程长、人口少、经济基础差的行政村和自然村，可优先考虑修建砂石路，待条件具备后再考虑修油（水泥）路；对于那些地质条件复杂、人口密度很小、自然条件差、生态环境脆弱的地区，不宜一味地不惜血本建设农村公路，可以考虑人口搬迁，这样既经济又环保，可谓一举多得。

总之，农村公路建设应因地制宜，在我国城市化加速发展，农村"空心化"趋势日益加重的背景下，从战略高度进行科学规划，将农业发展和粮食安全、农村经济发展、农村居民生活的改善、农民收入和福利增加、生态环境保护、农村公路投资绩效等多角度、多因素综合考虑，慎重决策。而不能"一刀切"，将"村村通"工程机械地理解为不顾客观实际，不惜血本地为每一个村都要通上柏油公路或水泥公路。

第三节　创新农村公路融资机制

自2009年我国推行交通税费改革后，包括农村公路在内的普通公路建设资金筹措遇到了一定困难。我们认为，可考虑从以下四个方面筹资：一是适度提高燃油消费税征收比例，从燃油消费税中划出一部分资金专项用于普通公路的建设。二是适度调整高速公路通行费收入管理政策，允许动用一定额度的高速公路通行费收入专项用于普通公路建设；三是通过发行地方政府债券、企业债券等方式筹措普通公路建设资金；四是组建交通投融资平台，注入交通系统存量优质资产，通过对公路沿线土地开发升值，拍卖公路冠名权、广告经营权等方式筹集公路建设和养护资金。

一　融资机制创新——TOD 模式

TOD 模式是现实土地与交通协调发展的必由之路。TOD 模式是一种对土地联合开发的模式，是交通设施建设与沿线土地开发有效结合的形式，是实现交通建设效益直接内部化的有效措施，是一种社会经济效益的再分配，是运用经济杠杆支持交通企业实现商业化运营，实现交通建设与经济社会发展良性循环的一种策略。在这种模式中，政府将商业开发与交通设施建设打捆，也就是将交通设施用地与周边经营性土地捆绑在一起，以法定企业的形式或特许权招标的形式，让企业整体连片一级开发，包括对交通设施等基础设施和公益事业的开发，对土地的开发和对竞争性服务功能的招商。将拟开发的土地分为两部分，一是交通设施建设用地，二是交通沿线商业开发用地，用于修建商品房、工业园区等。TOD 模式是实现交通发展与周边用地协调发展的有效途径，能较好地协调公益设施与土地开发、不动产建设之间的关系，解决当前我国交通建设的效益外溢性问题，是公共与私人资源有效结合的最佳方式。联合开发不仅能够提供较完善的公共设施，缓解交通拥堵压力，实现交通与社会经济协调发展目标，还能为地方政府开辟财源，缓解和解决交通发展的资金约束，在一定程度上抑制房地产业的盲目扩张，实现房地产行业的健康有序发展。

目前，我国 TOD 模式的制约因素很多，首先是 TOD 模式整体上缺少法律支持，没有相关法律和地方政府规章的支持，使得这一模式中的土地与交通发展的互利关系没有法律依据，对于交通建设以及建成后的运行不利。因此，应创新土地制度，加快立法，为 TOD 模式扫清障碍。其次是行政体制障碍，由于涉及主体多，有政府的土地、交通、建设、规划等多个管理部门，还有交通建设企业、房地产开发、房地产经营、交通运营等多个不同利益主体。首先面临的是如何协调众多部门的利益问题，还有就是如何处理具有不同利益诉求的微观主体关系问题，因此，对于 TOD 模式，政府必须建立一套行之有效的利益协调机制和监管体系，包括土地使用权的取得，经营特许权的规定和竞标程序规定，不同主体间利益分配以及各方的权利义务分担，对经营者监管的机构、规则、内容和形式等相关规定。使这一交通与城市经济社会发展互利的模式获得政策和体制支持。

实现交通融资机制创新需要其他政策配合，主要有以下几个方面：

（1）设立 TOD 基金。为了加强管理，保证政府取得的土地增值收益专款专用，专项用于交通基础设施建设，地方财政部门有必要建立 TOD 基金，作为交通建设专项基金，专门用于公路、地铁等交通基础设施项目的资本金投入、还本付息，增强政府对交通建设的投资保障能力。基金的资金来源结构应多元化，主要包括：财政拨款，新建公路等交通基础设施沿线的土地出让金收益，地方政府土地储备中心划拨交通用地取得的净收益，交通建设企业代扣代缴的建筑施工企业营业税、城建税，公共交通运营企业减免的营业税、城建税，来自上级政府（中央财政、国家和省交通部门等）的交通建设项目资金补助的专项拨款，交通建设项目结余资金的集中部分以及 TOD 基金运营收益等其他来源。在这方面，南京市走在了全国的前列。从长远来看，随着我国税收制度改革，开征物业税已提上日程，还可以将物业税收益按照一定比例划拨到 TOD 基金账户，补充交通建设专项基金预算。

（2）征收交通特别税费。交通设施建设会带来沿线房地产升值。如深圳地铁一期开通之前，地铁站点周围 500 米半径范围内的商业和办公房地产平均增值幅度分别为 14.7% 和 11.1%，地铁开通后，地铁站点周围 500 米半径范围内的商业和办公房地产累计平均增值幅度预计在 45% 和 35% 左右。

在目前的财政制度框架下，可以考虑以地方法规的形式，对交通设施影响范围内的房地产征收交通特别费，实现土地增值收益的间接内部化。因为无论新税种的开征还是改革房产税，都依赖中央政府决策，且需要立法机构审批，程序复杂，需要时日。因此，在税收制度改革到位以前，作为过渡性措施，向公路沿线的房地产拥有者征收交通特别费，可以有效调节交通供给带来的土地增值利益分配，缓解交通基础设施投资与收益不公平的矛盾，增加政府财政收入，政府将这部分土地增值收益纳入 TOD 基金，实现交通建设资金良性循环。

从立法机构的角度来看，也可以考虑从我国的国情出发，在房地产税改革到位以前，对交通沿线和站点附近的商业和办公用房地产立法开征新税，计税办法可考虑按照房地产面积定额征收，依照其与公路的距离不同设计差别税率，这样征收管理简便易行；税种的归属，按照现行体制，应划为地方税种；至于税种属性，宜将其作为特别行为目的税，所征税款全额纳入 TOD 基金，专项用于交通设施建设，既有利于调节交通建设与相关利益主体的关系，实现交通建设收益的内部化，又在一定程度上弥补了地方税体系税种单一的不足，有利于税收制度的完善。

二　适度提高成品油消费税率

我国消费税不是普遍征收，仅仅对部分高耗能、高污染、高消费的消费品征收。对成品油征收消费税，有利于促进资源节约，抑制对能源的过度消费，是国际上普遍采用的做法。从成品油消费税税负水平看，我国处于国际中等偏低水平，不利于引导企业和居民节约利用石油资源、减少大气污染物排放；从燃油消费税执行情况看，燃油消费税征收额度较低，提高征收额度应有较大操作空间。通过适当调整成品油消费税税率来抑制能源过度消费，是国际上普遍采用的做法。和其他国家一样，我国汽油、柴油征税的方式都是从量计征，因而发挥其杠杆作用时，大多也都是通过税率的适当调整来实现。为进一步加强消费税在治理大气污染、促进节能减排方面的调控力度，合理引导消费需求，适度提高成品油消费税单位税额是必要的。

2014 年以来，我国财政收入增速下滑明显，前 11 个月的全国税收收入增幅仅为同比增长 7.5%，这在历史上没有过。比如，反映实体经济的增值税以前有 10% 以上的增长，现在只有 2%，而营业税还下滑了。2014 年金融业利润增幅较高，印花税也因为股市成交量加大而大幅增长，其他税种表现一般。

数据显示，距离 2014 年 6 月高点，欧美原油期货价格跌幅分别为 44.65%、44.11%。但国内成品油均不到国际油价下跌幅度的一半：90 号汽油累计下降的幅度为 17.3%，而 0 号柴油累计下降的幅度为 22.1%。国际油价下跌其实对财政收入冲击很大，比如中石油和中石化的增值税等税收和石油特别收益金降幅很大。当然，油价下跌使得使用油的单位成本下降，利润有所上升，所得税会流转过去一部分，这就是税收和利润的产业转移，比如原来"两桶油"的部分利润和税收转移到其他产业。但是针对油企征收的特别收益金会因为油价下跌而少收很多。

正是在经济增速趋缓、财政收入增长乏力背景下，2014 年 12 月 12 日，财政部网站发布《关于进一步提高成品油消费税的通知》，将汽油、石脑油、溶剂油和润滑油的消费税单位税额由 1.12 元/升提高到 1.4 元/

升。将柴油、航空煤油和燃料油的消费税单位税额由 0.94 元/升提高到 1.1 元/升。航空煤油继续暂缓征收。就在 11 月底,财政部自 2009 年交通税费改革后首次提高成品油消费税,将汽油等消费税单位税额由 1 元/升提高到 1.12 元/升,柴油等消费税由 0.8 元/升提高到 0.94 元/升。而此次为第二次上调成品油消费税。政策调整,仍选择油价下行时实施,不仅没有因提税导致油价上涨,还实现了提税与降价同步,兼顾了宏观调控需要和社会承受能力。

2014 年两次提高成品油消费税,又是发生在发改委下调油价之时,两因素相抵,汽、柴油价格每吨降 170 元和 400 元。仅时隔两周,成品油消费税再度上调,中国油价税负比例继续上升,汽油税负比例达到 40%。以山东 93 号汽油为例,在上次消费税税率提高后,汽油零售价格中税负占比达到 35% 左右,此次再度提高,汽油税负占比已达到 40% 左右。根据中国石化经济技术研究院去年测算,美国为 11.22%,德国为 56.92%,日本为 39.30%,中国台湾地区为 26.31%。成品油消费税提高带来的增收还弥补不了油价下跌带来的财政减收。目前,雾霾等环境问题频发的情况下,在连续调节成品油消费税,是借助有利的窗口期,逐步完善这一税种的调整功能。同时,提高产品消费税还对外释放出中国借助强化消费税杠杆作用,实行更强硬节能减排政策的信号。

官方并未披露两次上调成品油消费税税额带来的新增财政收入,不过根据国家统计局披露的中国汽油、柴油和燃料油消费量(2012 年分别约为 8141 万吨、16966 万吨和 3683 万吨)换算此次税额提高金额,《第一财经日报》记者测算出上述三个油品消费税税额提高后,一年新增税收将超 1000 亿元。

基于此,我们认为,适度提高燃油消费税税负,给中央财政带来上千亿元收入增长,中央财政应从燃油消费税中划出一部分资金专项用于包括农村公路在内的普通公路建设。这种筹资方式简便易行,针对性强,筹措成本低,税负公平合理,符合公共财政理念。

三 发行地方公债

公债发行原则是指公债发行的指导思想或方针。关于公债发行原则,西方经济学家提出过不同主张。瓦格纳提出了公债发行的四项原则:①临时财源原则,即在以税收等经常性方式取得的收入不能满足临时经费支出时,方可以发行公债作为筹措临时财源的方法。②吸引游资原则,即公债的发行应吸收国内游资或自由资金，极力避免减少社会的生产资金。③发行外债原则，即利用外资作为本国生产资金来使用。④限制发行原则。因为国民所得（社会财富）的分配，采用公债方式比税收方式更为不公平。原因是购买公债的少数富人没有损失，反而可以获得利息，而公债利息的支付却是以税收为来源的。税收是全体国民缴纳的，而多数平民无力购买公债，因而只有因偿还公债而纳税，却没有因收取公债利息而获得收益。所以，瓦格纳从平衡社会财富分配的立场出发，极力主张不应使公债的发行超过一定的限度。①

德国财政学家司徒肯于 1938 年提出公债发行原则：一是当发行公债的收入用于生产收益性投资时，它的发行是可以的，即使公债规模累积到若干数额，也可以准予发行。二是公债发行数额，以不超过政府偿还或国民负担能力为限。为此，司徒肯提出了公债发行的四个要点：①当某一时期政府财政支出超过财政收入时，可以发行公债，但在一个较长的时期内，最终要使财政收入与财政支出相等。②以调节繁荣年度与不景气年度为目的，在不景气时期发行公债，以之后繁荣年度按不变税率所得的税收收入可以偿还的数额为限度。③为了求得财政支出增加的年度与支出不增加的年度间的平衡，可以发行公债，但应以最后为偿还公债所必须提高税率得以负担的可能性为限度。④为求得财政收入下降的年度与财政收入正常的年度间的平衡，可以发行公债，但也同样应以最后为偿还公债所必须提高税率得以负担的可能性为限度。②

美国财政学者普兰克认为，发行公债应注意两大基本原则：一是公共目的的限制原则，即发行公债的收入，只限于为公共目的所需的支出。二是税收收入优先原则，即政府的收入应以税收为主，公债只能是税收的补充，只有在情况紧急而税收收入缓不济急时，才可发行公债以解急用。从这两个基本原则出发，普兰克提出了发行公债的具体原则：①资本利用的财力原则，即政府发行公债所取得的收入，应该用于公共工程，如公路、桥梁、公共住宅、下水道等的修建。②资讯清偿事业的财力原则，如自来水、煤气、市区交通等。③资源开发与保存财力原则，即政府发行公债所取得的收入，应该用于资源开发与保护方面，如水库的修建等。④战争财

---

① 邓子基、张馨、王开国：《公债经济学》，中国财政经济出版社 1990 年版，第 344—345 页。

② 同上书，第 345 页。

力原则，战争一旦爆发，国家需要巨额支出，常常不是靠增加租税等方法所能济事的。因此，可以发行公债以应急用。⑤经济景气的财力支出原则，即当经济不景气时，政府运用增加财政支出的财政政策，政府可以举债取得收入并用于公共工程，这样能够扩大社会消费倾向，提高国民所得，以利于经济的恢复与发展。①

综上所述，西方国家经济学者对于公债发行原则的阐述主要侧重于税收优先、限制发行、用于生产性公共工程三个主要方面。这些原则对于我国公债实践很有借鉴意义。目前，我国处于市场经济发展的初期，农村公路等基础设施建设任重道远，急需大量资金投入，仅仅依靠税收等经常性财政收入难以满足公路发展的资金需要，因而，适度运用公债手段为农村公路融资是可行的。

适度利用公债手段为公路建设融资，既可以弥补税收收入的不足，又可以在经济发展的不同阶段调节财政资金余缺，发挥基础设施投资对经济发展的巨大推动作用，增加就业机会，扩大居民的生活空间，便利公民的自由迁移等，取得良好的经济效益和社会效益。利用公债融资，可行的办法是，一方面，继续通过中央政府发行公债的收入投资于农村公路；另一方面，通过发行地方政府债券，筹措普通公路建设资金。我国从 2015 年实施的修订后《中华人民共和国预算法》删除了原预算法第二十八条规定，"除法律和国务院另有规定外，地方政府不得发行地方政府债券"，适度放宽了地方政府自主发行地方公债的法律限制。基于此，我们认为，目前可以考虑通过发行地方公债为农村公路融资。具体设想是：对于级别较高的收费公路，可以依托地方公路建设公司发行企业债券或市政债券，从形式上看，这些市政债券大体相当于美国的收入债券，即能够以项目产生的收益来偿还债务本息。这种债券不会给地方政府带来很大的偿债压力；非收费的农村公路，由于不具备收费条件，不能利用企业债券融资，可以通过发行另一种地方公债——一般责任债券融资。可以考虑利用一般责任债券为普通公路筹资。一般责任债券由于是以地方政府的征税权作担保，不受项目本身盈利能力的制约，对于缓解地方交通建设资金短缺的矛盾具有重要意义。

---

① 肖鹏：《公债管理》，北京大学出版社 2010 年版，第 134 页。

四　搭建融资平台

近年来，一些地区发行了城市基础设施建设债券，通过地方政府投融资载体发行债券融资，以此解决基础设施建设项目的资金问题，对改善地方投资环境、推动地方经济发展起到了重要作用，并收得了很好的经济和社会效益。如大连市、上海市、南宁市、威海市、太原市等都相继成立了国有全资城市建设投资开发总公司，政府授权其对城市建设和维护资金进行筹措、使用和管理。基于此，我们认为，目前可以通过搭建交通投融资平台，注入交通系统存量优质资产，比如依托地方公路建设公司、高速公路集团公司等作为投融资载体，发行企业债券、股权证、利用外资等多种方式为普通公路筹资，还可以通过对沿线土地开发升值、拍卖公路冠名权、广告经营权、路产路权等方式，筹集公路建设、养护资金。也应看到，随着新预算法的实施，地方政府举债权力逐步扩大，中央政府对地方政府融资平台的监管将更加严格，利用地方政府融资平台为农村公路融资的空间将受到限制，因而这种融资机制只能作为辅助手段，难以大规模使用。

五　充分利用当地资源融资

就地取材，充分利用各种资源为普通公路融资，是地方交通投融资机制创新的主要途径。主要有以下几个方面：一是有偿转让道路、桥梁的冠名权，公路沿线广告牌、公交站牌广告经营权，公交线路运营，可为普通公路建设与维护的资金筹集渠道。二是可利用的道路沿线两旁若干区域内的土地及护路树木、花草等路产，通过规划开发、有偿使用、挂牌交易等方式，在这方面新疆的经验值得借鉴。三是通过建立自然保护区、生态观光度假村等多种形式，开发利用其独特的自然资源，通过资源开发推动普通公路发展，公路建设又可加快旅游业及相关产业发展。

第四节　多措并举化解农村公路历史债务

据统计，截至 2008 年年底，河北省符合撤站条件的二级收费公路共有 88 条，97 个站点，公路里程 5213 公里，涉及贷款资金 265 亿元，其中，省级债务 191.2 亿元，市级债务 57.6 亿元，县级债务 17.2 亿元，总体上农村公路的历史债务负担比较沉重。

一 债务偿还及配套资金筹措方案

按照河北省规定,省负担 50% 的还贷责任。省负担债务的筹集拟按以下原则和渠道筹措解决:

本着"谁贷款,谁还款"的原则确定还贷主体。省级贷款由省级政府负责偿还,资金来源:一是合资合作高速公路中方收益;二是服务设施出租出让收入、经营收益;三是省管高速公路"统还"资金;四是成品油税费改革转移支付资金。市、县级还贷配套资金由市、县政府财政负担,初定 5 年还清,还款协议由同级政府与银行签订,从目前情况看,市、县资金筹集困难较大,没有有效的筹资措施。

二 化解公路建设历史债务的设想

为了化解农村公路建设的历史欠债,可以从以下几方面筹措资金,逐步消化农村公路债务:

第一,调整河北省高速公路收费标准。参照周边省市高速公路收费标准,适度提高河北省高速公路收费标准,提高标准后新增加的收入,专项用于归还取消政府还贷二级收费公路贷款。

第二,对合资合作高速公路的中方收益、服务设施的出租出让收入、经营收益等资金进行整合,统一用于归还已取消的政府还贷二级收费公路贷款。

第三,利用新组建的高速公路集团作为筹资平台,将取消政府还贷二级收费公路贷款省级负担部分整体移交省高速公路集团,由其还本付息。

第四,取消政府还贷二级公路收费后,中央从提高成品油消费税新增收入安排资金补助地方还贷,因此,可以动用一部分中央成品油税费改革转移支付资金偿还普通公路历史债务。省级财政、交通部门在对各级政府交通债务进行核定后,合理分配偿债补助资金,偿还取消政府还贷二级收费公路贷款。

第五节　因地制宜服务新农村建设

随着城市化的快速推进,农村"空心化"作为城市化的并行趋势不可逆转,以村庄合并为主要内容的"大村庄"制在中国农村逐步展开,将对整个农村形态、村庄地域分布产生长期、动态影响,并将对连接农村区域末端节点的农村公路造成明显影响。因此，农村公路的规划，如何在农村人口"空心化"趋势下，合理布局农村公路，是当前我国农村公路建设面临和亟待研究解决的重大现实问题。

此外，对于一些边远山区和一些里程长、人口少、经济基础差的行政村和自然村优先考虑修建砂石路，待条件具备后再考虑修油（水泥）路；对于那些地质条件复杂、人口密度很小、自然条件差、生态环境脆弱的地区，不宜一味地不惜血本建设农村公路，可以考虑人口的搬迁，这样既经济又环保。

总之，农村公路建设应因地制宜，在我国城市化加速发展，农村"空心化"趋势日益加重的背景下，从战略高度进行科学规划，将农业发展和粮食安全、农村经济发展、农村居民生活改善、农民收入和福利增加、生态环境保护、农村公路投资绩效等多角度、多因素综合考虑，慎重决策。

第六节　健全农村公路投资绩效评价制度

财政资金绩效考评是运用科学、规范的绩效评价方法，对照统一的评价标准，对财政支出的目标、实施过程及完成结果进行综合性考核和评价。在国外，财政资金绩效考评研究与实践已有近 60 年的历史，而在我国还是一个新生事物，尚处于起步阶段。2000 年以来，我国逐渐引入国外财政资金绩效考评制度，2005 年 5 月，财政部出台了《中央部门预算支出绩效考评管理办法》，为全国财政资金绩效考评工作提供了统一的指导性文件，标志着我国财政资金绩效考评工作迈上一个新台阶。经过深入研究和积极试点，取得了显著成效。部门财政资金使用绩效观念明显增强，财政支出结构明显优化，财政资金绩效考评成为中央和部分省市的日常工作。同时，我国财政资金绩效考评工作还有很多需要完善的地方，尤其是随着改革的逐渐深化，现存制度的缺陷也逐渐凸显出来，越来越成为进一步深化绩效评价工作的深层次障碍。因此，如何通过制度创新，借助制度的激励约束机制，为绩效考评工作的深入开展铺平道路，就显得极为重要。

一 绩效考评工作存在的问题及成因

2000 年以来，我国财政资金绩效考评工作经历了从无到有、从省市单独探索到全国统一规范的机制建立过程。从目前来看，主要存在以下问题：

（一）部门重视不够、配合不足

从当前一些地方绩效评价实施情况看，一些部门和单位对绩效考评工作不够重视，不积极配合承担考评中介机构的工作，不认真收集和提供被考评项目的有关资料，不深入开展被考评前的项目绩效自评工作，不认真撰写项目绩效自评报告，敷衍了事、得过且过，甚至刻意掩盖问题。

（二）绩效评价指标体系不完善

考评指标是绩效考评工作的核心内容。它是一个"风向标"，向被考评单位表明考评执行主体的考评目标、关注重点以及改善管理的方向。目前，我国绩效考评主要有财政部门主导组织开展工作，负责制定绩效考评指标。河北省地方公路建设资金的绩效考评由交通部门和财政部门分别进行，即首先由交通部门自评，然后由财政综合评价。从掌握资料看，国内绩效评价指标体系体现财政管理要求的共性指标多，体现不同部门、行业、领域特点的个性指标少；定性分析指标多，定量分析指标少；考核管理过程指标多，考核实际绩效的少；专家主观判断的成分多，绩效指标统计数据少。这些缺陷，一方面是因为绩效考核指标设计的技术性强，很难在短时间内制定出一套全面、科学、合理、可操作性强的指标体系；另一方面是因为财政支出领域范围广、覆盖面大、各部门（行业）特点不同、管理要求各具特色，财政部门很难在短时间内制定出体现部门、行业、领域特点，符合管理要求的个性指标体系。这样，直接弱化了绩效考核指标的可操作性，影响了考评质量。

（三）绩效考评基础工资薄弱

从河北、山东和北京等地绩效考评工作的实际看，部门申报项目时，只是在项目申报书中简单描述预期绩效目标，没有衡量指标和绩效标准。项目实施过程中没有绩效监督管理机制，项目结束后没有及时收集绩效指标数据和相关资料。另外，挑选绩效考评项目主观随意性强，设置考评程序随意性大，遴选考评专家缺乏有效机制。基础工作薄弱的直接原因是各部门对这项工作的要求不熟悉，深层次原因是目前部门预算编制不完善，绩效考评制度本身也存在缺位,在绩效考评项目的确定、遴选、法律依据等方面缺乏有效规范。①

(四)绩效考评结果应用性不强

常见的绩效考评结果的应用措施有:在一定范围内公布;上一年度的考评结果作为下一年度预算安排的依据;对于跨年度项目,财政可以根据绩效考评结果,提出后续资金拨付意见,并酌情调整支出预算等。这些措施名义上提出实现绩效考评结构和预算安排挂钩,而实际难以做到。因为没有足够的法律依据,考评绩效结果没有得到真正的应用,极大地影响了绩效考评工作效果。因此,迫切需要提升绩效考评工作层次,扩大考评结果的应用范围,提升绩效考评工作影响力。

二 健全绩效评价制度的思路和建议

(一)建立绩效预算制度,突出体现资金使用绩效

目前,我国部门预算编制更多关注资金投入,而忽视产出和绩效。部门习惯于逐条逐项说明资金投入情况,每年花了大量财政资金,可是预算报告却难以反映这些钱的使用绩效。现存的这种报告形式给绩效考评工作带来了极大的不便。在国外,绩效考评制度建立在绩效预算的基础上。绩效预算是指财政根据项目预期成果和影响大小决定项目的确立和资金拨付量,要求部门预算的编制、执行、调整等环节紧紧围绕绩效展开。受多种因素影响,我国还没有实行绩效预算制度。借鉴国际经验,我国应尽快建立绩效预算制度,提高财政资金绩效透明度,增强部门责任感,同时为事后绩效考评提供直接依据。

(二)建立和完善部门绩效考评的激励与约束机制

为了解决我国当前一些部门、单位对绩效评价工作不重视、绩效考评工作不规范等问题,应积极推动我国绩效考评立法工作,对考评主体、考评对象、考评人员、考评程序、考评结果及监督框架和途径等,以法律形式予以明确。通过法律规范绩效考评相关各方职责,为绩效考核评工作提供法律依据。随着财政改革的不断深化,部门预算和绩效考核报告要逐步成为反映部门工作成效的重要依据,并作为部门负责人业绩考核的重要指标。绩效考评结果要与下一年度部门预算安排挂钩,如

---

① 王文杰:《制度创新是深化我国财政资金绩效考评改革的关键》,《财政研究》2007 年第1 期。

果绩效评价结果不理想，财政将要求部门改变计划或削减预算，使部门真正将绩效考评作为预算管理的一个重要环节。同时，抓紧修订《预算法》和《审计法》等法律，增加绩效管理和惩治的条款，为绩效考评结果的应用排除法律障碍。要加强绩效考评的宣传，使绩效理念遍及各级政府与部门及社会的每一位公民，为实施社会监督创造前提。要定期向社会公布绩效考评结果，便于公众了解项目情况，接受舆论监督，以增强项目管理的责任感。

为了改变当前主要由财政主导组织开展绩效评价考核工作的局面，充分调动部门、单位参与绩效评价考评工作的积极性，按照责权利统一的原则，可以考虑给予部门在绩效考评上更大的自主权。充分发挥部门根据本部门、行业、领域特点制定考评指标的优势，鼓励各部门在编制预算时，根据项目特点、部门实际，并结合财政管理要求，自行制定详细的绩效指标和标准。项目完工后，经财政部门同意，由部门及时自行组织评价，考评结果上报财政部门，接受审查和监督，从而增强部门绩效考评的积极性和问责性，提高绩效考评工作的影响力和知晓性。随着绩效管理广泛渗透到公共管理的各个角落，财政资金绩效考评将成为公共管理工作不可或缺的重要组成部分。这种由部门主导的绩效考评模式将越来越显示它的优势。在这种模式下，财政能够避免陷入绩效考评的具体事务，有更多的时间和精力来制定相关政策、制度、办法及进行人员培训，全面提升绩效考核水平。

（三）完善绩效考评制度和指标体系

绩效衡量是绩效预算和绩效评价的核心内容，包括涉及绩效衡量指标和确定衡量标准两方面。我国目前绩效衡量指标比较简单，而且绝大多数没有衡量标准。因此，需要借鉴发达国家绩效衡量的方法，科学设计绩效评价指标体系，提高绩效管理水平。按照国际成熟经验，财政资金绩效衡量的原则是全面反映财政资金使用的经济性、效率性和效果性。当前我国应进一步改革部门预算制度，引入国外对部门预算编报提出的定量、定性、完成时限、完成成本等方面的要求，集中体现资金投入的经济性、效率性和效果性，细化部门预算，提高部门预算的准确性和科学性，为绩效评价夯实基础。

此外，应建立健全绩效评价配套制度。首先，应建立较为完备、权威的绩效评价数据库、人才库，便于监控评价过程，收集查询评价资料，反馈评价结果。其次，绩效评价范围广、工作量大、技术性强，需运用现代化信息技术做支撑，可考虑把电子政务同绩效评价工作结合起来，配套进行。最后，在会计制度方面研究推行权责发生制，为绩效评价工作奠定市场化基础。

结　　论

早在 18 世纪，亚当·斯密就在《国富论》中指出："一切改良中，以交通改良为最有效。"世界各国的经济发展经验也都证明，完善的交通网络对促进经济发展是至关重要的。美国是世界上较早建成全国性公路网的国家，其中 9.1 万千米高速公路连接了全国所有 5 万人口以上的城镇，形成了以州际为核心的横贯东西、纵穿南北的高速公路主骨架，占到世界高速公路总里程的 1/3。实践证明，其庞大的公路网系统为美国的经济发展、居民生活质量提高和国防安全起到了巨大的基础支撑作用。美国联邦运输部权威研究结果表明，作为公路网主骨架的"州际和国防公路系统"在其建设和投入使用的 40 年间（1956—1996 年），建设和养护经费总投入为 3290 亿美元（1996 年价格，下同），为美国创造的总经济效益接近 2 万亿美元，相当于每一美元的建设和养护投入带来了超过 6 美元的经济效益；同时，也带来了良好的社会效益，主要表现为增加就业机会，扩大居民的生活空间，便利公民的自由迁移等。由于国情不同，我国与美国在公路建设资金投入和新增公路里程等绝对数值上不能直接相比，但美国公路建设历程对我国有很强的借鉴意义。

从目前我国公路交通发展实际看，无论是路网规模、路网结构，还是服务功能，都不能满足经济社会发展的需要，公路交通仍需继续加快发展。而农村公路作为农村经济社会发展的主要基础设施，由于历史欠账太多，基础薄弱、发展严重不足，是导致全国路网营运能力不足的主要原因，因此未来公路交通建设的重点应该是农村公路。

农村公路的公共产品性质决定了农村公路投资应由政府从强制性的税收中通过预算进行安排，政府公共财政支出成了农村公路建设资金的重要甚至是唯一的来源。但是，到底是由中央政府还是由地方政府来承担，则需要考虑政府财政收支现实状况，我国县乡政府的财政普遍困难的现实决定了中央政府或者省级公共财政支出应成为农村公路建设资金的主要来源。

借鉴日本、美国、法国等发达国家以及韩国等新兴工业化国家的经验，在政府财力有限的情况下，探寻农村公路的财政主导型融资机制，动员全社会的力量，多方位、多渠道筹措农村公路资金。

日本第二次世界大战后从一个战败国转变为世界第二经济大国，令世人瞩目。其中，特别值得注意的是，政府投融资在日本经济从统制经济体制转换到市场经济体制与国民经济恢复和崛起的过程中发挥了极其重要的作用，在世界经济发展史中为财政投融资写下了成功的一页。在建立健全中国农村公路财政投融资体系进程中，借鉴国外投融资运作的成功经验，吸取其教训，从而对我们今天致力于中国财政投融资的研究，推进中国财政投融资的健康发展，是大有益处的。总结日本农村公路投融资经验，一是形成了以政府投入为主导的多元化农村公共品资金渠道；二是中央政府在农村公路基础设施建设投入中的主导作用；三是农协在农村公路基础设施建设融资方面发挥的重要作用。

美国公路的快速发展得益于其完善的公路税收体系。然而，近年来，随着美国公路支出的不断增加，为了更好地满足公路的发展需求，美国在公路税收领域发生了许多重要变革。因此，研究美国公路投融资经验对我国农村公路投融资改革具有极大的借鉴意义。

公共财政向农村公路倾斜。要想切实解决农村公路发展的资金约束问题，从根本上说，有赖于公共财政制度的建设。以实现城乡公共服务均等化为目标，各级财政均应采取一系列措施加大对农村公路的投入力度，逐步消除二元经济社会下的城乡巨大差异。

我国现阶段农村公路建设所需资金难以由各级财政完全承担。由于公路处于大建设、大发展时期，投资规模大，财政资金投入占公路建设总投资的比例却在逐年下降。农村公路建设主要依靠债务融资的现实说明，国家财政投入无法满足公路建设资金需要。农村公路的准公共品属性，决定了该领域投融资体制改革的取向既要面向市场，又不能完全走市场化道路，而是要政府调控与市场配置、财政补偿与市场补偿、社会效益与经济利益相结合。

农村公路问题从表面上看是由于资金短缺引发的矛盾，但究其实质，是由于现行公路建设资金结构不合理，融资体制存在弊端。公路建设项目融资应结合国家投融资体制改革，在继续保持现有融资渠道的同时，放眼国内外资本市场，大胆尝试各种现代融资方式，积极探索、拓宽融资领域。

改革农村公路投融资体制。农村公路管理的责任主体为地方（县级）政府；但农村公路投资的责任主体却不应定位为县级政府，应建立各级政府财政合理分担的制度，中央和省级政府应负担更大的投资责任，增加对农村公路投资的资助力度，实现城市反哺农村、工业支援农业的战略目标。

农村公路资金问题的解决在很大程度依赖于政策。虽然公路事业面临的是资金短缺问题，但要从根本上或较为长远地解决问题，其出路是争取国家的政策。国际金融机构、国际银行、国际银团和国内银行贷款或许能够解决某个农村公路项目的资金问题，但并不能从根本上解决农村公路资金长期和全面的短缺问题。本研究从资本金投入政策、财政政策、税收政策等方面分别提出了相关建议。

相对于农村经济社会发展对资金的需求，国家预算资金的相对稀缺性和不足，注定了财政投融资在农村公路领域的巨大潜力。近年来，我国财政对农村公路等基础设施投资力度不断加大，农业现代化的推进，对资金的需求将进一步扩大。显然，农业投入的巨大资金需求已经超过财政预算的承受能力。从目前国家财政能力与农业投入的实际需求来看，财政预算拨款已是杯水车薪，难以满足现代农业发展需要。同时，中国农业目前还是一个分散性强、基础薄弱、收益低的产业，在农业投资中需要发挥政府的主导作用。为此，急需大力发展财政投融资，以一种引导性、长期性的政府投入和农业投融资政策措施来促进、帮助和引导其规模不断扩大。其根本途径是"两条腿走路"，强化政府对农业的支持政策，促进资源配置向农业倾斜。一方面，财政预算要根据需要和可能，尽力扩大农业投资规模；同时，确定农业使用资金的重点方向，把资金用于最迫切的地方，并逐步提高财政农业支出在财政总支出中的比重。另一方面，通过发展财政投融资，发挥财政政策的调控功能，协调各方面的关系，积极引导农民、乡村企业、银行以及其他经济主体投资，扩大社会对农业的投入规模，形成一个多元化、多层次、多渠道和多方位的农业投入机制。

参考文献

［1］ 安体富、葛静：《关于房产税立法的几个相关问题研究》，《财贸经济》2014 年第 8 期。

［2］ 高培勇：《市场经济体制与公共财政框架》，《税务研究》2000 年第 3 期。

［3］ 高培勇：《当前经济形势与 2012 年财政政策》，《财贸经济》2012 年第 2 期。

［4］ 高培勇：《由适应市场经济体制到匹配国家治理体系——关于新一轮财税体制改革基本取向的讨论》，《财贸经济》2014 年第 3 期。

［5］ 韩俊：《建设新农村钱从哪里来》，《瞭望新闻周刊》2006 年第 5 期。

［6］ 李明三、王世玲：《3397 亿引路 8 万亿建设新农村》，《新浪网——21 世纪经济报道》2006 年 3 月 10 日。

［7］ 刘勇、张庆：《我国农村公路建设投资主体辨析》，《综合运输》2007 年第 5 期。

［8］ 郑新立：《韩国"新村运动"启示录》，《人民论坛》2006 年第 2 期。

［9］ 赖怀福、付光琼：《中国农村公路建设资金结构现状》，《交通世界》2004 年第 8 期。

［10］ 湖北省交通会计学会课题组：《我国公路建设债务问题研究》，交通部网站，2007 年第 8 月 16 日。

［11］ 樊桦：《关于"十一五"农村公路发展规划的政策思考》，《综合运输》2004 年第 11 期。

［12］ 姚志刚、王元庆、周伟：《我国西部农村公路发展的战略思考》，《综合运输》2005 年第 3 期。

［13］ 张弛：《农村公路建设"6 大经验"》，《中国公路》2004 年第 12 期。

［14］ 呼涛：《亚行首次通过贷款项目支持中国低等级公路建设》，《新华

网央视国际》2006 年 8 月 3 日。

[15] 交通部:《我国农村公路建处理好新时期农村公路建设四大关系》,
交通部网站,2006 年 2 月 16 日。

[16] 交通部综合规划司:《2005 年全国农村公路通达情况专项调查主要
数据公报》,中华人民共和国交通部网站,2007 年 4 月 18 日。

[17] 交通部财务司:《交通行业将建立完善资金保障机制》,交通部网
站,2006 年 4 月 24 日。

[18] 王奎泉:《现阶段我国农村公共品供给中的政府行为选择》,《农业
经济问题》2005 年第 4 期。

[19] 王文杰:《制度创新是深化我国财政资金绩效考评改革的关键》,
《财政研究》2007 年第 1 期。

[20] 赵云旗:《地方国债投资项目管理中的问题与对策》,http://
www. crifs. org. cn,2005 年 7 月 25 日。

[21] 林虹:《加强农村公路建设的国债项目资金管理》,《决策与信息》
2005 年第 7 期。

[22] 应政:《高速公路沿线地产整合开发策略研究》,《交通企业管理》
2007 年第 2 期。

[23] 王秋玲、徐海成:《贫困地区农村公路建设资金来源》,《审计与理
财》2007 年第 4 期。

[24] 马新辉:《黑龙江省农村公路建设问题研究》,《理论探讨》2007 年
第 2 期。

[25] 叶小斌:《关于农村公路发展若干问题的探讨》,《经济师》2007 年
第 5 期。

[26] 郑小平:《重庆市"十一五"农村公路资金筹集与展望》,《交通财
会》2007 年第 5 期。

[27] 马晓河、方松海:《我国农村公共品的供给现状、问题和对策》,
《农业经济问题》2005 年第 4 期。

[28] 杨林、韩彦平、孙志敏:《公共财政框架下农村基础设施的有效供
给》,《宏观经济研究》2007 年第 10 期。

[29] 岑晏青、周伟:《我国公路建设任重道远——美国公路发展历程给
我们的启示》,《交通世界》2003 年第 4 期。

[30] 申燕:《美国公路税收的发展趋势和对我国的启示》,《改革与战

略》2010 年第 3 期。

[31] 金三林：《云南民族贫困地区农村公路建设模式调查》，《中国经济时报》2012 年 1 月 10 日。

[32] 闫坤、刘新波：《中国公共财政理论发展研究综述与评析》，《首都经济贸易大学学报》2011 年第 3 期。

[33] 丁学东、张岩松：《公共财政覆盖农村的理论与实践》，《管理世界》2007 年第 10 期。

[34] 柳长立、郝思和：《美国公路债券的发展及其启示》，《国外公路》1997 年第 17 卷第 1 期。

[35] 刘溶沧：《谈谈公共财政问题》，《求是》2001 年第 12 期。

[36] 唐云峰、何运信：《论实施公共财政的几个前提》，《宁夏社会科学》2001 年第 3 期。

[37] 贾康：《关于建立公共财政框架的探讨》，《国家行政学院学报》2009 年第 3 期。

[38] 刘尚希：《公共财政：公共化改革的一种转轨理论假说》，《财贸经济》2010 年第 8 期。

[39] 张映芹：《民生本位时代的财政公共性——基于公共福利价值目标视角的分析》，《北京大学学报》（哲学社会科学版）2009 年第1 期。

[40] 王国清、沈葳：《国家财政与公共财政模式关系辨析》，《财经科学》2005 年第 1 期。

[41] 李代信、陈秋华：《论社会主义市场经济条件下的财政投融资体系》，《广西财政研究》1993 年第 11 期。

[42] 晓华：《实行财政投融资：协调价格、金融、财政配套改革》，《财政研究》1994 年第 4 期。

[43] 邓子基、周立群：《论财政投融资的性质和成因》，《福建论坛》（经济社会版）1995 年第 9—10 期。

[44] 王朝才：《关于财政投融资的几个问题》，《财政研究》1995 年第3 期。

[45] 安秀梅、周利国：《建立具有中国特色的财政投融资体系》，《财政研究》1995 年第 2 期。

[46] 王君燕：《我国财政支出结构尚须优化》，《经济日报》2002 年 9 月

23 日。

[47] 张雷宝：《我国政府投资的效率困境及其化解路径》，《财经论丛》
2012 年第 1 期。

[48] 王冰：《市场失灵理论的新发展与类型划分》，《学术研究》2000 年
第 9 期。

[49] 陈学安：《建立我国财政支出绩效评价体系研究》，《财政研究》
2004 年第 8 期。

[50] 财政部课题组：《我国推行财政支出绩效考评研究》，《经济研究参
考》2006 年第 29 期。

[51] 姜明安：《行政程序：对传统控权机制的超越》，《行政法学研究》
2005 年第 4 期。

[52] 孙玉、吕达成：《代建制应首推竞争选择代建单位模式》，《中国投
资》2006 年第 4 期。

[53] 潘志良、吕悦：《美国公路财政的过去、现在和将来》，《国外公
路》2005 年第 12 期。

[54] ［韩］朴宰成：《韩国公共物品供给研究》，《中国公共物品供给》，
中国社会出版社 2007 年版。

[55] 于祥明：《农村公路建设可多元化筹资》，《上海证券报》2007 年 4
月 10 日。

[56] 朱青：《完善我国地方税体系的构想》，《财贸经济》2014 年第
8 期。

[57] 张新、安体富：《营改增减税效应分析》，《税务研究》2013 年第
10 期。

[58] 休谟：《人性论》下册，商务印书馆 1980 年版。

[59] 丹尼尔·F. 史普博：《管制与市场》，上海三联书店 1999 年版。

[60] 迈克尔·波特：《竞争战略》，华夏出版社 1997 年版。

[61] C. V. 布朗、P. M. 杰克逊：《公共部门经济学》，中国人民大学出版
社 2000 年版。

[62] 王铁军：《中国地方政府融资 22 种模式》，中国金融出版社 2006
年版。

[63] 娄洪：《公共基础设施投资与长期经济增长》，中国财政经济出版社
2003 年版。

［64］亚当·斯密：《国民财富的性质和原因的研究》，商务印书馆1996
　　　年版。

［65］戴维、奥斯本、特德、盖布勒：《改革政府》，上海译文出版社
　　　1996年版。

［66］尼古拉斯·亨利：《公共行政学与公共事务》，中国人民大学出版社
　　　2002年版。

［67］宋世明：《美国行政改革研究》，国家行政学院出版社1999年版。

［68］萨瓦斯：《民营化与公私部门的伙伴关系》，商务印书馆1995年版。

［69］张其凯、李德伟：《国际经济民营化研究》，西北大学出版社2000
　　　年版。

［70］邢恩深：《基础设施投融资项目实务》，同济大学出版社2005年版。

［71］［英］尼占拉斯·巴尔：《福利国家经济学》，中国劳动社会保障出
　　　版社2003年版。

［72］丹尼斯·缪勒：《公共选择理论》，中国社会科学出版社1999年版。

［73］布坎南：《民主财政论》，商务印书馆2002年版。

［74］诺斯：《制度、制度变迁与经济绩效》，上海三联书店1994年版。

［75］戴天柱：《中国财政投融资研究》，经济管理出版社2001年版。

［76］张馨：《公共财政论纲》，经济科学出版社1999年版。

［77］［日］海老尺道雄：《财政投融资》，日本经济文库1965年版。

［78］［日］远腾湘吉：《财政投融资》，岩波书店1966年版。

［79］［日］小尺辰男：《经济学辞典》，大月书店1979年版。

［80］［日］水野正：《经济学大辞典》，东洋经济出版社1980年版。

［81］［日］高桥诚：《经济学辞典》第二版，岩波书店1982年版。

［82］［日］井手文雄：《日本现代财政学》，陈秉良译，中国财政经济出
　　　版社1990年版。

［83］［日］石弘光：《体系经济学辞典》第三版，东洋经济新报社
　　　1984年。

［84］赖勤学：《转型与立序：公共财政与宪政转轨》，知识产权出版社
　　　2007年版。

［85］马克圭：《中西封建社会比较研究》，上海学林出版社1997年版。

［86］财政部统计评价司：《英国、瑞典的公共支出绩效评价》，载财政部
　　　国际司编《财政新视角——外国财政管理与改革》，经济科学出版

社 2003 年版。

[87] 财政部统计评价司：《澳大利亚和新西兰财政支出绩效评价》，裁财政部国际司编《财政新视角——外国财政管理与改革》，经济科学出版社 2003 年版。

[88] 上海财经大学课题组：《公共支出评价》，经济科学出版社 2006 年版。

[89] 卓越：《政府绩效管理导论》，清华大学出版社 2006 年版。

[90] 于军：《英国地方行政改革研究》，国家行政学院出版社 1999 年版。

[91] 尹贻林、阎孝砚：《政府投资项目代建制理论与实务》，天津大学出版社 2006 年版。

[92] 上海财经大学投资研究所：《2011 中国投资发展报告——提高教育投入中政府施行行为的能力》，上海财经大学出版社 2011 年版。

[93] 范柏乃：《政府绩效评估的理论与实务》，人民出版社 2005 年版。

[94] Barro, Rober J. (1979) On the determination of Public Debt. 109: 463 –90.

[95] Benjamin, Brandt L. and Gilea, J. (2005) The Evolution of Income Inequality in Rural China Economic Development and Cultural Change, Vol: 53 769 – 824.

[96] Lopez, R. (2004) The Structure of Public Expenditure Agriculture Income and Rural Poverty: The Evidence for Ten Latin American Countries Research Background Paper prepared for the Tenth Annual World Bank Conference on Rural and P. 47 National Development in Latin America and the Caribbean: San Jose, Costa Rica: November 3.

[97] Samuelson, P. A., "The Pure Theory of Public Expenditure" [J]. *Review of Economics and Statistics* (1954, 11), pp. 36.

[98] Coase, Ronald H., The lighthouse in EconomicsJournal of Law and Economics (1960, 17) pp. 357 –376.

[99] Buchanan, I. M., An Economic Theory of Clubs [J] . *Economins* (1965, 52) pp. 285 –307.

[100] Gaurav Singh, Craig Jamieson, AGlobal Survey of PPPs: New Legislation Sets Context For Growth, In: Pblic Private Partnershios Gredit Survey 2005: London: Standard & Poor's, 2005.

[101] Allison Robert, Why Partnerships – Historical and Legislative Background on Public – Private Partnership for Surface Transportation: In:

Partnerships for New York Innovative Transportation Financing Contracting Strategies：Opportunities for NewYork State：New York：University Transportation Research Center，2006.

［102］马忠英：《基于新农村视角的西部农村公路发展研究》，硕士学位论文，长安大学，2010 年。

［103］杨光：《农村公路建设对沿线区域发展影响分析及评价方法研究》，硕士学位论文，哈尔滨工业大学，2009 年。

［104］毛龙：《"十一五"农村公路社会经济效益评价及"十二五"建设发展研究》，博士学位论文，长安大学，2011 年。

［105］刘军：《甘肃省农村公路管养体制改革研究》，硕士学位论文，兰州大学，2010 年。

［106］王文华：《农村公路养护中的县级政府职能研究》，硕士学位论文，河南大学，2011 年。

［107］杨薇：《农村公路养护管理体制研究》，硕士学位论文，天津商业大学，2011 年。

［108］郭法霞：《农村公路养护资金的筹集与使用问题研究》，博士学位论文，长安大学，2008 年。

［109］焦萍：《基于公共性动态分析的农村公路公共政策研究》，博士学位论文，长安大学，2008 年。

［110］田裕英：《民营资本投资公路建设方式研究》，硕士学位论文，武汉理工大学，2006 年。

［111］毛燕玲：《非营利性农村基础设施融资机制研究》，博士学位论文，南昌大学，2008 年。

［112］佟晓波：《我国农业基础设施投融资问题研究》，硕士学位论文，吉林大学，2006 年。

［113］任海龙：《中国农业投融资问题研究》，博士学位论文，东北农业大学，2005 年。

［114］胡恩同：《政府投资功能定位与范围界定》，硕士学位论文，河南大学，2003 年。

［115］臧海景：《农村公路养护管理体制研究》，博士学位论文，中国农业科学院，2011 年。

后　记

根据世界银行的界定，公路属于一国经济的社会运营资本，对整个国家的经济发展和社会进步具有举足轻重的作用。农村公路属于上游产业，是一种"社会先行资本"，感应度强，感应系数高，这决定了农村公路需要适度超前发展。如果按照当前财力来确定建设规模，必然意味着供给短缺，成为制约经济社会发展的"瓶颈"。从目前我国公路交通发展实际情况看，无论是路网规模、路网结构，还是服务功能，都不能满足经济社会发展的需要，公路交通仍需继续加快发展。而农村公路作为农村经济社会发展的重要基础设施，由于历史欠账太多，基础薄弱、发展严重不足，是导致全国路网营运能力不足的主要原因。因此，未来公路交通建设的重点应该是农村公路。长期以来，落后的交通条件一直是制约我国农村经济发展的"瓶颈"，资金匮乏则是导致农村公路发展滞后的重要诱因。如何解决农村公路投融资问题是现阶段优化资源配置、提高交通投资绩效和社会福利水平、实行城乡协调发展的关键。这一问题引起了我们的兴趣，围绕中国公路投融资领域，河北经贸大学财税学院与相关政府部门合作，已经连续十年追踪研究。经过几年的调研，于2007年开始着手本书的写作并于2008年7月完成初稿，其后几经修改，于2014年12月定稿。从构思到完成前后历经六年时间，为了寻找更为完整和科学的论证方法和论据耗费了大量时间、精力和心血。写作过程是艰辛的。现在修改稿终于完成了，喜忧参半、五味杂陈。令人欣喜的是，多年的研究成果总算可以和读者见面了，担忧的是由于能力和水平所限，自己在农村公路投融资领域的研究能否得到同行的认可。期待本书的出版能够为政府相关部门决策提供参考，能对相关领域的教学与研究有所裨益。

本书是由河北经贸大学财税学院河北省财政学重点学科建设项目资助，相关研究曾得到河北省软科学计划项目基金、河北省哲学社会科学规划基金、河北省交通厅的资助。在调研过程中，河北省交通厅财务处、张家口市财政局、张家口市交通局、承德市交通局、石家庄市交通局等单位给予了热情帮助；在本书的写作和出版过程中，河北经贸大学财税学院领导和同事们也给予鼎力协助，并为本书的出版提供了资金支持，在此深表感谢！同时还要感谢中国社会科学出版社领导和编辑为本书出版给予的支持与付出的艰辛劳动。此外，由于笔者水平有限，本书难免有疏漏与不足之处，恳请读者批评指正。

刘连环

2015 年 1 月于石家庄